JN418583

인터넷마케팅론

정분도 저

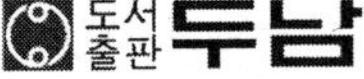

머리말

인터넷마케팅은 인터넷을 활용하여 수익을 얻고자 하는 전략 활동이다. 인터넷을 통한 마케팅은 정보 제공자와 수용자간의 커뮤니케이션이 쉽고, 시간이나 공간 등의 제약을 받지 않고 무제한적으로 정보를 주고받을 수 있다는 장점을 갖는다.

또한 기존의 시장 점유율 위주의 마케팅에서 벗어나 고객의 구미에 맞는 정보를 직접 전달할 수 있어 인터넷 시대의 효과적인 마케팅 수단으로 떠오르고 있다.

기존의 유통방식은 경로가 다양하기 때문에 비용이 많이 들지만, 인터넷마케팅 방식에서는 거래가 기업과 소비자 간에 직접 이루어지기 때문에 비용절감의 효과를 거둘 수도 있다. 전통적인 거래 공간인 시장 또는 쇼핑센터 등의 물리적인 장소는 물론, 영업시간도 별도로 필요하지 않고 판매자와 구매자가 거래를 위하여 만나지 않아도 되며, 소비자의 입장에서는 아이디어 개발과 제품설계 등에 참여하여 자신의 의견을 반영시킬 수도 있다. 따라서 인터넷마케팅을 각 국의 경쟁력 수준으로 평가 할 때 가격 및 품질의 경쟁력과 마케팅프로세스의 경쟁력으로 대부분 구분 되어 진다. 가격이나 품질의 경쟁력은 기업 자체의 상품의 홍보노력과 서비스 개발로 제고될 수 있으나 마케팅프로세스의 경쟁력은 개인 기업이나 기관 차원에서 해결할 수 있는 과제들이 아니다. 이러한 마케팅프로세스의 경쟁력을 제고시키기 위한 해결방안이 글로벌 인터넷마케팅 기법이다. 국가적인 차원에서도 효율적이고 진취적인 인터넷마케팅 환경을 꾸준히 구축하여야 한다. 또한 인터넷 상거래 업무처리과정에서 발생하는 막대한 정보들도 획기적으로 전환할 수 있어야 한다. 새로운 인프라의 보급으로 새로운 무역환경에서 창출 가능한 다양한 차세대 인터넷마케팅 모델을 꾸준히 개발도 하여야 한다. 현재도 인터넷마케팅에 대한 체계적인 연구들이 학계와 연구기관에서 활발하게 진행되고 있고 다양한 연구과제도 꾸준히 수행되고 있다. 강의, 연구, 학회활동 가운데 인터

넷마케팅과 관련하여 저자가 계속 중요하게 인식한 것은 인터넷마케팅의 활용이었다. 본 저서는 인터넷마케팅을 실무적인 응용분야와 결합하여 체계적인 교재가 될 수 있도록 노력하였다. 본 저서의 편찬에 있어서 학술적인 깊이나 완결성에 대해서 여러 학자 분들이나 실무에 계신 분들의 비평을 받아들일 많은 개선점이 존재한다는 것을 저자는 인정한다. 그렇지만 본 저서가 보다 많은 인터넷마케팅 실무 종사자, 그리고 학생들에게 전반적인 인터넷마케팅 업무를 이해시켜서 전문 인력으로 육성시킬 수 있다면 저자의 기쁨은 더 없이 클 것이다. 향후 인터넷마케팅을 체계적으로 학습하고자 하는 많은 관심 있는 분들에게 작은 도움이 되었으면 한다. 특히 본 저서가 나오기까지 헌신적으로 도움을 준 홍미선 연구조교에게 진심으로 감사를 표한다.

2015년 1월

(당신의 시작을 응원해요!)라는 예쁜 푸리지아 꽃말을 생각하면서

研究室에서 詩人 허야(虛野)

C·O·N·T·E·N·T·S

차례

제3장 인터넷마케팅 유형과 시장조사

제4장 인터넷마케팅 전략

제5장 인터넷마케팅의 광고 유형

제6장 인터넷마케팅의 포털사이트와 웹사이트 관리

제7장 인터넷마케팅의 효과 측정

제8장 인터넷마케팅의 단계별 소비자의 행동

제9장 글로벌 마케팅

제1장 인터넷과 인터넷마케팅

제1절 인터넷의 이해

1. 인터넷의 개념

1) 인터넷의 파급효과

인터넷은 전 세계의 컴퓨터가 서로 연결되어 정보를 실시간으로 교환할 수 있는 하나의 거대한 컴퓨터 통신망으로서 새로운 마케팅 차원으로 발전하였다.

기업은 인터넷을 통해 지리적인 제약 없이 365일 하루 24시간 언제든지 소비자와 의사소통을 할 수 있으며 제품이나 서비스에 관한 정보를 그림, 문구, 비디오, 오디오파일 등으로 한데 묶어 전자카탈로그를 작성하여 인터넷에 수시로 올려놓는다.

인터넷 이용자들은 e-메일을 교환할 뿐 아니라, 관심 있는 상품 및 서비스를 구입하기 위하여 검색 웹페이지를 방문하고 있다.

인터넷은 도입 초기에는 주로 정보통신, 컴퓨터 관련 산업분야에 커다란 영향을 주었지만 지금은 소프트웨어, 전자서적, CD, 식료품, 와인, 가구, 가전제품 등의 판매 분야까지 엄청난 속도로 진전되고 있다. 이렇게 변화되고 있는 글로벌 기술 환경 속에서 경영의 패턴은 커다란 변화가 일어나고 있다.

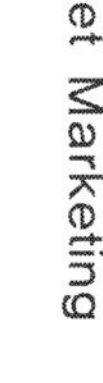

첫째, 인터넷이 산업구조에 미치는 영향이다.

인터넷의 등장은 온라인 경매, e-MP[1] 등 새로운 산업의 탄생을 가져왔으며, 커뮤니케이션과 정보수집 및 거래비용을 절감시켜 산업의 효율성을 제고시키고 있다.

인터넷은 정보 수집을 용이하게 하고 마케팅, 구매, 유통의 어려움을 감소시키며 구매자와 판매자를 쉽게 연결하는 등 산업의 효율성을 증대시키고 있다.

하지만 인터넷이 구매자에게 정보 수집을 용이하게 하여 구매자의 힘을 증대시키며, 기존 채널에 대한 의존성을 저하시켜 진입장벽을 낮추는 등 기업 간 경쟁을 보다 격화시키기 때문에 기업의 입장에서는 이러한 효과를 자사의 이익으로 연결시키는 것이 더욱 어려워지고 있다.

둘째, 인터넷으로 인해 아날로그시대에서 디지털시대로 변화하고 있다.

디지털화는 비즈니스에 새로운 경쟁규칙을 제공하고 있다. 예를 들어 디지털의 경우에는 신상품의 개발비용과 생산비용은 크지만 한번 만들어지고 나면 두 번째 부터는 생산 및 복제비용이 거의 없다. 그 예로 1971년 미국의 일리노이 대학의 구텐베르크 프로젝트로 시작된 서책형을 전자화한 전자책은 기능면에서 매우 단순하였으나 기술의 발달로 인해 더 다양한 형태의 전자책으로 발전하였고, 현재 미국독립선언서 등 2천여 권의 도서를 데이터베이스화 하였다. 디지털 상품의 이 같은 새로운 경제법칙은 중요한 시사점을 제공한다.

셋째, 인터넷으로 인한 환경변화의 속도이다.

현대에는 환경변화의 속도가 빠르므로 신속성이 매우 중요해지며, 기업들 역시 변화에 맞추어서 신속하게 변신하는 유연성이 중요해진다.

넷째, 산업화 사회에서 정보화 사회로의 이전이다.

현대에는 경쟁력의 핵심도 정보가 되고 있으며, 많은 기업들이 인터넷의 도움으로 그들의 가치체인을 통합하여 인터넷 비즈니스를 위한 강력한 정보 및 물류

---

1) 다수의 구매자와 판매자를 하나의 집중된 전자 시장에 집결시켜 각 전자 시장의 규칙에 따라 결정되는 동적인 가격에 의해 서로 매매할 수 있도록 지원하는 기업 간 인터넷 가상 거래 공간이다.

인프라를 구축하고 있다.

다섯째, 인터넷이 기업의 경쟁우위에 미치는 영향이다.

인터넷이 기업간 경쟁을 격화시키고 수익성을 저하시킨다면 개별 기업은 비용을 절감하거나 가격 프리미엄을 향유할 수 있는 경쟁우위를 확보해야 한다.

즉, 경쟁자와 비교해 우월한 성과를 얻을 수 있도록 인터넷을 활용하여 운영상의 효율성을 확보하거나 또는 차별적인 제품과 서비스를 제공하는 독특한 포지션을 선택해야 하며, 이 양자 모두를 추구할 수도 있다.

먼저 인터넷은 실시간 정보교환이 가능해져 가치사슬 전반에 걸친 효율성을 높여준다. 기업들은 인터넷을 활용하여 경쟁업체보다 높은 운영상의 효율성을 확보하여 경쟁우위를 확보할 수 있지만, 다른 한편으로는 모방이 보다 용이해짐으로써 경쟁우위를 지속시키기가 더욱 어렵게 되었다.

오늘날에는 많은 기업들이 인터넷을 활용하여 유사한 사업모델과 시스템을 단기간에 개발·모방하고 있으며, 그 결과 운영상의 효율성 제고를 통한 경쟁우위의 지속성 확보가 점차 어려워지고 있다.

제2절 인터넷의 특징

1. 인터넷의 파급효과

인터넷은 기존 매체에 비해 다음과 같은 특징을 가지고 있다.

첫째, 시간과 공간의 제약 없이 전 세계를 무대로 활동이 가능하다.

전 세계의 컴퓨터가 통합된 하나의 거대한 네트워크이기 때문에 컴퓨터와 인터넷만 있으면 제공자와 사용자 모두 시간적인 제약을 받지 않고 누구나 접속하여 전 세계에 연결된 컴퓨터와 정보를 주고 받으며 상호교류를 할 수 있다. 특히

상업적 목적을 가지고 인터넷을 사용하는 경우, 저렴한 비용으로 효과적이고 세계적인 마케팅을 할 수 있다.

둘째, 인터넷은 주인이 따로 없는 네트워크이다.

인터넷은 거대한 세계적인 네트워크로 누구나 접근할 수 있고 원하는 정보를 마음껏 얻을 수 있으므로 주인이 따로 없다. 개인이나 기업이 자신의 사이트를 개설하고 운영하는데도 별다른 제약이 없어 세계적인 네트워크를 자신의 것처럼 만들 수도 있다.

셋째, 인터넷은 무한한 잠재성을 가진 세계적 네트워크이다.

인터넷의 성능은 멀티미디어 기술 및 디지털 통신기술의 발달로 인해 날로 향상되고 있으며, 네트워크가 점점 고도로 지능화함에 따라 인터넷의 발전 가능성은 무한하다.

넷째, 인터넷은 가장 저렴한 세계적 네트워크이다.

컴퓨터 통신을 위한 간단한 장치와 통신 소프트웨어만 준비하면 거대한 정보의 바다를 마음껏 즐길 수 있다.

다섯째, 인터넷은 인터엑티브(interactive) 기능을 한다.

인터넷상에서는 인터넷을 이용하는 다른 사용자와 동시에 쌍방향의 커뮤니케이션을 수행할 수 있으므로 시간과 공간의 제약을 줄여주는 역할을 한다.

여섯째, 인터넷을 통해 신속하게 정보를 교류할 수 있다.

인터넷은 정보를 기초로 존재하며, 인류역사상 가장 방대한 정보들이 존재하고 있다. 인터넷이 연결된 곳이면 언세 어디서든지 음성, 동화상, 문자, 프로그램에 이르기까지 거의 모든 정보를 신속하게 주고받을 수 있다.

2. 인터넷과 마케팅 개념의 변화

마케팅은 시대적 흐름에 따라 생산 지향적 마케팅에서 사회 지향적 마케팅으로 변화하며 발전되어 왔다.

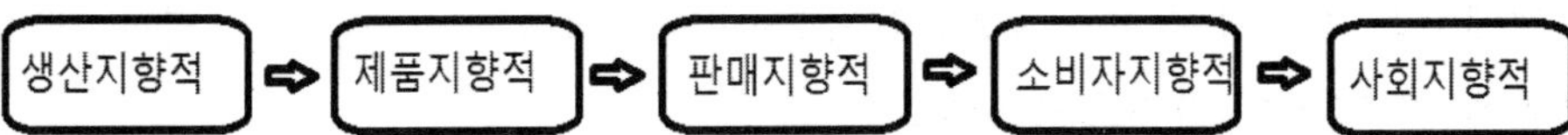

[그림 1-1] **마케팅의 시대적 변화**

마케팅 개념이 처음 우리 경제사회에 도입된 것은 생산과 소비를 연결 시켜주는 교환시장이 형성되면서부터이다. 공동생산, 공동분배로 교환활동이 이루어지지 않는 경제적 자급자족 시대에는 마케팅이 존재하지 않았으나, 물물 교환이 이루어지고 교환의 장소로서 시장이 출현하면서 마케팅의 개념이 처음 생성된 것이다.

이러한 마케팅 개념은 시대적 상황과 소비자의 의식변화에 따라 변화되어 왔고, 지금은 단순한 판매개념을 넘어 다양한 소비자 욕구 충족 활동이라는 개념에 이르게 되었다. 즉, 이제 기업 경영의 관점이 과거의 공장 중심과 제품 중심에서 시장 중심과 고객중심으로 변화하고 있다.

오늘날에는 고객뿐만 아니라 사회에 도움이 될 수 있는 방향으로, 대중을 중심으로 하는 마케팅에서 개인별 대응 차원의 마케팅으로, 더 나아가 정보 시스템을 근간으로 개별 고객과의 신속한 상호 커뮤니케이션을 실현시키는 데이터베이스 마케팅, 인터넷마케팅이 떠오르는 핫 이슈가 되고 있다.

[표 1-1] **인터넷과 마케팅 개념의 변화**

구분	대중마케팅	표적마케팅	인터넷마케팅
대상	대중	표적집단	개인
시장접근방법	비차별적 마케팅	차별적 마케팅	데이터베이스 마케팅
마케팅 목표	시장점유율, 매출액, 고객만족도		고객점유율, 고객만족, 매출액
경제원리	규모의 경제		범위의 경제
관리	제품관리		고객관리
커뮤니케이션	단방향(one-way)		쌍방향(two-way)

경제사회 전반에 걸친 정보화, 디지털화, 사이버화는 마케팅 시스템과 소비자 행동에 큰 변화를 가져오고 있다.

첫째, 마케팅 목표가 변화하고 있다.

오늘날 마케팅의 목표는 시장점유율 보다는 고객확보에 초점이 모아지고 있다. 장기적인 관점에서 고객가치를 판단하고 고객을 확보하고 유지시키기 위한 노력은 시장점유율 유지에 비해 비용이 적게 들며, 기업의 이익을 높이는 방안이 되고 있다.

둘째, 기업의 마케팅 전략이 변화하고 있다.

인터넷은 구매의사가 있는 고객을 선별하여 집중적인 마케팅을 하는 수단으로 활용되고 있다. 현재에는 대중 마케팅 보다는 표적 마케팅, 일대일 마케팅, 인터넷마케팅이 전략적인 대안으로 떠오르고 있다.

대중 마케팅(mass marketing)은 판매자가 다수의 구매자를 대상으로 하나의 제품을 대량으로 생산, 유통 및 촉진하는 것을 말한다.

표적 마케팅(target marketing)은 전체 시장을 몇 개로 세분화 한 후 이들 중에서 하나 또는 몇 개의 세분화된 시장을 선정하여 각 시장에 적합한 제품과 마케팅 방식을 개발하는 것이다.

일대일 마케팅(one-to-one marketing)은 인터넷을 통한 쌍방향 커뮤니케이션의 장점을 활용하여 고객의 불만사항이나 의견을 접수하거나 고객의 프로파일, 소비자의 구매형태, 라이프 스타일등을 DB화하여 마케팅을 전개하는 것을 말한다.

셋째, 마케팅의 과정(Process)이 변화하고 있다.

많은 고객에게 제품을 판매하는 것보다 한 명의 고객에게 다양한 제품을 반복적으로 판매하는 것이 더욱 중요해지고 있다. 이를 위해서는 고객과의 장기적인 관계 형성이 매우 중요하다.

[표 1-2] 기존 마케팅과 인터넷마케팅의 비교

	기존 마케팅	인터넷마케팅
유통채널	기업→도매상→소매상→소비자	기업→소비자
거래대상지역	지역적	글로벌
광고비용	높음	낮음
판매거점	영업장소가 필요	사이버공간
마케팅 개념	판매 지향적	고객 지향적
마케팅 목표	매출의 극대화	고객 만족의 극대화
미디어 개념	Broadcasting	Narrowcasting
유통의 성격	제품 판매의 지원 수단	고객 접점의 수단
전략제품	한정된 제품에 특화	다양성과 차별화 제품
광고이용방법	단방향 의사소통	쌍방향 의사소통
광고대상	불특정 다수(1:N)	특정(1:1)

3. 마케팅 도구로서의 인터넷

인터넷은 초기에 전자우편이나 통신의 수단으로만 이용 되었다. 하지만 현재에는 월드와이드웹(WWW)의 출현으로 인터넷 활용이 가속화 되었고, 고객에게 다양한 제품과 그 제품에 대한 정보를 제공하는 마케팅의 기능으로 발전하였다. 인터넷은 마케팅의 도구로서 다음과 같은 여러 장점과 그 가치를 지니고 있다.

첫째, 인터넷은 기존 매체에 비해 상대적으로 광고비가 매우 저렴하며,

인터넷의 웹사이트는 회선 사용료만 부담하면 되는 경우도 있다. 또한 인터넷을 통한 광고는 원하는 상대방에게 메시지를 거의 정확하게 전달할 수 있다.

둘째, 인터넷은 공간상의 제약을 받지 않는다.

사무실 안에 앉아서 컴퓨터로 마케팅활동을 할 수 있으며 전자게시판, 뉴스그룹, 검색엔진, 전자신문 혹은 웹사이트 등을 통하여 전 세계를 상대로 광고 및 영업활동을 할 수 있다.

셋째, 인터넷은 표적 집단에 대한 접근이 용이하다.

인터넷상의 뉴스그룹이나 전자우편을 이용하면 가장 구체적으로 필요성을 느끼는 아주 좁은 범위의 표적 집단에게 접근할 수 있으며, 이러한 표적 집단의 의견을 마케팅 활동에 효과적으로 반영할 수 있다.

넷째, 인터넷은 시간상의 제약이 없다.

365일 하루 24시간 동안 계속해서 광고와 다양한 마케팅활동을 할 수가 있으며, 다른 국가에서도 인터넷을 이용하면 시간대에 상관없이 언제든지 원하는 시간에 접속이 가능하다.

4. 인터넷의 한계점

인터넷은 대부분 무료의 개념에서 출발된 도구로서 비록 다양하고 방대한 정보를 담고는 있지만 정확한 정보 요구를 만족시켜 줄 수는 없다.

이러한 인터넷마케팅의 한계점은 다음과 같다.

첫째, 표준이 없다.

즉 효과측정이나 광고단가 등에 대한 기준이 정해져 있지 않다.

둘째, 광고효과 측정수단이 미흡하다.

즉 효과측정에 대한 기술과 노하우가 아직까지 미흡하다.

셋째, 사용자층의 한계

기존 매스미디어보다는 사용자층이 젊은 층으로 축소되어 있다.

넷째, 인터넷이 미디어로서의 문화적 기반이 미성숙 단계에 있다.

마지막으로, 인터넷마케팅에서 가장 중요한 과제가 되는 것은 보안의 문제다.

인터넷은 일단 정보가 네트워크에 들어오면 누가 그 정보를 부정하게 이용하는지 알아낼 수 없다는 취약점이 있다.

그렇게 때문에 인터넷을 적극적으로 이용하려는 사람은 다음과 같은 보완에 깊은 주의를 기울여야 한다.

① 고객정보의 취급

신용카드의 번호 등을 해커에게 절취 당할 수 있다. 또한 보험회사가 질병에 대한 상담 서비스를 하는 경우에도 상담내용이 구체적일수록 보안이 중요해진다.

② 사내의 비밀정보

제휴기업들이나 기업 내에서도 정보를 활발하게 주고받기 때문에 보완에 깊은 주의를 기울여야 한다. 또한 사내의 비밀정보를 다룰 때는 일반 메일과 달리 보안에 만전을 기울여야 한다.

③ 인터넷에서 받은 정보

보안기능이 철저하지 않은 PC를 이용하는 경우에는 누구라도 하드디스크의 내용을 볼 수 있다.

다시 말해서 인터넷에서 보안에 주의하는 정보는 네트워크 밖에서도 신중하게 다루어야 한다.

④ 다른 사람의 정보

자신이 다른 사람의 정보를 이용하는 경우에도 취급에 주의해야 한다.

네트워크에서 입수한 정보를 아무런 생각 없이 이용했다가 남의 저작권을 침해할 가능성이 있다.

합법적으로 입수한 정보라고 하더라도 그 정보를 제3자에게 발신할 때는 충분한 주의를 기울여야 한다.

제3절 인터넷마케팅의 특징

1. 인터넷마케팅의 배경

1990년대 이후 개인PC의 보편화 및 인터넷이라는 매체의 등장으로 인해 우리 사회의 각 영역이 디지털구조로 변화하고 있다. 기업경영 및 거래관계에 있어서도 직접 소비자에게 전달하는 방식이 아닌 인터넷을 통한 전자거래의 개념이 나타나게 되었다.

e-마케팅이라고도 불리는 인터넷마케팅(Internet Marketing)은 인터넷을 이용하여 제품이나 서비스를 제공하는 활동으로서 인터넷을 활용하여 수익을 얻고자 하는 전략 활동이라고 볼 수 있다. 즉, 인터넷을 이용하여 기업은 고객에게 물품을 판매하고 고객은 고객 서비스를 받기 위해 인터넷으로 기업에게 접촉하는 모든 행위인 것이다.

인터넷마케팅은 온라인 매체를 이용한다는 점에서 '온라인 마케팅(online-marketing)'이라는 넓은 개념으로 지칭되기도 하며, 디지털 방식의 컴퓨터와 통신시스템을 이용한다는 점에서 '디지털마케팅(digital marketing)', 가상공간에서 이뤄진다는 의미에서 '사이버 마케팅(cyber marketing)' 등 다양한 용어로 지칭 된다.

인터넷이라는 글로벌 네트워크 매체를 통한 동시 커뮤니케이션의 확산은 인류의 생활 혁명을 초래했으며, 비즈니스와 마케팅에 있어서 패러다임의 전환을 가져왔다. 온라인에 의한 대량 의사소통(e-mail 등)과 거래(인터넷 쇼핑몰 등)의 모습은 인터넷이 역사상 새로운 커뮤니케이션과 상거래 방식을 불러일으켰음을 보여준다.

인터넷을 비롯한 정보기술의 혁신은 고객의 의사전달 방법뿐만 아니라 욕구와 요구의 수준을 높였으므로 기업은 소비자의 요구에 부응하기 위하여 인터넷을 기반으로 하는 인터넷마케팅을 수용하지 않을 수 없게 되었다.

인터넷마케팅은 마케팅의 영역 중 광고, 판촉, 판매, 고객서비스 등의 분야에

서 많은 활용이 가능하다. 또한 개별 소비자와의 거래보다는 기업과 기업간 거래(B2B)가 훨씬 빠르게 성장하고 있으며, 업종에 있어서는 컴퓨터, 반도체, 소프트웨어 등의 산업에서 성장이 빠르게 진행되고 있다.

순수한 사이버 기업에서 인터넷마케팅을 수행하는 것은 물론이고, 최근에는 전통적인 굴뚝산업에서조차 '오프라인+온라인'의 통합적 마케팅을 채택하는 경향이 뚜렷하다. 인터넷마케팅이 등장하게 된 배경은 기술 환경, 기업, 고객 측면의 세 부분으로 요약된다.

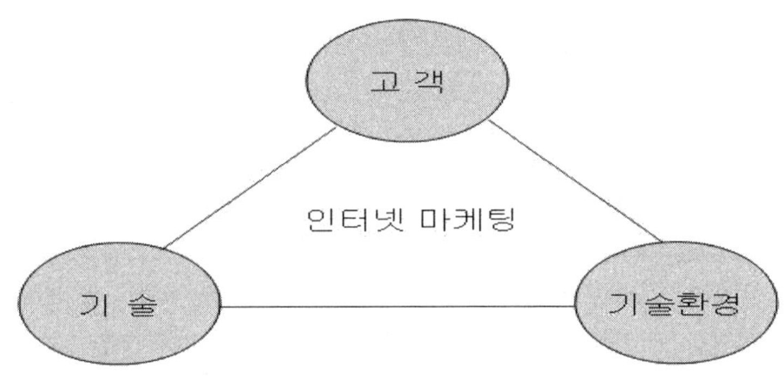

[그림 1-2] **인터넷마케팅의 등장 배경**

2. 인터넷마케팅의 특징

인터넷의 상업화가 허용되고 월드 와이드 웹(World Wide Web)이 등장하면서 인터넷은 음성, 화면, 동화상에 이르기까지 다양한 멀티미디어 정보를 교환할 수 있는 거대한 커뮤니케이션 미디어로서의 역할을 담당하게 되었다.

인터넷은 마케팅의 새로운 방법으로까지 성장하게 되었고, 사이버 마케팅을 수행하는데 최상의 도구가 되었다.

인터넷마케팅은 대량생산체제의 Many-to-Many의 체계에서 벗어나 고객과의 커뮤니케이션을 통한 One-to-One 마케팅으로 개별고객과의 접근을 통한 마케팅전략을 펼칠 수 있을 뿐만 아니라 기존의 유통경로의 다양화에 따른 비용 상승을 기업과 소비자가 직접 거래할 수 있도록 연결시켜주기 때문에 비용절감의

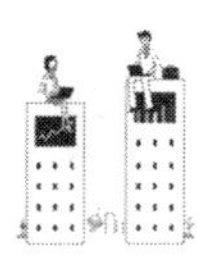

효과를 거둘 수 있다.

정보 제공자와 수용자간의 커뮤니케이션이 쉽고, 기존의 시장점유율 지향적인 마케팅에서 벗어나 시간적, 공간적 무제한성, 다양성, 쌍방향성을 통하여 개별고객에게 접근하여 고객과의 지속적인 관계를 유지할 수 있으며, 기존의 시장 점유율 위주의 마케팅에서 벗어나 고객의 구미에 맞는 정보를 직접 전달할 수 있어 인터넷 시대의 효과적인 마케팅 수단으로 떠오르고 있다.

[표 1-3] **인터넷마케팅의 특성**

	일반 마케팅	인터넷마케팅
전략목표	고객만족, 경쟁력 확보	고객만족, 경쟁력 확보
전략원리	세분화-목표시장-포지셔닝	쌍방향 관계형성과 고객맞춤
전략요소	자본, 인력 등의 물리적 요소	기술, 고객정보, 아이디어 등의 지적요소
전략제품	한정된 제품에 특화	다양성과 차별성이 있는 제품
고객	지리적으로 한정된 고객	글로벌 가상공간의 고객

출처 : 김민우 블로그(blog.naver.com/PostView.nhn?blogId=rlaalsdn34&logNo=70106619488)

1) 인터넷마케팅의 장점

인터넷마케팅의 장점을 살펴보면 다음과 같다.

첫째, 쌍방향 커뮤니케이션을 들 수 있다.

인터넷마케팅의 시작은 인터넷의 상호작용성에서 출발한다. 온라인 채팅이나 뉴스그룹을 통해 제품 또는 서비스에 대한 고객 반응, 신뢰도, 선호도와 불만사항을 즉시 파악할 수 있는 쌍방향 의사소통이 가능하다.

마케터들은 소비자들의 고객 프로파일 작성, 고객의 불만이나 의견 접수, 라이프스타일과 욕구 파악 등 정확한 분석이 가능하다.

인터넷은 일방적인 커뮤니케이션이 이루어지는 다른 대중매체와 차별화된 전략적 커뮤니케이션 수단으로서 다양한 전략적 기능을 수행하는데 적극 활용될 수 있다.

마케팅 과정에 소비자를 참여시킬 수 있다는 점에서 중요한 의미를 갖는다. 기업과 소비자 간의 정보와 아이디어의 쌍방향적 흐름은 기업의 입장에서는 소비자들을 아이디어 창출과 제품 설계, 더 나아가 마케팅 커뮤니케이션 자체에 참여시킬 수 있다는 것을 뜻한다.

소비자들 역시 인터넷을 통해 제품에 대한 구체적이고 충분한 양질의 정보를 파악할 수 있어 이로 인한 시장의 효율화는 결국 소비자에게 이익을 안겨준다.

둘째, 제품이 다양화되고 품질이 개선되어 진다.

경쟁이 심화되어 제품사양이 표준화되고 제품의 품질이 개선되며, 시장의 확대와 함께 제품의 주문생산이 이루어져 제품의 다양화가 이루어진다.

셋째, 재고관리비용과 불량재고에 의한 리스크를 경감시킨다.

인터넷마케팅을 통해 주문생산이 활성화되고 제품이 다양화되면 즉시 재고관리(JIT)와 통합화 제조기술을 통해 제품이나 서비스에 대한 요구를 전자적으로 연결시킬 수 있어 재고관리비용과 불량재고에 의한 리스크가 경감된다.

넷째, 기업이미지 창출과 고객관리가 용이하다.

기업이 인터넷의 웹사이트를 개설한 것은 회사에 대한 강한 이미지를 조성하는 역할을 하며, 재정적으로 튼튼하고 선도적인 역할을 하는 회사라는 인상을 준다.

판매자는 소비자와 일대일 관계를 형성하여 고객정보의 효과적인 수집과 관리를 할 수 있다. 전자거래 파일에 기록된 구매정보나 웹서버 로그파일에 기록되는 고객의 웹서핑 과정을 추적할 수 있어 고객의 구매습관이나 기호에 관한 정보를 신속 정확하게 획득할 수 있다.

다섯째, 마케팅과 판매경비절약을 들 수 있다.

인터넷을 통한 기업과 고객간의 직접 거래로 인해 중간유통단계가 생략되므로 최소한의 인원 및 조직이 필요하여 마케팅 및 판매비용이 절감되며, 인터넷 광고 및 시장조사 등을 통해 광고비나 조사활동비 등도 크게 절감된다.

또한 블로그 운영과 유튜브 동영상 업로드의 경우에는 스마트폰이나 PC가 있으면 전혀 비용을 들이지 않을 수 있고, 제품을 웹사이트를 올려놓을 경우 고객이 스크린에 나타난 품목들을 살펴본 후에 바로 주문란에 지불 방법을 기입하여 주문하기 때문에 인터넷마케팅은 많은 경상경비를 줄일 수가 있다.

종전의 지면이나 방송을 이용한 마케팅에는 광고료 제약 때문에 소비자에게 제공되는 상품이나 서비스 정보의 양에는 한계가 있었는데, 웹을 이용한 인터넷 마케팅은 적은 비용으로도 무제한 정보를 제공할 수 있다.

여섯째, 시간과 공간의 제약을 극복 할 수 있다.

인터넷마케팅에서는 물건을 전시하고 고객을 직접 상대해야 하는 매장이 따로 필요 없으며 사무실안의 컴퓨터 한 대 만으로 국내는 물론이고 전 세계를 상대로 마케팅 활동을 벌일 수 있다.

마케팅 사원의 활동을 통한 마케팅은 마케팅 사원이 활동을 하지 않으면 그 효과가 즉시 떨어지게 되고, TV나 신문 등의 광고 마케팅은 그 광고를 하는 동안 비용이 계속 발생하게 되나, 인터넷마케팅은 24시간 365일 계속해서 자신을 알릴 수도 있고, 시간대가 다른 국가에서도 언제든지 고객이 원하는 시간에 거래가 이뤄질 수 있으므로 그 대상범위도 전 세계로 확대할 수 있다.

해외지사나 해외대리점에 연결하는 일이나, 타국의 소비자로부터 주문을 받는 일이 사무실 안에서 컴퓨터를 통하여 가능하며, 전 세계를 상대로 전자게시판, 뉴스그룹, 탐색엔진, 전자신문 혹은 자신의 웹 사이트를 통하여 광고도 할 수 있다.

전 세계를 향하여 열려 있는 인터넷의 특성상 언제 어디서나 소비자를 만족시킬 수 있는 자리로서, 소비자에게나 기업에게나 인터넷만큼 효율적이고 편리한 공간은 없다.

일곱째, 유통구조의 변화를 들 수 있다.

인터넷마케팅에서는 도매상이나 소매상 등 중간 상인이 개입할 수 있는 공간이 많지 않기 때문에 유통단계가 생략됨으로써 인터넷 판매가격은 저렴한 가격이 형성될 수 있다. 또한 물건을 사용할 때 발생하는 하자나 의문 사항은 바로 인터넷 판매자와 연결해서 고객 서비스를 받을 수가 있다.

여덟째, 환경보호와 중소기업체의 혜택을 가져온다.

기존의 마케팅 방식에는 많은 카탈로그를 제작하는데 종이와 인쇄잉크 그리고 운반연료 등으로 인하여 환경보호를 회피하고 있었다. 그러나 인터넷에 의한 상품 정보 교환은 환경보호 차원과 국가 경제 차원에 큰 이익을 가져다준다.

인터넷 고객이 웹사이트만을 가지고 기업의 규모를 파악할 수 없기 때문에 중소기업들도 산뜻한 디자인과 충실한 내용 전달로 대기업보다 유리한 마케팅이 가능해 질 수가 있다.

아홉째, 표적집단(Target Group)에 대한 접근이 용이하다.

마케터들에게는 인터넷 이용자들의 특성상 그 자체만으로도 상당히 매력적인 집단이기도 하지만 뉴스그룹이나 전자우편을 통하면 가장 구체적인 필요성을 느끼는 아주 좁은 범위의 표적 집단으로 접근할 수 있다.

이들은 자신이 느끼는 제품이나 서비스에 대해 적극적으로 의견을 제기하기도 하므로 기업으로서는 소비자의 의견을 들을 수 있는 흥미로운 집단임이기도 하다. 기업은 개개인의 축적된 데이터에 근거하여 개인의 취향을 보다 정확하게 파악하고 특정 개인에게 적합한 정보를 제시할 수 있다.

열 번째, 광고 분량에 제한이 없다.

영상, 그래픽, 음향, 이미지, 애니메이션, 동영상, 문자 등 다양한 멀티미디어 기술을 이용한 광고가 가능하며, 기업홍보, 제품광고 뿐만 아니라 다양한 정보를 결합한 정보형 광고 또한 가능하다.

열한 번째, 고객관계의 강화를 할 수 있다.

인터넷에서는 고객 개개인에게 서비스가 제공되어 질 수 있다는 측면에서 특정 고객에게 가장 알맞은 제안을 할 수 있고, 고객과의 장기적 관계를 강화할 수 있다.

인터넷을 통한 고객 접속 및 판매 자료의 체계화된 관리와 웹 사이트의 등록 현황 관리를 통해서 소비자가 정보를 검색하고 거래하는 행동이 마케팅 변수와 연계될 수 있도록 할 수 있다.

이렇게 체계적으로 만들어진 데이터는 소비자 개개인에 대한 1 대 1 마케팅을

위한 기본 자료를 제공하며, 전자 메일을 통한 접촉과 웹 사이트 접속시의 개별화된 웹 인터페이스 제공을 통해 고객 개개인에 대한 개별적 관리가 가능해진다.

열두 번째, 다양한 마케팅 활동이 가능하다.

기업은 인터넷을 통해서 판매한 제품이나 서비스에 대한 고객의 문의에 신속하게 응답할 수 있으며, 검색엔진이나 웹 로봇 등의 기술을 이용하여 경쟁사의 동향 등을 비교적 단시간에 파악할 수 있다. 또한 신제품의 기능 또는 가격에 대한 소비자의 반응을 저렴한 비용으로 점검해 볼 수 있다.

열세 번째, 광고 효과의 측정이 용이하다.

이용자가 광고를 몇 번을 보았는지, 얼마나 머물러 있었는지 등 보다 정확하고 자세한 광고효과의 측정이 가능하다. 이런 자료들이 축적되면 다이렉트 마케팅 또는 데이터베이스 마케팅 등을 할 수 있는 좋은 기초자료가 될 수 있다.

[표 1-4] **국내 인터넷마케팅의 트랜드**

트랜드	세부내용
Market Share 전쟁	제품의 홍수, 무수한 브랜드의 상품들이 전체 시장의 파이를 뺏고, 뺏기는 MARKET SHARE 전쟁이다.
성숙기 시장의 마케팅 대안	비용대비 효과 측면뿐만 아니라, 고객에게 이야기를 전달하고, 경험하게 하고, 참여하게 하는 다양한 방법으로 고객 접점을 다양화해서 커뮤니케이션 할 수 있는 장점으로 인해 성숙기 시장의 마케팅 대안으로 자리 잡고 있다.
IMC 전략으로 채널 접점 관리	IMC(통합마케팅커뮤니케이션) 전략에서 ATL뿐 아니라 BTL의 다양한 채널(게시판, 이메일, 메신저, 블로그, 카페, 페이스북, 트위터)의 소비자 접점을 관리하는 것이 중요하게 여겨지고 있다.
e 브랜딩 전개 및 브랜딩 효과	인터넷을 통해 브랜딩을 해야 하는 것은 필수 불가결한 요소이며, 효과측정이 용이한 부분이 메리트로 작용하고 있다.

인터넷을 통한 감성 및 체험 마케팅 확대	고객의 감성을 움직이고, 고객에게 체험토록 하는 다양한 인터넷마케팅이 실행되고 있다.
불황기의 e-세일즈 프로모션 마케팅 믹스	불황기에는 아무리 고가의 브랜드라 해도, 판매촉진 프로모션의 효과를 외면할 수 없으므로 온라인 세일즈 프로모션을 통해서도 마케팅을 한다.
개인화에 따른 프로슈머 마케팅 전개	기업의 일방적인 상품기획이 아닌, 소비자들의 프로슈머 역할로 고객이 원하는 상품을 만들어 내는 마케팅을 한다.
고객 분석 및 Metric 전략	고객 분석 후 데이터를 수집하여 고객의 행동 및 반응을 측정할 수 있는 실행중심의 메트릭스가 필요하다.
Network를 기반한 Viral 마케팅	입소문 마케팅이 영향력 있는 미디어로 떠올라 바이럴 마케팅이 트랜드화 되었다.

출처 : 슈킹맘 블로그(blog.naver.com/goyha/40187023352) 재구성.

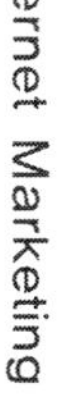

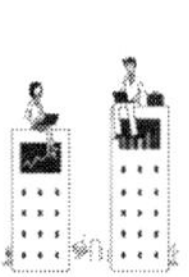

INTERNETMARKETING

제2장 기업 및 소비자 측면의 인터넷마케팅

제1절 기업 측면의 인터넷마케팅

1. 기업 측면

인터넷 마켓플레이스 상에서 제품판매의 다양한 확대 기회를 제공한다.

첫째, 인터넷은 기업의 신규시장의 개척이나 시장영역의 확대를 보다 용이하게 만들었다.

인터넷은 시장 진입장벽을 획기적으로 낮추었으며, 글로벌 시장으로의 진출도 비교적 손쉽게 이루어질 수 있게 하였다. 전 세계 어느 지역에 있는 고객이라 하더라도 영업시간의 제약 없이 365일 24시간 영업이 가능하며, 인터넷마케팅에 있어서 국경의 의미는 퇴색하게 되었다.

기업이 사용하는 인트라넷[1]과 엑스트라넷[2]은 전 세계에 걸친 영업소, 대리점, 유통기관, 소매점과의 접촉을 저비용으로 즉각 가능하게 하며, 기능의 제휴사와 공급사, 고객들 역시 일부 영역에 한하여 이를 활용할 수 있다.

---

1) 인터넷 속의 작은 인터넷으로서 인터넷을 이용하여 기업이나 단체의 구성원들끼리 정보를 교환하거나 공동 작업을 할 수 있도록 구축한 사내 정보전달시스템이다.

2) 인트라넷을 외부 조직의 승인된 사용자들에게 개방해 통신, 제품공동개발, 문서교환 등에 활용하는 통신망이다.

Internet Marketing

둘째, 유비쿼터스[3] 환경에서는 개별 소비자의 수요발생 가능 시점을 예측해서 소비자의 상황에 가장 적합한 상품 정보나 구매정보를 제공하는 이른바 컨텍스트 마케팅(Context Marketing)을 가능하게 한다.

이는 IPv6[4]와 RFID[5]기술에 의해 가능해질 수 있는데 네트워크에 접속되는 사물들을 상시적으로 식별하고 추적할 수 있다면, 기업은 기 사물을 이용하는 소비자에 대해서도 상시적으로 식별하고 추적 가능하며, 이 같은 능력은 기업의 판매기회 확대에 있어 혁신적인 변화를 초래하게 될 것이다.

기업은 이와 같은 소비자의 상황 감지 및 위치 추적 능력과 더불어 고객의 기본 정보 및 구매이력 정보를 종합적으로 활용하여 가장 적합한 상품이나 서비스 정보를 제안할 수 있게 되고, 타겟을 명확하게 파악하여 마케팅 자원의 집중이 가능하게 된다.

또한 소비자는 필요한 상품이나 서비스에 대한 정보를 스스로 비용을 들여서 탐색하지 않아도 되는 정보처리상의 장점을 누릴 수 있게 된다.

따라서 감지와 추적능력의 확대는 기업과 고객 모두에게 유비쿼터스 환경이 제공하는 혜택이라고 할 수 있다.

고객과의 커뮤니케이션 개선과 고객서비스 제고 및 충성도를 강화 할 수 있다.

첫째, 인터넷은 개인별로 독특한 커뮤니케이션을 제공하는 수단으로써 고객과의 친밀성을 높일 수 있다.

인터넷을 효과적으로 이용할 경우 고객 개개인을 대상으로 개별화된 메시지를 전달 할 수 있다. 기업은 고객과의 일대일 관계를 구축하는 것이 가능하게 된다.

예를 들어, 고객 지향적 인터넷쇼핑몰에서는 고객 개인별로 개인 전용상점을 구축해 줄 수 있다.

이는 소비자의 개성을 보다 충족시킬 것이며 이용이 늘어남에 따라 보다 고객화(customized)된 정보 및 혜택을 제공받을 수 있으므로 소비자의 전용상점 충

3) 모든 사물을 네트워크로 연결하여 장소와 시간에 상관없이 자유롭게 네트워크에 접속할 수 있는 정보통신이다.

4) 인터넷 프로토콜 스택 중 네트워크 계층의 프로토콜로서 차세대 IP라고도 불린다.

5) IC칩을 내장해 무선으로 관련 정보를 관리하는 차세대 인식 기술이다.

성도는 더욱 강화될 것이다.

그 경로가 기업은 고객과의 계속적 일대일 관계 형성이 가능해지고, 접촉을 통하여 얻게 된 정보를 데이터베이스화하여 고객과의 관계를 장기적으로 구축해 나가기 위한 자료로 활용할 수 있을 것이다.

둘째, 인터넷마케팅은 고객과 기업 간의 쌍방향 통신이 가능하므로 시장과 고객 욕구에 대한 정보 획득이 용이해져 기업이 구매자의 욕구에 맞는 제품을 개발, 판매할 수 있어 기업이 적극적인 마케팅을 구사하여 성과를 높일 수 있다.

시장의 거시 환경변화에 대한 정보뿐만 아니라, 기업 DB에 구축된 고객 및 거래 정보를 거의 실시간으로 수집할 수 있게 되었다. 이는 기업으로 하여금 보다 신속한 의사결정을 가능하게 해준다.

셋째, 인터넷 커뮤니티 등을 통한 소비자의 적극적인 권리행사 및 구전이 크게 증가할 것이다.

인터넷을 통한 구전이 폭증하면서 구전효과가 커지고, 따라서 소비자의 파워도 전통적 시장에서 보다 훨씬 커지게 될 것이다.

최근 인터넷을 통한 각종 Anti 사이트의 확산에서 엿볼 수 있듯이, 기업은 특히 인터넷을 통한 부정적 구전의 확산을 막는 일에 많은 주의를 기울여야 한다.

Anti사이트 등을 포함한 소비자 커뮤니티의 파워는 커뮤니티에 참여하는 이용자들의 수와 참여 정도에 달려 있다고 할 수 있다.

이러한 커뮤니티 파워는 인터넷 이용인구의 급속한 증가와 동시에 그 영향력과 기능이 강화되어 왔다.

네티즌의 결속력이 사회적으로 긍정적인 측면과 부정적인 측면에서 모두 중요한 영향력을 발휘하고 있다는 사실은 더 이상 새로운 이슈가 아니며, 커뮤니티는 마케팅 분야에 상당한 영향력을 끼치고 있다.

따라서 오늘날 마케팅의 중요한 이슈로 각광 받고 있는 고객관리(CRM : Customer Relationship Management)는 개별고객에서 소비자 커뮤니티까지 그 대상을 전폭적으로 확대해야 할 것으로 전망된다.

소비자 커뮤니티까지 확대된 기업의 고객관계경영은 자연스럽게 핵심 소비자들을 제품개발 과정에 참여하게 함으로써 소비자 욕구에 부응하는 제품을 성공

적으로 개발하고 또 조기에 시장 확산을 기할 수 있다.

이는 프로슈머(prosumer)의 개념과도 일맥상통한다. 뿐만 아니라 생산된 제품의 확산을 위해 소비자 커뮤니티를 적극적인 구전센터로서도 활용할 수 있을 것이다.

국내에서는 많은 기업들이 이미 1990년대부터 PC통신 동호회들을 대상으로 자사관련 이슈에 대한 소비자 반응과 의견을 관리하기 시작했으며, 최근에는 이를 전문적으로 대행하는 전문업체까지 등장해서 네트워크상에서 전파되는 기업관련 구전을 적극적으로 관리하고 있다.

특히 국내와 같이 전국적인 초고속인터넷 인프라가 구축되어져 있고, 이용률도 세계적인 환경에서 활성화된 커뮤니티 파워라면 앞으로 더욱 강화되고 발전된 형태의 커뮤니티 파워를 가질 수 있을 것으로 짐작할 수 있다.

[표 2-1] **국내 프랜차이즈 기타 외식 업종 상위 10개 업체의 카카오스토리 플러스 활용 현황**

영업표지	가맹본부의 카카오스토리 플러스 보유 현황	소식받기의 수
비비큐	○	98,892
본죽	×	없음
페리카나	×	없음
비에이치씨	○	1,355
네네치킨	○	2,922
교촌치킨	○	53,931
베스킨라빈스	○	272
처갓집양념치킨	○	638
굽네치킨	×	없음
또래오래	○	181

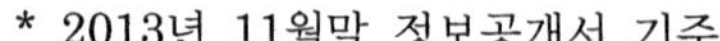

* 2013년 11월말 정보공개서 기준
* 소식받기의 수는 2015년 1월 26일 기준

[표 2-1]은 국내 프랜차이즈 기타 외식 업종 상위 10개 업체의 카카오스토리 플러스를 이용한 인터넷마케팅의 실태이다. 현재까지는 카카오스토리가 앱 서비스만을 하고 있으므로 아직 카카오스토리 플러스를 이용한 인터넷마케팅 활동을 시작하지 않은 기업도 있다. 하지만 향후 PC 버전의 웹 서비스로까지 확대한다면 그 활용도는 매우 높아질 것으로 예상된다.

넷째, 비주얼한 정보의 교환과 공유가 증가할 것이다.

현재 많은 유형의 동영상 정보가 인터넷을 통해 유통되고 있지만, 아직까지 감성영역에 가까운 정보들이 실시간으로 자유롭게 양방향 소통되는 부분은 제한적이라고 할 수 있다.

하지만 유비쿼터스 환경에서는 유무선과 방송이 통합된 브로드 밴드의 네트워크을 기반으로 극소화 기술이 적용된 콘텐츠들이 유통 가능해져서 더욱 많은 형태의 시각 정보의 소통이 가능해질 것이다.

비주얼한 정보는 인터넷을 이용한 원격 진료나 사이버 강의 등 일부 적용분야가 있지만 향후에는 기업경영에 적용되는 신제품 기획부서와 설계부서, 생산부서 사이의 정보유통들에 더욱더 유용하게 이용될 수 있다.

또한 화상회의 등을 현재보다 훨씬 저렴한 비용과 편리한 방법으로 개최할 수 있으며, 다양한 협력업체와의 커뮤니케이션 역시 개별적이고 단속적으로 진행되던 형태를 벗어나 통합적이고도 정확한 방법으로 진행될 수 있을 것이다.

비용 절감을 들 수 있다.

첫째, 인터넷마케팅에 소요되는 대부분의 비용은 우편 판매, 텔레마케팅 등으로 별도의 부대비용이 거의 수반되지 않는다.

인터넷마케팅은 상점이나 점포가 필요 없어 건물, 토지의 임대나 구입, 종업원 고용 등 직접 마케팅에 소요되는 비용이 절감된다. 또한, 웹 사이트의 개설, 전자메일 등에 많은 비용이나 시간이 요구되지는 않는다.

둘째, 인터넷을 통한 거래는 거래 방식의 표준화가 쉽고 판매자와 구매자간의 정보탐색이 용이하기 때문에 거래 비용의 측면에서 전통적 거래에 비해 우위를 가진다.

이에 따라, 고객들은 기업과 직접 거래하는 빈도가 높아지고 도매상과 소매상의 존립 기반이 상대적으로 취약해지면서 역할의 변화를 꾀하고 있다.

셋째, 금융 서비스, 소프트웨어, 여행 서비스 등과 같은 디지털서비스 상품에 대한 물류비용은 크게 절감된다.

제품 및 서비스의 판매, 운송에 있어서 중간유통단계를 생략함에 따른 운송비, 점포유지비, 유통마진 등의 유통비용을 절감할 수 있어 시장에서 가격경쟁력을 확보할 수 있는 기반을 조성한다.

이러한 제품들의 비용 절감 효과는 막대한 파급효과를 가져올 것이고 따라서 이러한 산업이 인터넷거래로 전환하는 것을 가속화시킬 것이다.

그 예로, 일부 대형 항공사의 경우 발부되는 총 항공권의 절반이상을 전자 항공권이 차지하고 있고 이에 따른 절감 효과를 톡톡히 누리고 있다.

또한, 이러한 효과는 항공업계 전반으로 확대되고 있다.

넷째, 촉진 비용을 줄일 수 있다.

기업이 글로벌 시장에서 당면하는 주요한 문제 중의 하나는 그 나라의 언어로

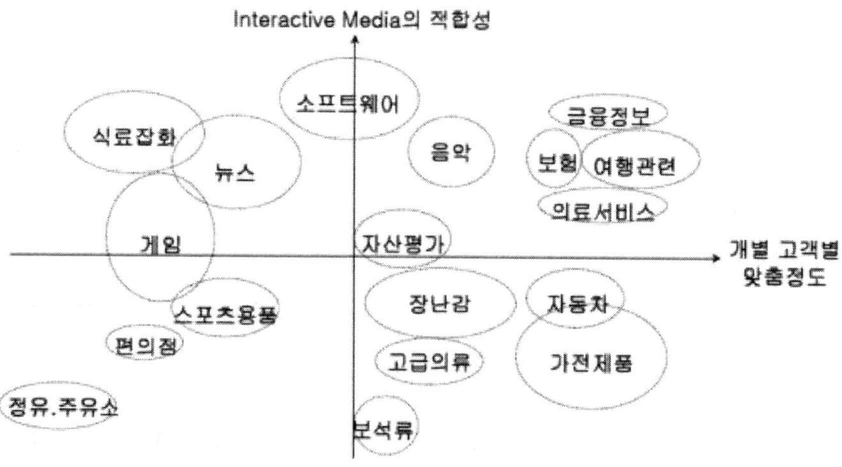

출처 : MacKinsey analysis

[그림 2-1] **인터넷마케팅에 적합한 기업**

커뮤니케이션 활동을 해야 한다는 것이다. 그런데 기업이 인터넷을 활용하여 웹상에서 홈페이지를 2개 국어로 개설 할 경우 훨씬 저렴한 비용으로 촉진 활동을 수행 할 수 있다.

그러나 인터넷마케팅이 기업측면에 미치는 부정적 효과는 다음과 같다.

첫째, 제품간의 경쟁이 심화된다.

인터넷마케팅은 가상공간을 통해 무한한 정보를 제공하기 때문에 소비자에게 제품에 대한 정보습득이나 구입에 따른 비용을 대폭 절감시켜 타사 제품과의 경쟁을 심화시킬 수 있다.

둘째, 유통채널의 변화에 따른 경영상의 어려움이 발생할 수 있다.

유통채널을 단순화하여 비용을 감소시키는 효과가 있지만 대리점, 할인점 등의 유통구조를 급격히 쇠퇴시켜 일시적으로 급격한 매출 감소를 초래할 수 있다.

제 2 절 소비자 측면의 인터넷마케팅

1. 소비자 측면

첫째, 인터넷마케팅 확산으로 소비자는 수동적 소비자에서 능동적소비자로 바뀌고 있다.

소비자는 언제나 인터넷을 통하여 시간과 지리상의 제약 없이 전 세계의 제품을 인터넷 화면상에서 비교하여 쇼핑할 수 있으며, 이에 따라 소비자는 보다 목적 지향적이고 계획적 구매가 가능하게 된다. 이는 구매의사결정의 합리화와 사회 전반적인 소비의 합리화를 가져올 것이다.

둘째, 심리적으로 편안한 상태에서 쇼핑이 가능하다.

제품을 구입하기 위해 백화점이나 상점을 방문하며 때때로 종업원의 불친절이나 강매에 따른 심리적 압박을 받게 된다. 그러나 인터넷거래는 풍부한 제품정보를 가지고 편안한 상태에서 쇼핑할 수 있다.

셋째, 소비자는 과거에 누릴 수 없었던 맞춤식 제품과 서비스를 요구할 수 있게 되었다.

즉 소비자가 기업이 제공하는 제품 및 교환조건을 수동적으로 선택하는 것이 아니라, 자신의 요구조건을 기업에게 제시하고 이를 반영한 교환이 이루어지게 할 수 있는 통제 권한을 가질 수 있게 된 것이다.

넷째, 제품 구매와 관련된 여러 가지 비용을 절감할 수 있다.

지금까지 소비자들은 보다 유리한 조건으로 구매를 하기 위해서는 금전적으로나 시간적으로 많은 비용을 지불해야만 했다.

그런데 인터넷을 활용하게 됨으로써 보다 다양한 구매 조건들을 상호 비교하는 데에 있어 보다 효율적인 수단을 얻게 되었으며, 이를 온라인상에서 손쉽게 주문할 수 있게 되었다.

또한 기업에서는 중간상의 이윤배제, 쇼핑몰 운영비의 저렴 등의 이유로 소비자에게 저렴한 가격으로 제품을 제공하기 때문에 제품 구매와 관련된 제반 비용을 절감하는 것이 가능해졌다.

다섯째, 편리하고 경제적이다.

시장에 나가지 않고 집이나 사무실에서 구매 할 수 있어 편리하다. 또한 소비자는 정보 탐색의 시간 및 비용을 절감할 수 있어 경제적인 이익을 동시에 얻는다.

여섯째, 믿을 수 있는 판매자와 돈독한 관계를 구축할 수 있게 되었다.

요즘 고객과의 관계마케팅(relationship marketing)을 통해 단발적인 거래가 아닌 장기적인 관계를 구축함에 따라 구매자나 판매자가 모두 이익을 얻을 수 있는 win-win전략의 활용에 대한 관심이 높아지고 있다.

인터넷마케팅은 이러한 장기적인 관계를 형성하는 데 결정적인 역할을 할 수 있을 것이다. 즉 유사한 제품을 제공하는 다양한 제조업체들 중에서 가장 신뢰할 수 있는 기업을 선택하고, 이 기업의 제품을 구매한 다음, 다양한 제품관련 정보지원, 신속한 서비스지원, 자신의 상황에 맞춤화된 추후 정보제공 등을 효율적으로 제공받음으로써 관계구축에 따른 이점을 얻을 수 있게 된다는 것이다.

일곱째, 시간을 줄이고 일시적인 충동구매를 감소시킨다.

인터넷쇼핑에서는 정보탐색 시간 및 비용이 저렴하여 충분한 사전조사를 통하여 구매할 수 있어 일시적인 충동구매가 감소하고 계획구매가 이루어진다.

그러나 인터넷마케팅이 소비자측면에 미치는 부정적 효과는 다음과 같다.

첫째, 반품 및 환불의 어려움이 있다.

소비자는 인터넷을 이용한 가상쇼핑몰에서 단지 화면상에서의 제품을 보고 구매하게 되는데 구매 후 불만족이 발생할 수 있다.

[표 2-2] **기업측면과 소비자측면의 인터넷마케팅 비교**

기업측면		소비자측면	
긍정적 효과	부정적 효과	긍정적 효과	부정적 효과
고정비, 간접비 감소	유통업체의 쇠퇴	저렴한 가격으로 상품구입	개인정보의 노출우려
전 세계를 대상으로 365일 24시간 사업 가능	브랜드력이 강한 업체의 국내시장 잠식 우려	신속하고 편리한 구매 기능	반품/환불이 어려움
사업영역의 확대 신규사업의 진출		상품선택 폭 확대	거래의 안정성 미흡
판매자와 고객간 쌍방향 커뮤니케이션 가능		제품정보에 대한 접근용이	

이때 반품 및 환불이 어렵다는 문제가 발생하게 되는데, 특히 그 제품을 해외 시장에서 구입한 경우에는 더욱 어렵다.

둘째, 개인정보의 보호가 어렵다.

인터넷상에서는 구매 후 일반적으로 신용카드로 대금을 지불하게 되는데 이때 보안기술이 미흡하여 개인정보가 노출되어 악용될 가능성이 있다.

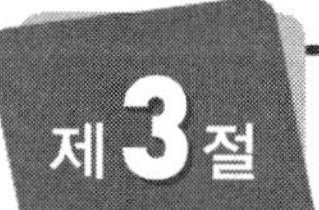

제3절 기업과 소비자의 SNS 마케팅

1. 기업의 소셜미디어 활용

현재의 기업들은 소비자들과의 소통의 중요성을 인지함에 따라 트위터, 플리커, 블로그, 유튜브 등 다양한 소셜미디어 채널을 개설하고 있다. 인터넷을 통해 소비자와 직접 소통하면 시간 및 공간의 제약을 받지 않고 실시간 대화 및 정보를 주고받으며, 접촉면을 무제한적으로 넓힐 수 있다.

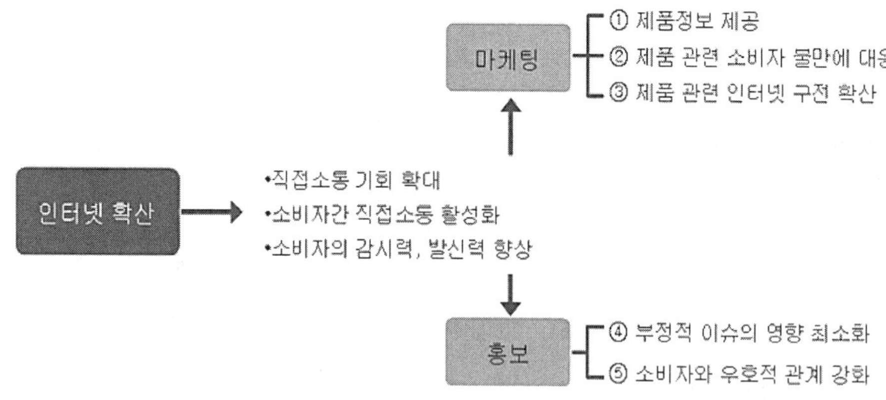

출처: 신형원, 소비자와의 직접소통과 인터넷, SERI 보고서, 2009.

[그림 2-2] **인터넷 직접소통의 핵심분야**

소셜미디어 공간에서는 자신이 공유하는 정보를 신뢰하거나 동조하는 사람들과 소통하며 보이지 않는 온라인 커뮤니티를 형성한다. 기업은 이 공간을 통해 소셜미디어 이용자들과 함께 소통하여 그들을 자사의 우호 그룹으로 만들 수 있는 기회를 잡을 수 있어야 한다. 최근에는 소비자들의 스마트폰 이용 증가로 인해 소셜 미디어에 참여하는 사람들은 계속 늘어날 전망이다.

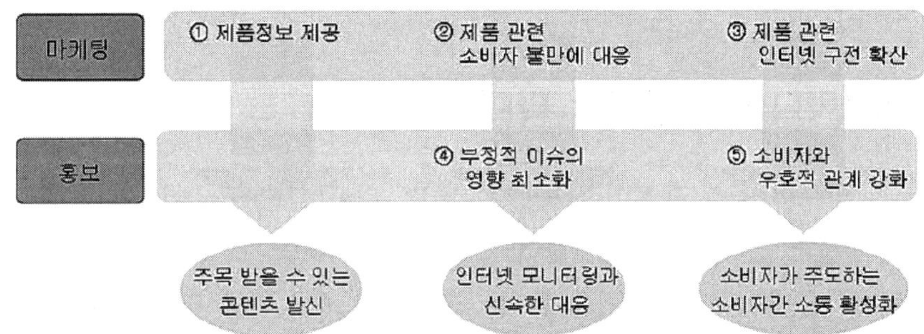

출처: 신형원, 소비자와의 직접소통과 인터넷, SERI 보고서, 2009.

[그림 2-3] **인터넷 직접소통의 핵심전략**

SNS 마케팅의 성공적인 예로는 제너시스BBQ 그룹을 들 수 있다. 2013년 제너시스BBQ는 전 임직원을 대상으로 바이럴 & SNS 마케팅에 대해 특강을 진

[그림 2-4] **제너시스 BBQ 홈페이지**

행했다. 그 후 바이럴 & SNS 마케팅을 한 BBQ 패밀리 매장의 매출을 바이럴 & SNS 마케팅을 진행하기 전과 후로 비교해 보았다. 1개월이 지난 9월에는 전년대비 평균 매출이 7%가 성장하였고, 10월에는 전년대비 평균 매출 25.2%가 성장하였으며, 12월에는 전년대비 매출 20.9%가 성장하였다. BBQ 패밀리 가맹점에서는 바이럴 & SNS 마케팅을 하면서 새로운 판로가 생겼다며 긍정적인 부분이 자리잡게 되었다.

2. 소셜미디어 영향력의 확대

미국 국방부의 공식 홈페이지[6]를 방문하면, 왼쪽 상단에 페이스북, 트위터, 유튜브, 구글플러스, 인스타그램, 플리커, 블로그, 이메일, RSS[7], 위젯 등 다양한 소셜네트워크 및 소셜미디어 사이트를 리스트화 하여 미국 국방부의 정책 정보를 전달하고 있다. 이는 미군들이 자신의 친구, 가족, 지인들과 소셜미디어를 통해 커뮤니케이션 활동을 하는 일이 잦아지면서. 미국 국방부 또한 공식적으로 소셜미디어를 통해 소통을 하게 되었다. 국방부라는 조직의 특성상 폐쇄성이 짙을 수 밖에 없는 국방부의 이러한 소통은 시사하는 바가 크다.

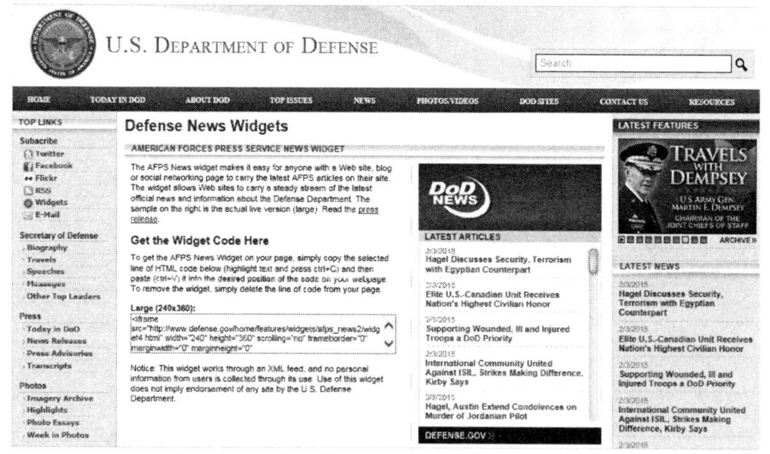

[그림 2-5] **미국 국방부 홈페이지**

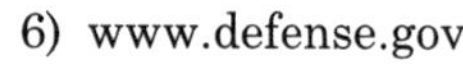

6) www.defense.gov

7) Really Simple Syndication

제3장 인터넷마케팅 유형과 시장조사

제1절 인터넷마케팅 유형

인터넷에서의 고객의 특성은 일반적인 소비자 특성에 따른 구매 패턴과 동일하지 않고, 대체적으로 지적이며, 새로운 세계에 대한 호기심이 상대적으로 많으며, 상대적으로 진보적이고, 자신의 의견을 자유롭게 개진하는 개방적인 성향이 많고, 상대적으로 구매력이 높다. 그러므로 다음과 같은 요소에 유의하여 마케팅 계획을 세워야 한다.

첫째, 정확한 표적고객의 설정(targeting)이 필요하다.

자사 제품의 표적 고객이 누구인지를 정확히 파악해야 한다. 성별, 연령별, 지역별 등으로 구분하고 이들의 관심사항을 홈페이지에서 반영 해 주어야 한다.

둘째, 찾기 쉽고 간결(easy and simple)해야 한다.

사이트 접속이 쉽고 홈페이지가 간결해야 한다. 어렵거나 복잡하면 소비자들은 금방 다른 사이트로 전환해 버린다. 동시에 다른 사이트와의 연결이 쉽게 이루어져 소비자들이 원하는 것은 빠르고 쉽게 찾을 수 있도록 해주어야 한다.

셋째, 공동체의 형성(community)이 필요하다.

홈페이지 방문자들을 하나로 묶어줌으로써 공동체 의식을 느낄 수 있도록 한

다. 이를 통해 장기고객의 확보, 고객 상호간에 유대감과 동질성 확보를 통해 장기적인 고객의 확보와 안정적인 수익기반의 구축이 가능하다.

넷째, 콘텐츠(contents)의 충실화를 들 수 있다

웹 홈페이지에 표적집단들이 좋아할 수 있는 개념과 내용이 중심이 되어 다양한 볼거리와 읽을거리를 제공해야 한다.

즉 고객이 원하는 정보를 많이 제공하여야 한다.

다른 사이트와 링크되어 제공하는 객관적인 자료와 내용면에서 다양하고 심도 있게 꾸며질 수 있도록 하는 것이 좋다. 가능하면 재미있고 유익한 정보를 자주 바꿔주면서 사이트에 변화를 주어야 한다.

다섯째, 정보 중심적 가치에 대한 소개가 있어야 한다.

고객지향적인 사고를 바탕으로 디지털 정보시스템과 데이터베이스 기술을 효과적으로 활용하여야 하며 반드시 가치 중심적으로 수행되어야 한다.

성공적인 인터넷마케팅을 수행하기 위해서는 먼저 인터넷 상에 올리는 제품, 서비스 및 참고자료를 반드시 정보로서의 가치를 갖도록 만들어야 한다.

그리고 어떤 제품, 서비스 및 참고자료의 새로운 사항은 확실한 경우에만 일관된 방법으로 제공하여야 한다. 마지막으로 정보는 목표청중 혹은 관심집단에 초점을 맞춘 것이어야 한다.

여섯째, 독특한 웹사이트를 만들어야 한다.

문자, 음향, 그림, 동영상 등이 다양한 기술적 응용으로 적절히 활용된 재미있고 독특한 웹사이트를 구축하여야 한다. 나름대로 기업 이미지를 표출할 수 있는 상징적인 홍보를 만들어야 하며 디자인뿐만 아니라 내용, 서비스 제공, 촉진활동 등을 통하여 소비자들에게 널리 알릴 수 있는 사이트를 만들어야 한다.

일곱째, 고객과 관계유지(relationship)를 지속적으로 하여야 한다.

소비자들이 자사의 홈페이지에 자주 방문하게 만들고, 오래 머물도록 유도해야 한다. 사이트를 재방문시 방문자의 이름을 부르며 환영해 주거나 고객의 소리 및 대화방을 통한 커뮤니케이션을 유지하는 것이 효과적이다.

1. 인터넷마케팅의 유형

마케팅의 새로운 패러다임을 형성하는 데 주요한 역할을 한 개념들로 데이터베이스 마케팅, 쌍방향 마케팅, 일대일 마케팅, 관계지향적 마케팅, 이메일 마케팅, 바이러스 마케팅, 제휴 마케팅, 허용 마케팅을 들 수 있다.

이러한 새로운 마케팅 개념들은 마케팅 활동에 있어서 어떤 변화를 가져오게 되었는가를 살펴보고 인터넷마케팅과의 관련을 검토해 보고자 한다.

1) 데이터베이스 마케팅(Data base marketing)

고객, 경쟁사, 산업정보 등 1차 데이터를 직접 수집·분석하고 이를 기초로 고객 개인의 특성에 맞는 마케팅 전략을 수립하는 마케팅이다. 데이터베이스 마케팅은 소매점에서의 POS[1)]스캐너에 의한 입력 데이터, 항공사 등의 상용고객우대제도에 가입한 고객들의 파일, 유통기관의 제품 판매 기록 등 기업이 운영하고 있는 데이터베이스의 활용을 통해 고객과의 장기적 관계 구축 및 이에 근거한 마케팅 활동의 정교화를 가능하게 한다.

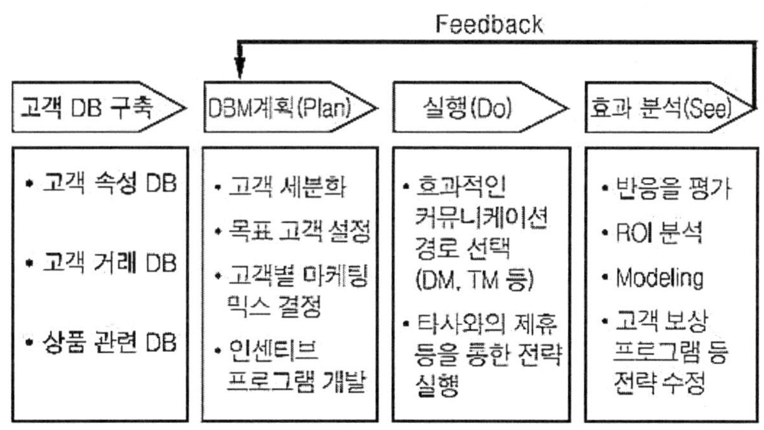

출처 : 컴퓨터인터넷IT용어대사전, 전산용어사전편찬위원회, 2011.1.20, 일진사

[그림 3-1] 데이터 베이스 마케팅의 예

1) 금전등록기와 컴퓨터 단말기의 기능을 결합한 시스템으로 매상금액을 정산해 주는 동시에 소매경영에 필요한 각종정보와 자료를 수집·처리해 주는 시스템으로 판매시점 관리시스템이라고 한다.

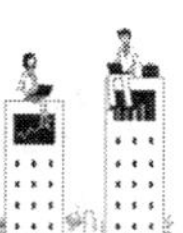

고객이 무엇을 얼마나 자주 구입했는지, 어느 고객이 어느 매장에서 어떤 유형의 제품을 구매했는지, 그리고 특정 고객층의 재구매시기는 언제인가 등과 같은 데이터를 가지고 고객의 성향을 분석한다. 예를 들어 호텔에서는 투숙객의 선호사항을 데이터베이스에 입력해두었다가 다음 방문 시 이에 맞추어서 서비스를 제공한다.

이는 고객데이터에 근거한 개인화된 서비스의 제공으로서 1 대 1 마케팅으로도 볼 수 있으며, 또한 고객 만족을 통한 고객과의 장기적 관계 강화를 도모하는 관계 지향적 마케팅의 실천이라고 할 수 있다. 데이터베이스 마케팅은 고객과의 개별접촉을 전제로 한다.

[표 3-1] **데이터 베이스 마케팅의 입력과 출력**

입 력	출 력
고객 정보	고객 리스트(Mail, Telephone)
판매 정보	예측 모형(predictive models)
Recency	스코어링(Scoring)
Frequency	불량자 조기경보
Amoun	고객 세분화
Tenure	마케팅 ROI[2)]
Chum	리포트
상품 구매 패턴	
이전 반응률 정보	
인구 통계학적 정보	
사회 경제적인 정보	

출처 : 컴퓨터인터넷IT용어대사전, 전산용어사전편찬위원회, 2011.1.20, 일진사

2) 투자자본수익률

2) 쌍방향 마케팅(interactive marketing)

쌍방향 마케팅은 기업이 고객과의 관계를 직접 구축하고 고객과 더불어 신속하고 유연하게 새로운 고객 욕구를 함께 창조, 발견하여 가는 것이다.

어떤 경우에는 고객 자신도 스스로가 무엇을 원하는지 모를 경우가 많기 때문에, 기업은 고객과의 일체적 신뢰 관계를 만들고 쌍방향적인 대화를 통하여 서로 납득할 수 있는 공통의 가치를 점진적이고 유연하게 탐색해 나가야 한다.

이러한 맥락에서 쌍방향 커뮤니케이션이 가능한 인터넷은 좋은 커뮤니케이션 수단이 된다. TV가 정보를 일방적으로 제공해 주는 매체라면, 인터넷은 정보제공자와 수신자 간의 커뮤니케이션을 가능하게 한다.

쌍방향 마케팅의 성공사례로는 에듀플렉스를 들 수 있다. 교육회사인 에듀플렉스는 창립 10주년을 맞이하여 온·오프라인을 융합한 이색 이벤트를 마련하였다. 전국 곳곳에서 진행되고 있는 '에듀플렉스, 대한민국 교육의 역사를 바꾸다'라는 에듀플렉스 광고를 찾아 '넘버원 손가락'에 자신의 손가락을 맞춰 찍은 후,

출처: 혜성맘의 행복냠냠 블로그(blog.naver.com/fyjsj)

[그림 3-2] **에듀플렉스 광고**

Internet Marketing

SNS를 통해 사진을 공유하면 1등에게 1,000만원을 증정하는 이벤트였다. 참여 방법이 재미있고 간단하여 폭발적인 반응을 일으켰으며, 자발적인 소비자의 참여로 소비자 개인 SNS에 올리게 되어 광고 효과를 톡톡히 보게 되었다.

3) 일대일 마케팅(one-to-one marketing)

일대일 마케팅이란 소비자와 공급자가 인터넷을 통해 일대일로 사이버 공간에서 직접 만나 거래하는 것을 말한다. 대상 고객 각자가 가지고 있는 욕구나 취향에 맞추어 제품, 가격 등을 조절하여 양방향성 맞춤 생산판매를 위주로 마케팅 프로그램을 제공하는 것이며, Micro 마케팅[3], 개별 마케팅 또는 맞춤 마케팅이라고도 부른다.

이 마케팅은 새로운 고객을 유치하는 것보다 기존단골고객을 관리하는 것이 비용이 적게 든다는 점을 기초로 하고 있다. 이러한 직접적 접촉은 또 다른 고객가치를 창조한다.

고객과 기업 간의 접촉이 더 활발해짐에 따라 고객은 서비스를 더 자주 이용하게 되고, 기업은 고객과의 잦은 접촉을 바탕으로 고객에 대하여 더 잘 알 수 있게 되어 고객에게 더 개별화된 서비스를 제공할 수도 있으며 여러 가지 실시간 마케팅을 시행할 수 있게 된다.

일대일 마케팅은 고객의 요구사항을 보다 정확하게 수용할 수 있어 고객관리가 용이하며, 고객은 자신의 주장을 직접 반영할 수 있고 자신의 흥미와 관심에 맞는 정보를 제공받을 수 있다. 또한 공급자와 고객이 상호간의 단점을 보완할 수 있다.

예를 들어, 인터파크는 고객이 사이트에 접속하면 고객 개개인이 각자의 이름으로 불리우며 각자의 취향에 따라 도서정보가 제공된다. 또, 특정 소비자가 인터파크를 통해 그 해에 몇 권의 서적을 주문했으며 어떤 책들을 구입했는가에 대한 정보의 파악이 가능하다. 인터파크는 구매 실적에 따라 소비자에게 각종 사은품을 제공하기도 하고, 소비자의 과거 주문 정보를 분석하여 취향에 맞는 서적을 권유한다.

---

3) 시장과 소비자를 세분화시킨 후 그에 알맞게 소셜네트워크를 활용하여 마케팅적으로 다가가는 것을 말한다.

또 다른 예로 대우건설은 '맞춤형 주택' 마이 프리미엄을 론칭하여 소비자가 입주 전에 원하는 대로 인테리어, 가전도, 마감재, 집구조 등을 선택할 수 있도록 해주는 신개념 주택 제공 문화를 만들었다.

[그림 3-3] **푸르지오 맞춤형 주택 마이 프리미엄**

4) 관계지향적 마케팅(relationship marketing)

관계지향적 마케팅은 고객과의 모든 접점에서 발생하는 데이터를 통합된 정보로 구축하여 이를 바탕으로 고객유지, 고객가치증대, 신규고객 유치 등을 도모하는 마케팅이다.

관계지향적 마케팅은 기존의 판매 위주의 거래지향적 개념에서 탈피하여 장기적으로 고객과 경제·사회·기술적 유대 관계를 강화함으로써 고객가치 극대화 및 기업 매출 증대 도모한다.

즉 개별적 거래의 이익 극대화보다는 고객과의 호혜 관계를 극대화하여 고객과의 우호 관계를 구축하면 이익은 절로 수반된다는 원리에 기초한 마케팅이다.

만족한 기존 고객이 다른 소비자들에게 전파하는 구전 효과도 기업에게는 큰 이점이 된다. 유사한 개념인 애프터마케팅(After Marketing)의 개념도 제품 판매가 마케팅활동의 끝이 아니라 시작으로서, 제품 판매 이후의 고객 서비스 및

관계 유지를 강조하는 것이다.

기업이 전자 메일을 활용하거나, 대 고객 서비스를 웹 사이트 내에 개설된 서비스센터를 통해 직접 제공함으로써 관계 지향적 마케팅의 실천을 보다 강력하게 할 수 있게 되었다.

관계지향적 마케팅의 예로는 IBK 기업은행을 들 수 있다. 대부분 소비자들의 은행 선택 기준은 영업점의 물리적 거리, 급여통장의 주거래 유무, 저렴한 수수료, 은행 브랜드 이미지 순으로 선택한다. 그러나 IBK 기업은행은 타 은행 대비 접근성이 떨어지고, 브랜드 인지도가 낮은 수준이었다. 그래서 IBK 기업은행은 제반 인프라 투자 및 브랜드 명을 변경하여 중소기업 대상에 국한된 로컬 은행이라는 이미지를 변경하기 위해 노력하였고, 온라인 채널을 통한 홍보를 하여 고객과의 소통 및 브랜드 마케팅을 강화하였다. 창구거래에 가능한 기능을 디지털 매체를 통해 보완하는 경쟁우위 전략을 선택한 결과 소셜 미디어가 대고객 소통 채널로 확실하게 자리매김하여 긍정적인 효과를 보게 되었다.

[그림 3-4] IBK 기업은행

5) 이메일 마케팅(e-mail marketing)

이메일 마케팅은 기업이 고객에게 이메일을 통하여 제품을 소개하고 각종 인센티브를 제공하여 구매를 유도하는 마케팅이다. 이메일이 다른 매체에 비해 비용이 저렴하면서도 고객들로부터의 높은 응답률을 얻어낼 수 있으며 이를 통한 수익창출(ROI; Return on investment) 효과 또한 매우 높다.

또한 이메일 마케팅은 새로운 고객을 획득하고 유지하거나, 새로운 상품을 알리거나, 고객충성도를 높이는데 있어 매우 효과적이다. 하지만 스팸메일이나 고객이 원하지 않는 홍보성 메시지를 보낸다면 부정적인 효과를 초래할 수도 있다.

이메일 마케팅에 필요한 상식은 다음과 같다[4].

첫째, 수신 이메일 리스트를 동의하에 수집해야 한다.

동의를 한 이메일 구독자라면, 회사가 이메일을 보낼 때 관심 있게 지켜보고 내용물에 긍정적으로 반응할 확률이 더 커진다.

둘째, 이메일 수집 시 꼭 필요한 정보만 요구해야 한다.

이메일을 수집할 시 입력할 정보란을 너무 많이 만들면 입력해야 하는 사람 입장에서는 더욱 귀찮게 느껴지므로 회사에게 꼭 필요한 정보가 무엇인지 곰곰이 생각해본 후 입력란을 만들어야 한다.

셋째, 질문자에게 적절한 답변을 해야 한다.

회사의 잠재고객과의 소통을 통해 회사의 브랜드 이미지를 키울 수 있을 뿐만 아니라 고객서비스에 대한 인식도 고객에게 긍정적으로 쌓이게 된다. 반대로 이메일 답장을 제대로 하지 않는다면 발신자는 자신이 무시당했다고 여길 수 있으므로 이는 회사의 브랜드에 매우 부정적인 영향을 미치게 된다.

넷째, 최신뉴스, 상품을 주기적으로 업데이트 해야 한다.

정기적으로 연락하여 잠재고객들에게 회사가 존재함을 인식시켜야 하며, 지속적인 소통을 통해 잠재고객이 회사의 서비스나 상품에 관심을 가질 기회를 주어야 한다.

---

4) ONLINEBIZ 경영상식

다섯째, 이메일 제목을 흥미롭게 해야 한다.

이메일의 제목이 이메일 수신자들이 보았을 때 별로 흥미가 없어 보인다면 이메일 자체를 열어보지 않을 것이므로 수신자의 입장에서 무엇이 흥미로울지 생각해 보아야 한다.

여섯째, 이메일 제목과 관련이 있는 내용을 보내야 한다.

제목을 흥미 있게 고른답시고 내용을 제목과 어긋나게 넣는다면 이메일 구독자가 이메일을 열어 볼지라도 이메일을 읽지도 않고 금방 닫아버릴 확률이 높으며, 회사가 자신을 속였다는 느낌을 가질 수도 있다.

일곱째, 이메일을 너무 자주 보내지 않아야 한다.

이메일을 너무 자주 보낸다면 이메일 구독자들이 많은 이메일의 양에 부담을 느낄 것이고, 많은 이메일을 보낸 곳에 대해 부정적인 감정을 느낄 수 있다.

여덟째, 수신거부를 편하게 할 수 있도록 설정해야 한다.

몇몇 회사들은 잠재고객들이 구독을 안 하는 것을 방지하기 위하여 일부러 수신거부 과정을 복잡하게 만들기도 한다. 그렇게 되면 고객들은 수신 거부하는 방법을 찾아보다가 결국 '스팸'처리를 하게 될 것이며, 해당 회사에 대해 안 좋은 브랜드 이미지를 갖게 될 것이다.

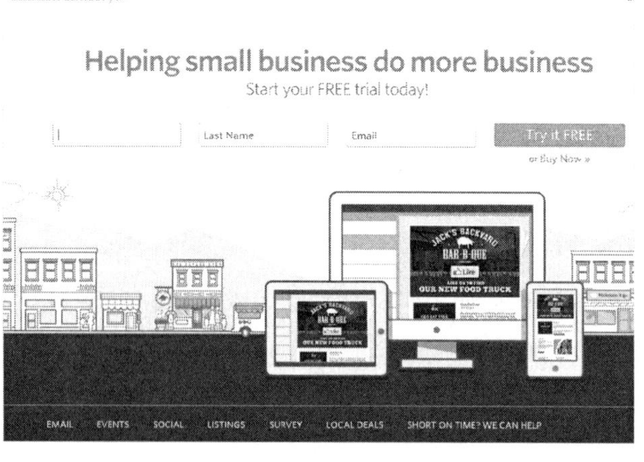

[그림 3-5] Constant Contact

6) 바이러스 마케팅(Viral marketing)

바이러스 마케팅이라는 용어는 벤처 캐피털 회사인 미국의 Draper Fisher Jurvetson(DEJ)가 인터넷 기업이 고객의 추천에 의해서 급성장하는 현상을 설명하기 위하여 사용하면서 생겨났다.

컴퓨터 바이러스처럼 확산된다고 해서 붙여진 바이러스 마케팅은 기업의 마케팅 메시지를 접한 네티즌들이 이메일이나 다른 전파 가능한 매체를 통해 자발적으로 어떤 기업이나 기업의 제품을 홍보할 수 있도록 제작하여 널리 퍼지는 마케팅 기법을 말한다.

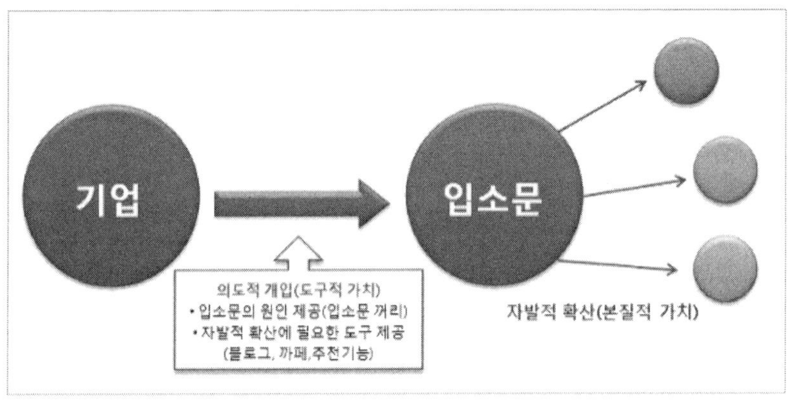

출처: 차세대 IT리더 X2soft

[그림 3-6] **바이러스 마케팅의 정의**

오프라인 상의 구전(word of mouth) 마케팅과 유사한 개념이다. 바이러스 마케팅은 기업이 직접 홍보를 하지 않고, 소비자의 이메일을 통해 입에서 입으로 전해지는 광고라는 점에서 기존의 광고와 다르다.

기업은 유행이나 풍조 등 현실의 흐름을 따라가면서 네티즌들의 입맛에 맞는 내용이나 재미있고 신선한 내용의 웹 애니메이션을 제작하여 인터넷 사이트에 무료로 게재하면서 그 사이에 기업의 이름이나 제품을 슬쩍 끼워 넣는 방식으로 간접광고를 하게 된다.

[표 3-2] **바이러스 마케팅 vs 입소문 마케팅 vs 버즈 마케팅 비교**

구분	바이러스 마케팅 (virus marketing)	입소문 마케팅 (Word of mouth)	버즈 마케팅 (buzz marketing)
특징	소비자들 사이에 급속하게 퍼질 만한 마케팅 메시지를 주입하기 위해 벌이는 각종 노력	어떤 제품과 서비스에 대해 사람들이 주고받는 커뮤니케이션이다. 이때 사람들은 해당 제품이나 서비스를 제공하는 기업과 관련이 없다고 인식되고, 커뮤니케이션이 오가는 미디어 역시 그 기업과 관련이 없다고 인식되어야 함	선전 효과(publicity)나 사람들의 흥미를 유발하려는 목적으로 벌이는 각종 이벤트나 활동
형태	카페/블로그 등의 커뮤니티 사이트 운영, 이메일 메시지, UCC 등	인(人)적 행동	흥미를 유발하는 이미지광고 및 동영상 등

출처: 차세대 IT리더 X2soft

네티즌은 이 애니메이션의 내용이 재미있으면 이메일을 통해 다른 네티즌에게 전달하게 되고, 이러한 과정이 반복되다 보면 어느새 네티즌 사이에 화제가 됨으로써 자연적으로 마케팅이 이루어지는 것이다.

바이러스 마케팅은 웹 애니메이션 기술을 바탕으로 이루어지며, 파일 크기가 작아 거의 실시간으로 재생이 가능함은 물론, 관련 프로그램만 이용하면 누구나 쉽게 제작할 수 있고, 기존의 텔레비전이나 영화 등 필름을 이용한 광고보다 훨씬 저렴한 비용이 들기 때문에 빠른 속도로 확산되고 있다.

바이러스 마케팅의 예로는 핫메일을 들 수 있다. 사용자의 이메일 화면 아래에 "핫메일로 무료 이메일을 보내세요(Get your free email at Hotmail)" 라는 문구를 넣어 클릭하면 회원가입 페이지로 링크 시킴으로서 자연스럽게 회원을 확보하는 무료 마케팅 효과를 보았다.

7) 제휴 마케팅(affiliate marketing)

제휴 마케팅은 웹 비즈니스(상품 판매, 광고) 촉진 기법의 하나로서, 웹 사이트들이 서로 제휴 관계를 맺고 제휴 사이트상의 자사 로고를 클릭하여 방문한 고객이 구매를 할 경우 판매 수익의 일정 비율을 분배하는 일종의 수익 분배 프로그램이다.

제휴 마케팅은 다른 부류의 인터넷마케팅 기법들과 개념적으로 여로 모로 겹치는 부분이 있기는 하다. 판매사 그들이 스스로 했을 법한 인터넷마케팅 기법들을 동원하여 제휴 마케팅을 수행하기 때문이다.

제휴 마케팅의 예로는 OK캐쉬백과 함께한 SK에너지를 들 수 있다. OK캐쉬백포인트를 보유한 고객이 전국의 SK주유소에서 상품을 교환하는 방식이다. 이로 인해 OK캐쉬백회사는 캐쉬백포인트의 활용도를 높이고, 이를 통해 이용고객을 확보하였으며, 캐쉬백포인트를 상품교환하면서 발생하는 사용수수료를 이익으로 얻었다. SK에너지 또한 SK주유소 가맹점의 매출을 올릴 수 있었다.

[그림 3-7] OK캐쉬백과 함께한 SK에너지 광고

Internet Marketing

8) 허용 마케팅(permission marketing)

인터넷은 누구나 쉽게 커뮤니케이션 망에 접근할 수 있는 보편성을 갖는다. 그러나 이러한 보편성이 갖는 문제는 사람이나 집단에 따라 의사소통을 원하지 않는 집단이나 사람이 있을 수 있다는 것이다.

대표적인 예로서, 스팸 메일을 들 수 있다. 이런 문제를 해결하기 위해서 기업은 고객이 제공하는 전자 메일 주소와 인적 정보의 사용에 있어서 고객의 허락을 얻어야 한다. 즉, 기업이 독단적으로 실시하는 마케팅이 아니고 고객의 양해를 전제로 시행되어야 한다는 의미에서 허용 마케팅이 요구된다.

고객의 양해 범위에 따라서 기업이 무제한적으로 전자 메일 주소를 사용할 것을 허용하는 무조건 허용과, 어떤 경우에도 개인 정보의 사용을 금지하는 무조건 금지가 있다.

이 두 개의 극단 사이에 선택적 허용과 선택적 금지의 2가지 유형이 추가되는데, 선택적 허용(opt-in) 유형은 고객이 인적 정보의 사용을 허용한 경우를 제외하고는 모든 경우에 사용이 금지되는 것이고, 선택적 금지(opt-out)는 고객이 사용을 금지한 경우를 제외하고는 모든 경우에 허용이 되는 것이다.

제2절 인터넷마케팅의 시장조사

1. 인터넷마케팅의 시장조사 필요성

1) 인터넷마케팅의 시장조사

시장조사란 과거와 현재의 상황을 조사하고 분석을 통해 미래를 예측함으로써, 시장전략을 수립하는데 그 방향과 지침을 제시할 수 있는 미래지향적인 활동을 의미한다.

현재에는 과거보다 정보의 양이 증가하여 정보의 중요성이 높이 평가되고 있다. 그러므로 기업 경영 및 단위 프로젝트는 기능보다 정보가 더 중요 우선순위에 있어야 한다.

웹 마케팅의 모든 활동을 위해 가장 먼저 해야 하는 정보의 수집과 분석은 이후 웹 마케팅의 결과를 좌우하게 될지도 모르기 때문에 각별히 관심을 가져야 하고 철저한 진행이 필요하다.

2) 인터넷마케팅의 시장조사 단계

[그림 3-8] **인터넷마케팅의 시장조사 단계**

(1) 문제의 인식

전체적인 시장조사와 방향을 설정하기 위한 단계로서, 현재 설정한 전략을 보완하고 인터넷마케팅을 수행하는 과정에서 발생할 수 있는 문제점의 해결을 분석한다. 이러한 배경분석에는 문헌조사, 상황분석, 전문가 의견조사, 사례연구 등이 주로 쓰인다.

(2) 시장조사 설계

인터넷마케팅과 관련된 시장조사활동을 수행하고 통제하기 위해서는 다음과 같은 설계를 하여야 한다.

앞에서 설정된 전략들에서 도출된 문제점이나 보완사항에 대한 종합적인 검토를 실시하여야 한다. 그 후 이용될 조사방법을 제사하고, 조사할 경우에 따라야 할 전반적인 틀을 설정하며, 자료수집 절차와 자료분석 기법을 선택하여야 한다.

마지막으로 소요인원, 비용, 시간 등을 고려하여 시장조사 설계를 평가한다.

(3) 자료수집

시장조사 자료는 1차 자료와 2차 자료로 구분된다. 1차 자료는 자신이 직접

수집해야 할 자료로서, 조사 방법론에 근거하여 조사하는 것이다.

조사의 종류에는 인터넷 서베이, 표적집단면접법(FGI : Focus Group Interview), 중심지역검사(CLT : Central Location Test), 벤치마킹(Bench Marking), 관찰법, 실험법 등이 있다.

① 인터넷 서베이

인터넷 서베이는 조사의 목적을 정하고, 표본을 구성한 다음 설문지를 작성, 배포, 수집과 코딩 그리고 분석의 과정을 거치게 된다. 일반 설문조사를 인터넷이라는 가상공간으로 옮겨서 수행하는 설문조사 방식인 것이다.

우리나라의 인터넷 서베이는 90년대 후반부터 본격화되기 시작했으며 기업체나 언론사에서 포털 사이트를 이용하는 방법이 주된 방법이었다.

또한 대선, 총선 등 각 정당 및 후보의 지지도 조사에 인터넷 서베이를 선거여론조사에 활용하기도 한다.

인터넷 서베이의 장점은 다음과 같다.

첫째, 시간이 절약된다.

전통적인 조사방법에 비하여 짧은 시간에 많은 표본의 확보가 가능하며, 동시에 많은 응답자에게 자료를 확보할 수 있으며, 24시간동안 계속 진행 되므로 시간이 절약된다.

둘째, 비용이 절감된다.

전화나 우편 혹은 개인접촉 등의 비용이 들지 않기 때문에 그만큼 낮은 비용으로 시장 조사를 할 수 있다. 보통 e-메일에 의한 조사방법은 기존조사에 비하여 평균적으로 1/7의 비용이 소요되는 것으로 알려져 있다.

하지만 인터넷에 의한 설문조사에서도 적절한 사은품을 주거나 배너 광고 등을 통하여 주목할 수 있게 해야 하기 때문에 비용이 전혀 없다고 생각 할 수는 없다.

셋째, 멀티미디어의 활용이 가능하다.

네트워크 기술이 발전하면서 대용량의 데이터 전송이 가능하게 됨에 따라 인

터넷 서베이에서는 텍스트 이외의 음성이나 영상 등의 멀티미디어 자료를 피조사자에게 전송하는 것이 가능해졌다. 따라서 보다 현실감 있는 설문조사가 이루어질 수 있게 되었다.

넷째, 개별적(customized)인 설문조사가 가능하다.

응답자의 특성에 맞는 다양한 구조를 취할 수 있기 때문에 같은 내용이라도 조사자의 필요에 따라서 편리하게 바꾸어서 사용할 수 있다.

다섯째, 민감한 주제에 대한 설문조사가 용이하다.

기존 조사방법은 민감한 주제에 대하여 설문조사를 할 때 조사원과의 대면접촉을 해야 하기 때문에 표본 확보에 어려움이 많았다. 하지만 인터넷 서베이의 경우 특정 홈페이지에 설문지를 올려놓고 자료를 확보할 수 있다.

물론 표본의 대표성의 문제나 자기선택오류(self-selection bias)의 문제를 먼저 고려해야 한다. 인터넷 서베이가 여러 장점이 있으나 독립적인 조사방법으로 널리 활용되지 못하는 이유는 아직 몇몇 문제점이 있기 때문이다.

이러한 인터넷 서베이 문제점들은 다음과 같다.

첫째, 표본의 대표성 문제이다.

인터넷을 사용하는 사람들이 일반적인 사람들이냐의 문제이다. 초기의 인터넷 사용자는 20~30대의 남성에게 집중되어 있었으므로 표본의 대표성에 대한 한계점이 여러 번 지적되었다.

그러나 대부분의 전문가들은 현재 우리나라의 인터넷 사용인구가 전체인구의 50%가 넘고 있으므로 적절한 조사계획과 실행이 병행된다면 대표성문제는 충분히 극복할 수 있을 것이라고 생각하고 있다.

둘째, 모집단 특성의 불확실성이다.

모집단에 대한 정보가 부족하여 적절한 표본추출틀(sampling frame)을 사용할 수 없다는 것을 말한다. 즉 인터넷 사용자가 빠른 시간에 변하기 때문에 모집단 자체가 변함으로 인해 조사자가 필요한 표본추출틀을 통한 확률추출법을 사용할 수 없다는 것을 말한다.

이 문제를 해결하기 위해서는 인터넷 사용자가 안정되어야 한다. 또한 외국의 인터넷 서베이 전문조사 기관에서 하고 있는 것처럼 대규모의 표본을 패널의 형식으로 안정적으로 확보한다면 어느 정도 해결할 수 있는 문제이다.

셋째, 자기선택오류(self-selection bias)이다.

자기선택에 의한 오류란 응답자들이 자신에게 관심 있는 주제에 대해서만 대답하기 때문에 생기는 오류이다. 인터넷 서베이의 경우 응답자들이 쉽게 설문조사를 참여할 수 있기 때문에 이러한 오류가 더욱 커질 수 있다.

이러한 오류를 극복하기 위하여 인터넷 서베이에서도 패널조사를 실시하거나 응답자에게 적절한 인센티브를 제공하는 등의 방법이 널리 사용되고 있다.

넷째, 개인정보보호(Privacy)의 문제이다.

프라이버시의 문제는 인터넷 서베이가 극복해야 할 가장 큰 문제 중 하나로 지목되기도 한다.

설문조사에 응한 사람의 정보가 여러 방법으로 조사자에게 노출될 수 있으므로, 이러한 정보를 상업적으로 이용하는 경우 피조사자들의 프라이버시가 매우 심각하게 침해될 수 있다.

이미 인터넷 상의 개인정보 호에 대한 법제화가 이루어졌으며, 한편으로 기업들 스스로 개인정보 보호에 나서고 있기도 하다.

다섯째, 낮은 응답률이다.

이메일을 이용한 조사는 표본의 대표성을 확보하기 위해서 선정 된 조사대상자로부터 일정 수준 이상의 응답률을 얻을 수 있어야 한다.

그러나 이메일과 전통적인 조사방법을 비교하였을 때 이메일의 응답률이 일반적으로 더 낮은 것으로 보고되고 있다.

② 표적집단면접법(FGI : Focus Group Interview)

집단 심층 면접, 질적 연구(Qualitative Research)의 대표적인 조사 방법으로서 동기나 태도, 가치 및 욕구를 심층적으로 탐색하고 이해하는데 초점을 맞추는 조사방법이다.

[표 3-3] **표적집단면접법의 특징**

항 목	내 용
인원	소수(6~12명)
집단구성	동질적
면접장소의 환경	편안하고 자연스러운 분위기
진행방식	대화 및 토론
소요시간	1~3시간 내외
기록수단	녹음기 및 비디오카메라 등 사용
관찰방법	면접진행자에 의한 관찰 및 상호작용의 유도
사용용도	제품 등에 대한 기획, 컨셉, 보완점 등

숙련된 면접 진행자가 비교적 소수인원을 모집하여 자유스러운 분위기에서 대화를 나누면서 시작하며, 진행 과정에서 무의식적으로 동기나 태도를 드러내게 되며, 개개인 속에서 공통된 관심을 찾으며, 집단 내 다른 사람과의 응답에 대한 상호작용을 살펴볼 수 있어 집단 간의 의견교환을 통한 시너지 효과를 얻을 수 있다.

[표 3-4] **표적집단면접법의 장단점**

장점	단점
- 정보 및 독창적인 아이디어 수집 - 생생한 소비자 언어 수집 - 소비자로부터 심층적이고 다양한 의견 청취 가능	- 전문적인 표적집단 선정이 어려움 - 사회자의 해석상의 오류가 발생 - 토론집단 구성원들이 상호작용을 하면서 생기는 집단 내 역학 관계의 부정적인 영향 발생

[그림 3-9] **표적집단면접**

③ 중심지역검사(CLT : Central Location Test)

CLT는 응답자들을 일정한 장소에 모이게 한 후 시제품, 광고카피 등에 대한 소비자들의 반응을 조사하는 방법으로, 흔히 Hall Test라고도 한다.

CLT는 면접위원들이 일정 시간 내에 자유롭게 조사 대상자가 많을만한 곳으로 나가 대상자들을 불러 모아 간단하게 조사하는 방법이다.

이 때 조사하는 장소는 간이 탁자가 될 수도 있고, 차 안이나 주위의 적당한 실내 등 여러 곳에서 진행될 수 있다. 장소가 이렇게 안정된 곳이 아니다보니 자연히 질문은 간단한 내용이어야 하고, 지나가는 사람들을 적당히 선택해야 하기 때문에 응답자에게 긴 시간을 요구할 수도 없고 대표성도 결여되어 있다.

반면에, 짧은 시간에 간단한 내용으로 신속한 조사가 가능하다는 장점을 가지고 있다. 단, CLT의 경우, 실제 소비자의 구매 상황과 유사한 상황 하에서 조사가 이루어질 수 있도록 분위기를 조성해 주어야 한다는 것, 질문지의 Editing 등과 같은 사항들이 면접과정에서 동시에 진행되어야 하는 것, 조사 대상자가 떠난 다음에는 추가적인 질문이나 설문지의 수정 등이 불가능해진다는 등의 주의사항을 가지고 있다.

[표 3-5] **중심지역검사의 장단점**

장 점	단 점
- 통제된 조건에서 제품을 평가하므로 조사원에 의한 오차발생을 줄일 수 있음 - 제품 사용자에 의한 결과를 얻을 수 있음 - 사람이 많은 장소에서 실시하므로 짧은 시간에 많은 사람을 조사할 수 있음 - 여러 제품을 제시하여 많은 정보를 얻을 수 있음 - 검사도중 검사에 관한 질의응답을 하여 조사의 정확성을 높일 수 있음	- 검사방법이 인위적임 - 집중하기 어려운 검사장소에서 실시되므로 질문의 수가 제한됨 - 심층적인 소비자 의견의 수집에는 한계가 있음 - 주변 환경이 조사 결과에 영향을 미칠 수 있음

④ 벤치마킹(Bench Marking)

어느 특정 분야에서 우수한 상대를 찾아 성과 차이를 확인하고 그들의 뛰어난 기술, 상품, 운영 방식을 배우면서 부단하게 자기혁신을 추구하는 기법이다.

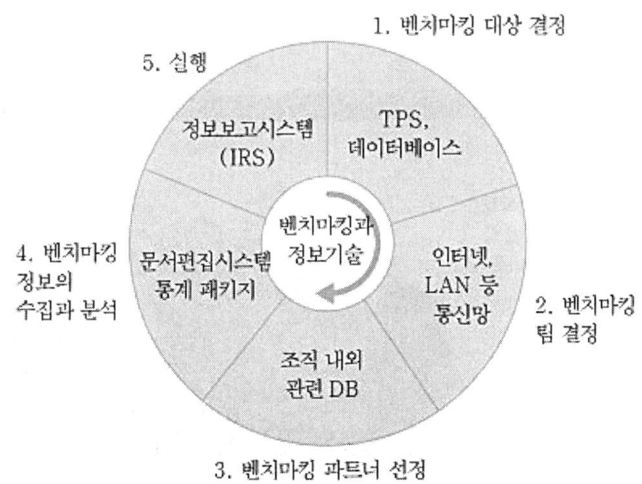

출처 : 노규성·조남재, 경영정보시스템, 사이텍미디어, 2010.

[그림 3-10] **벤치마킹 절차와 정보 기술의 활용**

벤치마킹을 성공적으로 활용하기 위해서는 먼저 어떤 상대를 벤치마킹 할 것인지를 정해야 한다. 벤치마킹의 대상은 경쟁사에 국한되어 있는 것이 아니라 자사보다 우수한 성과를 보여주며 배울만한 가치가 있는 상대로서, 업종에 국한하지 말고 분야에 초점을 맞추는 것이 중요하다.

벤치마킹을 위해서는 비교 가능한 상대의 모든 조직 활동을 조사하여 상대적으로 우수한 점을 찾아내도록 노력해야 하며, 해당 활동에 대해 성과 및 차이를 정량적으로 표현하여 상대와 자사를 객관적으로 비교 할 수 있도록 해야 한다.

또한 회사의 경영자원이 투입되어 성과를 만들어 내는 구체적인 조직 활동을 비교해보며, 마케팅, 조직운영, 조직 구성, 행동방법, 활동범위 등을 배워야 한다.

벤치마킹의 예로는 후지제록스를 들 수 있다. 전 세계 복사기 시장의 96%를 점유해 오던 후지제록스는 1970년대에 들어 미놀타, 캐논 등 신규 복사기 업체들이 우수한 제품을 저렴한 가격으로 내놓으면서 시장 점유율이 45%까지 하락했다. 이 때 후지제록스는 경쟁사인 일본기업의 기업 운영방법 및 제품 등의 분석을 통해 경쟁력이 될 만한 부분을 파악하고 분석하여 제품 및 경영 혁신을 추진하였다. 그 결과 후지제록스는 저비용, 개발기간 단축, 생산성 및 품질 향상에 성공하였고, 1986년 이후 시장 점유율을 회복할 수 있었다.

[그림 3-11] **후지 제록스**

⑤ 관찰법

특정 상황에서 소비자들의 행동을 관찰하는 조사방법을 말한다. 예를 들어 백화점에서의 구매행동을 조사하려는 조사자의 경우 소비자들이 눈치 채지 못하게 그들의 구매패턴을 관찰하며 살펴보는 것을 말한다.

소비자들이 어떤 경로를 통해서 어떤 사이트를 방문하였는지가 로그파일이나 쿠키(Cookie)의 형태로 자동으로 저장되기 때문에 이런 점에서 인터넷은 소비자의 행동을 관찰하기에 매우 유리한 조건을 갖고 있다.

소비자들의 구매행동이나 패턴에 대한 상세한 정보를 알고 싶으면 로그파일을 분석하여 얻을 수 있다. 예를 들어 인터넷 쇼핑몰의 경우 소비자가 어떤 상품에 대해서 어떤 정보를 살핀 후 특정 상품을 구매했는가를 파악할 수 있게 된다.

이러한 정보는 주로 로그분석을 통하여 파악할 수 있으며, 온라인 관찰법도 로그분석에 주로 의존하고 있다. 로그분석이란 사용자가 웹 사이트를 이용하면 이에 대한 기록이 로그라는 형태로 흔적이 남게 되는데, 이 데이터를 기반으로 다양한 정보를 추출해 내는 것이라 할 수 있다.

로그분석은 웹 사용자의 행동패턴을 파악하는데 사용될 뿐 아니라 개인화된(customized) 서비스를 제공할 목적으로 사용자에 대한 정확한 이해를 돕는데 사용될 수도 있다.

즉 고객별로 다른 웹페이지를 보여 주거나 특정 광고에 특정한 사람만 노출시키거나 고객마다 차별화된 가격을 제시하는 등 다양하게 활용될 수 있다.

그러나 아직은 로그 데이터 자체만 가지고는 정확한 분석이 어려운 점이 많다. 먼저 로그 데이터가 너무 많기 때문에 체계적으로 분석 자체가 매우 어렵다는 것이다.

그렇기 때문에 현대의 마케팅 조사가 기업의 마케팅 정보 시스템(Marketing Information System)과 긴밀한 상관관계를 가지고 있는 것이다.

따라서 이러한 다양한 데이터를 필요한 정보로 '정제'하기 위해서는 여러 가지 데이터 분석 기법들이 사용된다.

[표 3-6] **관찰법의 장단점**

장 점	단 점
- 피 관찰자의 행동을 즉시 기록 가능 - 유아나 동물, 문맹자 등 의사소통이 어려운 대상 연구 가능 - 주로 행동으로 나타나므로 질문이나 설문지에서 나타나는 오차를 줄임 - 조사에 비협조적이거나 거부할 경우 사용가능 - 세밀한 자료수집 가능	- 시간 및 비용 등 노력이 많이 소요됨 - 즉시에 정확한 관찰이 어려움 - 관찰자에 따라 해석이 달라짐 - 밖으로 드러나지 않는 문제들은 관찰 불능 - 윤리적 문제와 충돌 가능성 - 행동의 내면적 요인 측정 불능 - 일반화의 한계

⑥ 실험법

다른 조건들을 통제하였을 때 하나의 변수가 다른 변수에 어떠한 영향을 미치는지를 알아보는 연구방법으로서 변수의 영향을 정확히 측정할 수 있고, 엄밀성이 높은 연구방법이다.

즉 조사자가 주제를 선택하여 특정 그룹을 임의로 분류한 다음 두 그룹에게 각기 다른 자극을 준 후 두 그룹의 반응의 차이를 알아보는 방법이며, 또는 한 그룹만을 선택한 후 특정한 자극을 주어 실험하기도 한다. 실험이 효과적으로 통제되어 실험효과만 유효하게 처리된다면 인과관계의 해석에 필요한 정보를 얻을 수 있다.

[표 3-7] **실험법의 장단점**

장 점	단 점
- 정밀한 양적 연구 가능 - 분석 및 비교가 용이 - 주요변수를 분류해 낼 수 있음 - 원인과 결과변수를 구분하여 연구설계를 하여 인과관계를 설정할 수 있음	- 인위적인 연구로 일반화의 문제 - 표본의 크기가 작음 - 연구자의 기대가 연구결과에 영향을 미침 - 인간을 대상으로 실시하기 어려움

조사자는 인터넷을 통해서도 이와 유사한 실험을 실시할 수 있다. 인터넷 배너 광고의 효과측정을 한 Briggs and Hallis(1997)의 연구를 보면, 실험법이 어떻게 사용되는지 보다 잘 이해할 수 있다.

이들은 Hot Wired's Web이라는 사이트에 짧은 설문문항을 삽입하고, 이 사이트를 방문하여 설문에 답하는 사람들에게 '남성의류, ISP(Internet Service Provider), 인터넷 브라우저'에 관한 세 가지의 배너광고를 임의로 보여 주었다.

다음날 설문에 참여한 사람들에게 e-메일을 보내어 2차조사를 실시하였고 배너광고가 브랜드 이미지에 어떤 영향을 주었는지를 조사하게 되었다.

그 결과 배너광고가 효과를 갖고 있긴 하지만 사람에 따라 동등하게 작용하지 않음을 발견하게 되었다.

이처럼 온라인 실험은 아직까지는 주로 인터넷에 관련된 분야에 한정되어 이루어지고 있으나, 많은 자료를 신속하고 값싸게 얻을 수 있는 특성이 있어서 점차 그 이용이 확산 되고 있다.

2차 자료는 조사기간 이전에 타 연구기관이나 학교 등에 의해 이미 수집된 기존의 조사 자료를 인용하는 것을 말하며, 인용 자료의 출처를 명시하여 객관성 유지한다.

조사의 종류에는 문헌 조사와 언론매체 조사 등이 있다.

2차 자료는 크게 거시적인 정보와 미시적인 정보로 구분할 수 있으며, 거시적인 정보에는 인구의 변화나 사회적, 세계적 또는 국지적인 경제, 법률 환경 그리고 경쟁기업의 변동 등이 있다.

이러한 정보들은 인터넷을 통해 검색이 가능하다. 그러나 2차 자료의 수집에 있어서 주의해야 할 점은 먼저 인터넷을 통해 유통되는 정보의 가치는 그리 높지 않을 수 있다는 점이다. 무료로 제공되는 정보일수록 그 가치를 꼼꼼하게 평가해 보려는 시도가 중요하다.

2차 자료를 이용하려는 기업은 다음과 같은 3가지를 생각할 수 있다.

URL[5](Universal Resource Locator)을 직접 입력하여 특정 웹 사이트로 바로 이동하는 방법, 웹서핑[6](web-surfing) 방법, 검색엔진이[7]나 디렉토리 서비

5) 인터넷 상에 존재하는 수많은 정보 자원의 위치를 정확하고 편리하게 표현하기 위한 규약이다.

6) 인터넷의 여러 사이트를 돌아다니며 문서나 동영상 등의 정보를 열람하는 것을 말한다.

스[8])를 이용하는 방법이다.

(4) 자료 분석 및 수정 보완

자료가 일단 수집되면 그 자료들을 분석하고 해석한 후 수립된 전략들을 수정하거나 보완한다.

(5) 사업계획서 작성

시장조사 결과를 통해 인터넷마케팅 전략이 수정·보완되면, 이를 문서화 시켜 향후 마케팅 의사결정에 도움을 준다.

정보이용자들과 미래의 잠재적인 이용자들의 이해도와 지식정도를 고려하여 사업계획서를 작성한다.

3) 인터넷마케팅의 시장조사 종류

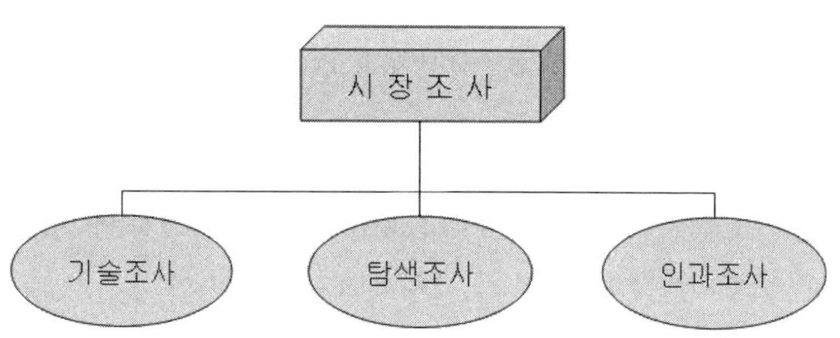

[그림 3-12] **인터넷마케팅의 시장조사 종류**

(1) 기술조사

경제상황이나 소비자의 변화와 같은 전반적 시장 상황과 소비자 형태를 분석하기 위해 수행되는 조사로 횡단조사와 종단조사가 있다.

---

7) 인터넷에서 필요한 정보를 찾기 위한 프로그램이다.

8) 컴퓨터 네트워크의 사용자오 네트워크 자원에 대한 정보를 저장하고 조직하는 으용 프로그램들의 모임이다.

① 횡단조사

모집단에서 추출된 표본으로부터 단 1회의 조사를 통해 시장정보를 수집하는 방법으로서 소비자들로부터 실제 인터넷상에서 구매한 상품들에 대한 정보를 수집할 수는 있으나, 소비자들의 기억능력에 한계가 있기 때문에 가장 최근 정보로 국한되며 단 한번만 측정 가능하다는 한계점이 있다.

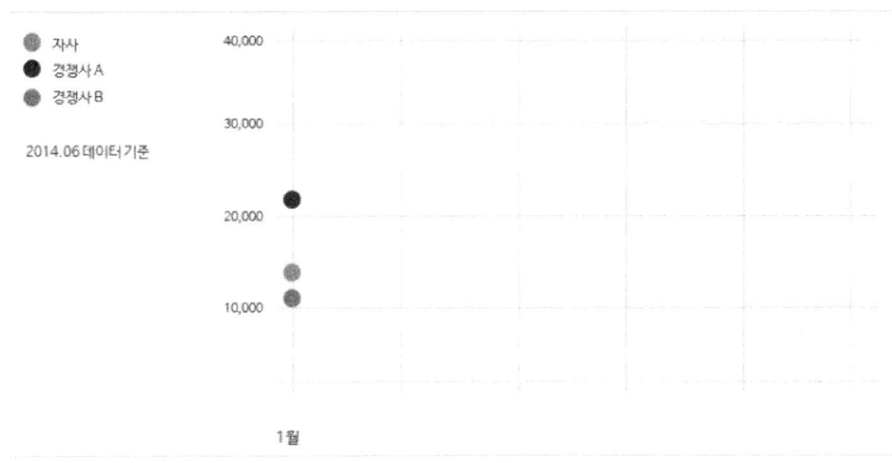

[그림 3-13] **횡단조사**

② 종단조사

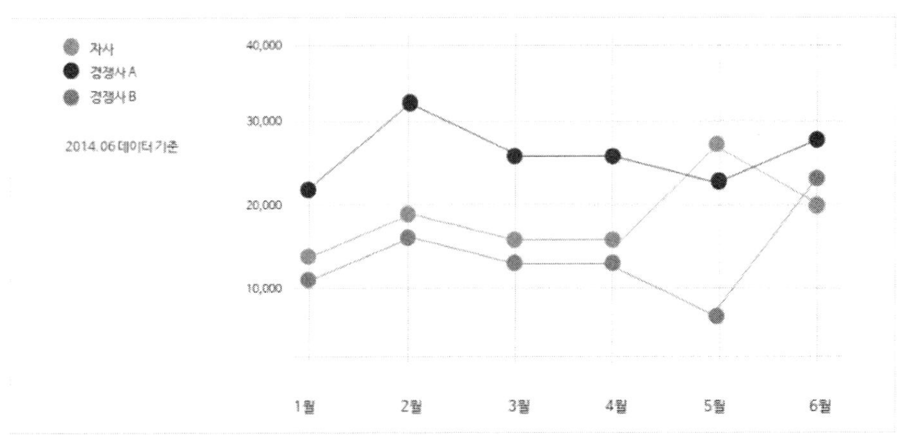

[그림 3-14] **종단조사**

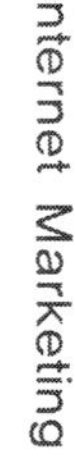

동일한 표본을 대상으로 일정한 시간 간격을 두고 반복적인 조사를 통하여 관심이 있는 변수들의 변화하는 추세를 분석하는 조사이다.

[표 3-8] **횡단조사와 종단조사의 비교**

횡단조사	종단조사
- 특정 문제에 대해 1회 조사 - 정적인 조사 - 한 번에 포괄적인 조사 - 모집단에서 임시적으로 추출된 표본으로부터 자료를 얻음	- 동일한 조사를 일정 시간간격을 두고 반복 조사 - 동적인 조사 - 시간에 따른 변화를 조사 - 직접적으로 측정결과에서 결론을 도출

(2) 탐색조사

조사의 목적을 명확히 하고 조사문제를 찾아 정의하고, 연구가설을 명확히 세우기 위해 시행하는 조사이며, 본조사에 들어가기 전에 조사문제에 대한 통찰력 및 아이디어를 얻기 위한 목적으로 시행된다.

① 경험조사

주어진 문제에 대한 전문적인 견해와 경험을 가지고 있는 전문가들로부터 정보를 얻어내는 방법이다.

② 문헌조사

기존의 존재하는 문헌을 이용하여 문제를 규명하는 가장 경제적이고 신속한 방법으로서 대부분 2차 자료이다.

③ 사례조사

현재의 문제점을 파악하기 위하여 기업의 일부활동 또는 특정부서에 대하여 집중적으로 분석하여 문제를 파악하고 이에 대한 해결책을 찾아보려는 깊이 있는 연구이다.

[표 3-9] **탐색조사의 종류별 장점**

종 류	장 점
경험조사	- 문제성격에 대한 명확한 이해 - 관련된 변수들 사이의 관계에 대한 견해 - 문제해결과정에서 조언 구함 - 전문가들로부터 일치된 견해나 문제 해결책 찾기 목적 아님
문헌조사	- 문제를 확인하고 가설을 정립하기 위한 가장 경제적으로 신속한 방법
사례조사	- 분석하는 사례와 주어진 문제사이의 유사점과 상이점 발견 - 현 상황에 대한 논리적인 유추 가능하게 함 - 문제규명과 관련된 변수들 관계 명확하게 함

출처: isabella 블로그 재구성, blog.naver.com/lucifer246/205601802

(3) 인과조사

현재 인터넷 비즈니스 상에서 발생하는 특정현상의 원인과 결과간의 관계를 규명하기 위해 사용되는 방법이다. 인과조사의 조건으로는 원인과 결과가 함께 발생되어야 하며, 외생변수의 영향을 통제하여야 하며, 원인변수과 결과변수는 순차적으로 발생되어야 한다.

① 실험조사

여러 가지 현상 중에서 연구 목적에 관심이 이는 요소들만 선별하여 그들 사이의 인과관계를 집중적으로 관찰·분석하는 방법이다.

② 유사실험조사

순수한 실험조사는 요구되는 조건이 어렵고 까다롭기 때문에 실제 생황보다는 실험자가 대상과 시기를 인위적으로 조작한 상황 하에서 이루어지는 조사이다.

4) 인터넷마케팅의 유형별 조사방법

(1) 조사의 상황에 따른 분류

① 질문조사

일반적인 설문조사를 말하며 조사 대상의 태도, 행동 및 의견을 조사하는 방법이다.

② 관찰조사

특정 상황에서 관련된 사람의 행동 등을 직접 조사하는 것으로서 진열상태의 위치, 조명 등의 변화에 따라 구매 행동이 어떠한지 직접 관찰하는 방법이다.

③ 실험조사

실험 설계 방법에 따라 조사 상황을 통제하여 인과 관계를 규명케 하는 조사 방법이다.

(2) 접촉 방법에 따른 분류

① 전화조사

통신환경의 발달로 인해 널리 쓰이는 조사이며, 전화번호부에 의해 표본 추출을 통제 할 수 있어 표본 조사의 의미에서 가장 효율적인 방법이다. 전화조사는 정보를 가장 빨리 입수 할 수 있는 장점이 있다.

② 우편조사

설문지를 우편으로 발송하여 회수하는 방법으로서 광범위하게 조사가 가능하지만 회수율이 극히 낮은 단점이 있다.

③ 면접조사

응답자의 양해 하에 면접 방식을 취하여 상세한 정보를 얻는 방법으로서 면접자의 수에 따라 개인 면접과 집단 면접으로 나뉜다. 가장 깊은 정보를 얻을 수 있으나 진행자의 영향을 많이 받는다는 단점이 있다.

(3) 대상자의 수에 따른 분류

① 표본조사

조사 대상의 일부를 추출하여 조사하는 방법으로 모집단의 특성을 유추하여 마케팅 조사를 하는 방법이다.

② 전수조사

선정된 조사대상 모두를 조사하는 방법이다.

③ 사례조사

알려져 있는 모범 사례를 표본으로 삼아 조사 목적과 유사한 사례를 조사하는 방법이다.

(4) 시장조사시 유의할 점

시장조사에서는 개별적인 인터넷마케팅 업체의 성과 보고서에 의존하지 않아야 하며, 한 번에 끝나는 작업이 아니라는 사실을 명심해야 한다.

또한 한 가지 시장조사 방법만을 고집하지 않아야 하며, 외국의 성공 사례에는 의존하지 않아야 한다.

제 3 절 인터넷마케팅 전략의 수립과 고객 분석

1. 인터넷마케팅 전략의 수립

인터넷 시대에는 개방형·온라인형 거래구조로 인하여 경쟁우위 확보가 어려우므로 시장환경변화에 능동적으로 대처하면서 경쟁우위를 지속시키기 위한 경영전략에 따라 마케팅활동을 계획하고 효율적인 방안을 강구해야 한다.

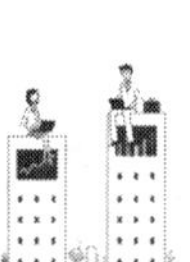

먼저 시장환경변화에 따른 위협과 기회요인, 강점과 약점을 분석해야 하는데 그러기 위해서는 SWOT(Strength, Weakness, Opportunity, Threat)분석이 필요하다.

SWOT분석이란 기업의 환경분석을 통해 강점(strength)과 약점(weakness), 기회(opportunity)와 위협(threat) 요인을 규정하고 이를 토대로 마케팅 전략을 수립하는 기법이다.

어떤 기업의 내부환경을 분석하여 강점과 약점을 발견하고, 외부환경을 분석하여 기회와 위협을 찾아내어 이를 토대로 강점은 살리고 약점은 죽이고, 기회는 활용하고 위협은 억제하는 마케팅 전략을 수립하는 것을 말한다.

이때 사용되는 4요소를 강점·약점·기회·위협(SWOT)이라고 하는데, 강점은 경쟁기업과 비교하여 소비자로부터 강점으로 인식되는 것은 무엇인지, 약점은 경쟁기업과 비교하여 소비자로부터 약점으로 인식되는 것은 무엇인지, 기회는 외부환경에서 유리한 기회요인은 무엇인지, 위협은 외부환경에서 불리한 위협요인은 무엇인지를 찾아낸다.

SWOT분석에 의한 마케팅 전략의 특성은 다음과 같다.

첫째, SO전략(강점-기회전략)

시장의 기회를 활용하기 위해 강점을 사용하는 전략으로서, 시장기회가 있고 자사의 전략적 강점이 많은 경우 시장기회 선점 전략을 적용하거나 시장과 제품의 다각화 전략을 추구한다.

둘째, ST전략(강점-위협전략)

시장의 위협을 회피하기 위해 강점을 사용하는 전략으로서, 시장의 위협요인이 있으나 자사가 강점을 보유한 경우 그 강점을 적극 활용하여 공격적인 시장 침투전략이나 제품계열을 확충하는 전략을 추구한다.

셋째, WO전략(약점-기회전략)

약점을 극복함으로써 시장의 기회를 활용하는 전략으로서, 시장의 기회는 존재하지만 자사의 핵심역량이 부족한 경우 자사의 핵심역량을 강화하여 시장기회

를 잡는 핵심역량강화전략을 구사하거나, 시장기회를 먼저 포착하면서 자사의 핵심역량을 보완하는 전략적 제휴전략을 선택한다.

넷째, WT전략(약점-위협전략)

시장의 위협을 회피하고 약점을 최소화하는 전략으로서, 환경의 위협요인이 많으며 자사의 핵심역량도 부족할 경우 약점 극복을 위해서 제품이나 시장을 재구축(restructuring)하여 집중화 전략을 구사하거나 철수하는 전략이다.

다음 그림은 2015년 산업군별 물류 SWOT 분석이다.[9]

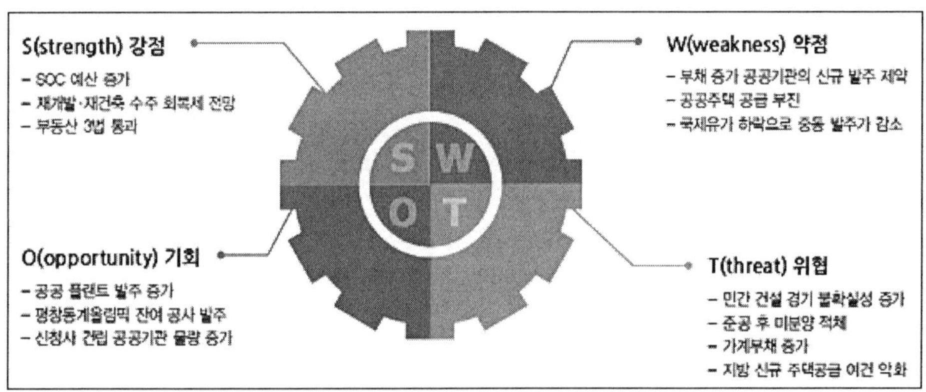

[그림 3-15] **건설산업**

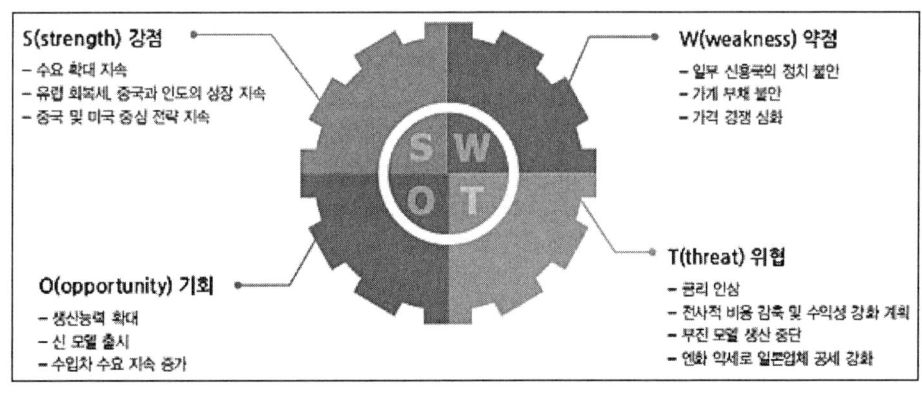

[그림 3-16] **자동차산업**

9) 물류신문, 2015년 산업군별 물류 SWOT 분석, 2015.01.06.

Internet Marketing

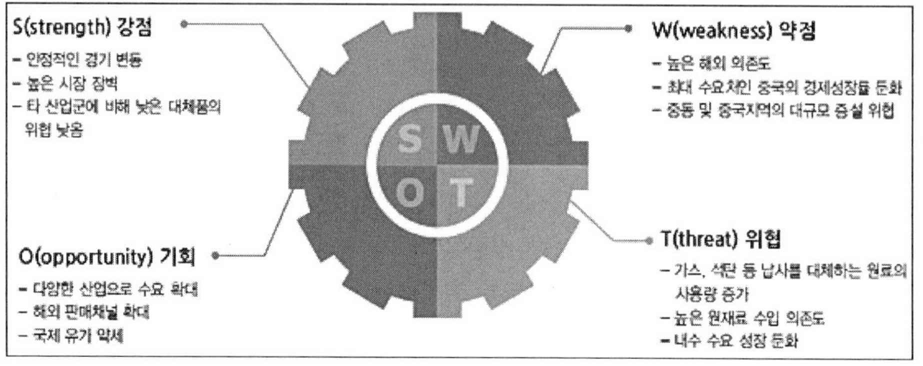

[그림 3-17] **석유화학산업**

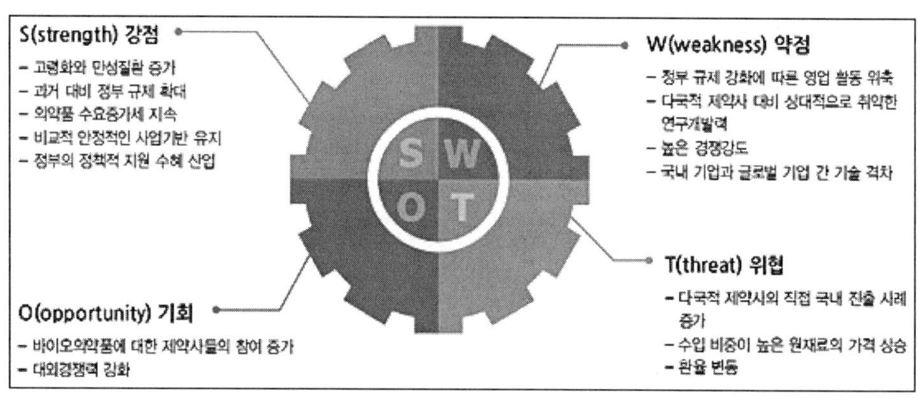

[그림 3-18] **제약산업**

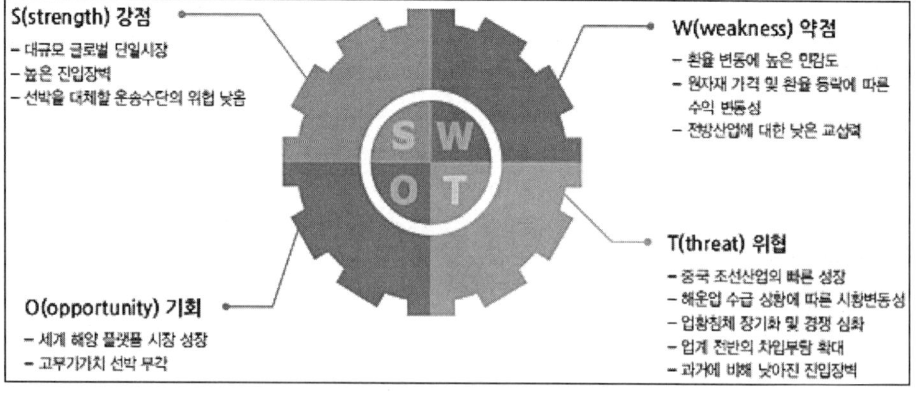

[그림 3-19] **조선산업**

[그림 3-20] **타이어산업**

2. 인터넷마케팅의 고객 분석

성공적인 인터넷마케팅 전략을 작성하기 위한 출발점은 바로 제품구매 당사자인 고객이다.

성공적인 웹 사이트를 만들기 위해서 명심해야 할 가장 중요한 요소 중 하나는 바로 '고객 지향'이다.

웹 사이트가 효과적이기 위해서는 모든 유형의 방문자들의 요구를 만족시킬 수 있어야 하지만 사이트 방문자는 각각 다른 유형의 사람들이기 때문에 현실적으로 쉬운 일이 아니다.

그러므로 기업의 수익에 가장 큰 영향을 미칠 수 있는 고객들을 목표로 삼아야 한다. 성공적인 인터넷마케팅을 위해서는 주요 고객의 사회적, 개인적, 문화적인 배경을 이해해야 한다.

즉, 주요 고객의 구매 행동 패턴에 맞게 제품라인이나 서비스, 마케팅 커뮤니케이션, 가격 및 유통 등의 4P를 적절히 조정해야 한다.

3. 인터넷에 대한 투자와 인터넷의 비중 분석

인터넷에 대한 투자를 어느 정도 할 것인지는 아주 중요한 문제이다. 인터넷이 다른 경로를 대체하는 수단으로 사용될 경우 인터넷에 대한 투자는 상당한 규모

로 이루어져야 하겠지만, 보완적인 경우에는 적절한 수준의 투자만으로 족할 수도 있다.

인터넷이 기존의 경로를 대체하기 위해서는 몇 가지 조건이 필요하다. 즉, 인터넷이 다른 미디어보다 더 좋은 가치 제안을 제공할 때, 인터넷에 대한 고객의 접근이 높을 때, 제품이 표준화되었을 때 인터넷이 기존의 경로를 대체하기 쉽다.

이 세 가지 조건들을 만족한다면 인터넷을 대체 수단으로 간주하는 것이 효과적일 것이고, 그렇지 않다면 보완수단으로 검토하는 것이 효과적이다.

제 4 장 인터넷마케팅 전략

제 1 절 인터넷마케팅의 계획

인터넷마케팅과 다른 마케팅과의 차이점은 판매방식의 차이이다. 시장성이 있는 물품을 만드는 기업으로서 인터넷은 세계가 온통 잠재고객과 접촉할 수 있는 광대한 시장인 셈이다. 인터넷마케팅 계획을 세우려면 먼저 인터넷마케팅 환경을 이해하고, 각 국의 기업을 둘러싼 환경을 분석해야 한다.

그 후 구체적인 마케팅 전략을 수립하고 콘텐츠를 기획하고 개발해야 한다. 마지막으로 인터넷마케팅 프로모션을 전개하고, 인터넷마케팅을 관리해야 한다.

1. 인터넷마케팅의 e-STP전략

e-STP는 인터넷 고객을 세분화(e-Segmenting)하고, 표적 시장을 선정(e-Targeting)하여, 시장에 부응할 수 있도록 제품이나 서비스를 포지셔닝(e-Positioning)하는 세부 전략을 수립하는 과정을 뜻한다. 기업은 e-STP 전략에 근거하여 보다 세부적인 마케팅 믹스 프로그램을 입안하고 시행하게 된다. 따라서 e-STP는 인터넷마케팅 전략 수립의 핵심이라 할 수 있다.

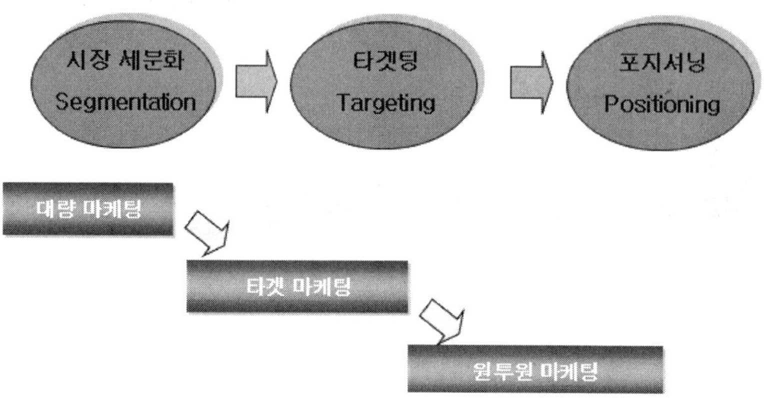

출처: 김정규, eSTP전략, 성균관대학교

[그림 4-1] eSTP전략

1) 인터넷 시장의 세분화(e-segmenting)

시장 세분화는 나이, 직업, 지역, 기호 등 목적에 맞는 몇 개의 변수를 기준으로 삼아 전체 시장을 비슷한 욕구나 구매행동을 가지고 있는 고객들로 분류하는 것을 말한다.

[표 4-1] 세분시장의 종류

종 류	내 용
세분시장(Market segment)	어떤 시장 내에서 상당히 큰 동질적 집단
틈새시장(Niche market)	더욱 좁게 정의된 집단
세포시장(Market Cell)	DW[1)]나 DM[2)]으로 발견되는 작은 집단

1) 대량의 데이터를 기반으로 사용자가 쉽게 접근하여 다양한 분석을 펼칠 수 있는 분석용 데이터베이스이다.

2) 소비자 개개인에 대한 정보를 바탕으로 소비자와 직접교류하며 벌이는 직접마케팅이다.

이때 사용되는 변수에는 지역적 변수, 심리학적 변수, 인구 통계학적 변수, 행동학적 변수 등이 있다. 전 세계적인 마케팅 활동을 수행하는 기업에게는 인터넷 기반 시설이 얼마나 잘 갖추어져 있는가에 따라 목표시장 선정이 달라질 수 있다.

[표 4-2] **시장 세분화의 주요 변수**

변수 종류	내 용
인구통계적 변수	성별, 나이, 생애주기, 가족규모, 소득, 직업, 종교, 교육수준, 사회적 계층 등
행동적 변수	구매량, 구매 상황, 추구하는 편익, 제품에 대한 태도, 제품사용 경험, 제품상품구매단계, 상표애호도, 가격에 대한 민감도, 충성도 등
지리적 변수	지역, 국가의 크기, 도시의 크기, 기후, 인구밀도 등
심리분석적 변수	라이프스타일, 사회계층, 개성, 성격 등

인구 통계적인 분류에 의거하여 인터넷 소비자를 구분하는 방법은 인터넷 도입 초기에 많이 이루어졌다. 인터넷 도입 초기에는 주로 젊은 남성, 고학력을 가진 사람, 고소득 계층이 소비자의 대부분을 이루고 있었다.

그러나 웹의 사용이 점점 확대되면서 여성, 청소년, 중장년층의 인터넷 사용도 크게 늘고 있다.

소비자의 온라인 구매 의도를 파악하기 위해 구체적인 행동에 관점을 둔 행동학적 세분화의 경우에는 추구하는 혜택에 따른 세분화와 미디어 사용 방법에 의한 세분화로 구분한다.

혜택에 의한 세분화의 경우에는 인터넷이 제공하는 유희, 정보, 사회적 교제의 기회제공 등 구체적인 욕구에 의해 고객을 세분화한다.

기업은 이에 따라 고객에게 어떤 핵심적인 가치를 제공해야 할지 파악 할 수

있다. 미디어 사용방식에 의한 세분화는 접속장소에 의한 세분화와 온라인 사용시간에 따라 분류할 수도 있다.

[표 4-3] STP에 의한 전략 수립

전개단계	세부내용
시장세분화 기준수립	시장 세분화 기준 마련. 이 단계에서 주의 할 점은 기준으로 사용될 변수가 마케팅 목표를 달성하는 데 중요한 변수여야 함.
시장 세분화의 실행과 세분 시장에 대한 분석	세분시장의 특성을 여러 변수를 이용하여 정확하게 기술함으로써 세분시장의 특성을 분석하고 파악하는 과정
표적 시장 선택 및 마케팅목표/전략수립	세분화된 시장에서 자사의 능력과 목표, 경쟁을 고려하여 표적시장을 선택. 여러 브랜드를 보유한 기업 입장에서는 각 브랜드별로 표적 시장을 달리하여 각 표적 시장별로 서로 다른 마케팅 목표를 가질 수 있음.
경쟁 우위 분석과 제품 포지셔닝 결정	선택된 표적 시장에서는 여러 브랜드가 이미 진입하여 나름대로 시장 영역을 차지하고 있기 때문에 자사 브랜드가 가지는 경쟁 우위를 파악하여 표적 시장에서 가장 효율적인 위치를 결정해야 함.
포지셔닝의 성과 분석과 재포지셔닝	기존의 포지셔닝이 표적 시장에서의 마케팅 목표를 달성하는 데 도움을 주고 있는지 평가함. 만일 그렇지 않거나 새로운 차원의 경쟁 변수가 등장했을 경우에는 재포지셔닝을 해야 함.

출처: SERI, 인터넷마케팅 전략 수립

인터넷 시장 세분화의 예로는 콘텐츠 시장을 들 수 있다. 콘텐츠 시장은 인터넷 기반의 영상이 접목된 비영상 서비스가 보급되면서 두 영역이 융합되어 가고 있다. 2011년 미국의 닐슨미디어리서치(Nielsen Media Research)는 약 8개국

에서 TV 시청 중 다중 미디어 이용 행태를 조사하였다. 그 결과 TV 시청과 동시에 PC, 태블릿 PC, 스마트폰 등 미디어 기기를 이용하는 사람이 약 56.7%로 나타났다. 따라서 단일 매체를 중심으로 일반화되어 있던 콘텐츠 상품에 대한 소비자의 구매동기나 욕구에 대해 재평가 및 새로운 접근 방식이 필요하다.

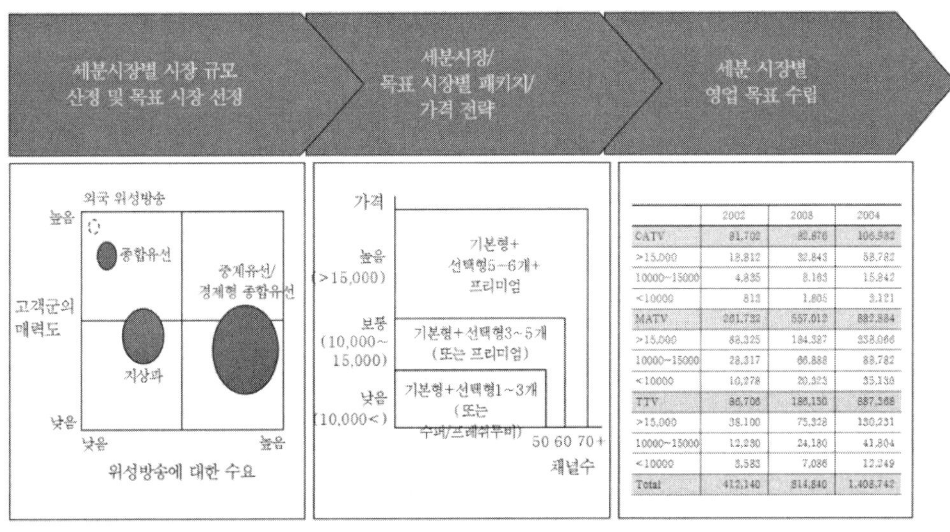

	2002	2003	2004
CATV	81,702	82,876	106,582
>15,000	18,812	32,843	58,782
10000~15000	4,835	8,163	15,842
<10000	813	1,805	3,121
MATV	281,732	557,012	882,884
>15,000	88,325	184,327	338,066
10000~15000	28,317	66,888	88,782
<10000	10,278	20,323	35,138
TTV	86,706	186,150	887,368
>15,000	38,100	75,328	130,231
10000~15000	12,230	24,180	41,804
<10000	3,583	7,086	12,249
Total	412,140	814,840	1,408,742

출처: 김종하, STP 전략, 콘텐츠마케팅, 2014.

[그림 4-2] **유료방송사업자의 시장세분화 전략**

2) 표적 시장의 선정기준과 전략(e-targeting)

시장 세분화를 한 후에는 기업에게 가장 적합한 목표 시장을 선정해야 한다. 시장의 매력성과 기업의 역량 등을 감안하여 자사의 경쟁적 우위성, 시장 규모, 성장성, 예상 수익, 핵심역량과의 일치, 브랜드 아이덴티티, 미래기회 등을 면밀히 살펴서 목표 시장을 선정한 후 이들 집단에게 어떤 방식으로 접근할 것인지를 결정한다. 즉, 누구를 주요 타겟으로 eBiz를 할 것인지 결정하는 것이다.

세부고객을 공략하는 전략은 크게 비차별적 마케팅 전략, 차별적 마케팅 전략, 집중적 마케팅 전략의 세 가지로 나뉜다.

비차별적 마케팅은 검색엔진을 예로 들 수 있다. 검색 사이트는 모든 소비자들이 원하는 정보를 보다 빠르고 정확하게 검색하는 것을 목표로 삼고 있다. 하지

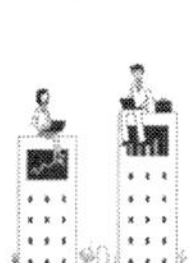

만 이러한 검색 사이트들도 최근에는 특정 영역으로 세분화하고 이에 맞는 서비스를 제공하려 하고 있다.

차별적 마케팅이란 각 세분 시장마다 차별화된 마케팅 활동을 전개하는 것을 말한다. 즉, 서로 다른 세분 시장에 맞는 상이한 마케팅 프로그램을 수행하는 것이며, 차별적 마케팅은 고객의 여러 관련 데이터를 적은 비용으로 쉽게 얻을 수 있다. 그러나 지나친 차별화는 자칫 기업의 입장에서 비용의 증가라는 문제를 초래할 수 있다.

집중적 마케팅 전략은 하나의 세부 시장에 기업의 모든 역량을 집중하는 방법이다. 전체 시장을 공략하기에는 기업의 자원이나 역량이 부족할 때 주로 쓰이는 방법이다.

예를 들어 건강과 환경에 관심 있는 사람들을 대상으로 유기농산물 관련 소식과 제품을 소개하는 사이트라든지 운동에 관심 있는 사람들을 대상으로 스포츠 관련 뉴스와 제품을 소개하는 사이트를 말한다.

최근에는 이러한 특정 고객층을 대상으로 전문화된 서비스를 제공하며 틈새시장을 공략하는 사이트가 늘고 있다.

3) e-포지셔닝 전략(e-Positioning)

포지셔닝은 1969년 Industrial Marketing 학술지에서 잭트라우트(Jack Trout)가 "포지셔닝은 제품에 대해 무엇을 하는 것이 아니라 잠재 소비자의 마음에 어떤 행동을 취하는 것이다"라고 논문발표를 하며 처음 등장하였다.

포지셔닝이란 고객의 마음속에 가치 있는 자리를 차지하기 위한 마케팅 의사결정과 활동을 의미한다. 포지셔닝에서 유의해야 할 점은 다른 경쟁사와의 차별성이다. 이때 많이 사용되는 것이 포지셔닝 맵이다.

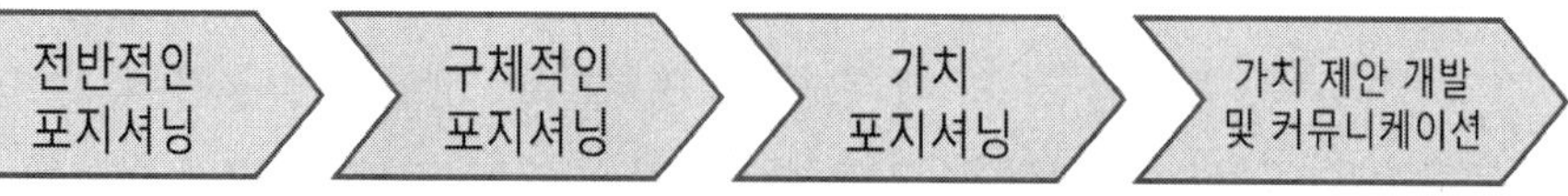

[그림 4-3] **e포지셔닝의 체계 및 절차**

포지셔닝 맵을 통해 자사가 현재 소비자에게 인식되는 위치를 파악할 수 있으며, 이를 토대로 자사가 전략적으로 지향하는 방향을 선정한 후 이를 뒷받침하는 마케팅 활동을 수행할 수 있다.

포지셔닝 전략을 수립하기 위해서는 먼저 자사와 경쟁사의 기업 및 제품 등을 비교했을 때 자사만의 경쟁적 강점을 파악해야 한다. 그 후 이를 토대로 적절한 경쟁우위를 선택하고, 자사와 경쟁사의 제품이 속성 중 어느 위치에 있는지 파악하여 선택한 포지션을 전달해야 한다.

[표 4-4] **성공적인 포지셔닝을 위한 방법**

방 법	해 설
단어의 역할 이해	사전이나 역사책 등에 구애받는 일 없이 본인이 확립하고 싶은 의미를 유발하는 단어를 선별하고 고를 수 있어야 한다.
단어가 사람에게 주는 영향 이해	단어는 방아쇠와 같아 마인드에 묻혀 있는 의미를 유발하는 역할을 한다. 또한 언어의 마인드는 통용화폐와 같아 관념적으로 생각하기 위해서는 단어를 조작하고 조정할 필요가 있다. 이때 적절한 단어를 선택하면 사과 과정자체에까지 영향을 줄 수 있다.
변화에 신중	많은 것이 바뀐다 하더라도 본질까지 변화하는 것은 거의 없으므로 가장 잘하는 분야에 서서 그에 걸맞은 프로그램을 전개해야 한다.
비전	대기업이 방향을 바꾸는 것은 항공모함이 방향을 바꾸는 것과 같다. 방향전환이 이루어지는 것은 1마일이나 더 나아간 다음이다. 다음달 혹은 내년에 할 일이 아니라 5년이나 10년 후에 할 일에 대해 생각하고 의사결정을 내려야 한다.
용기	시장을 지배하는 포지션은 경쟁상대가 발판을 굳히기 전에 주도권을 잡는 것이다.
객관성	제품을 객관적으로 평가하고 그것이 잠재고객이나 소비자들에게는 어떻게 받아들여지고 있는가를 파악해야 한다.

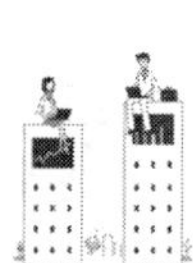

단순성	광고는 그 자체가 전략이라고 해도 좋을 만큼 단순해야 한다.
교묘함	성공적인 포지션 설정의 비결은 독특한 포지션과 광범위한 호소 대상이라는 두가지 상반된 요소 사이에서 균형을 취하는 것이다.
인내	자사의 브랜드가 성공할 만한 장소를 찾아 자리를 잡은 다음, 그 곳에서부터 다른 시장으로 확대해 나간다.
세계적인 안목	마케팅은 급속도로 전 세계적인 게임이 되고 있다.
고객 지향	장군이 전장을 면밀히 살펴보듯 시장을 주의 깊게 살펴보고 경쟁자의 약점을 찾아내 이용하며, 경쟁자의 강점을 피할 줄 알아야 한다.

출처: 이재수 블로그 재구성(http://astrojason.blog.me/220212882523)

제2절 인터넷마케팅 믹스

1. 마케팅 믹스(Marketing Mix)

마케팅 믹스란 마케팅의 목표를 합리적으로 달성하기 위하여 마케팅 경영자가 일정한 환경적 조건을 전제로 하여 일정한 시점에서 전략적 의사결정으로 선정한 마케팅 수단들이 적절하게 결합 내지 조화되어 있는 상태를 가리킨다. 따라서 이는 일정한 시점을 전제로 하여서 작성된 마케팅 계획과 같은 뜻이 되는 것이다.

1) 4P

4P는 제품이나 서비스의 제품(product), 가격(price), 유통(Place), 촉진(Promotion)으로 나타낸다.

제품(Products)	촉진(Promotion)
- 품질 - 디자인 - 상표 - 포장 - 고객서비스 - 브랜드	- 광고 - PR - 인적판매 - 판매촉진 - 커뮤니케이션 - 다이렉트마케팅
가격(Price)	**유통(Place)**
- 가격할인 - 표시가격 - 지불기간 - 거래조건	- 유통경로 - 상품구색 - 수송방법 - 서비스수준 - 시장포괄범위

마케팅 믹스

[그림 4-4] **마케팅 믹스**

이러한 기본적인 틀 안에서 인터넷에서는 고객유치 작전으로 컴퓨터 화면을 이용하는데 이것의 화면과 광고문은 아트디자인과 멀티미디어를 이용한 사운드를 가미하여 고객과의 상호 교신을 할 수 있다.

인터넷마케팅은 프로모션 믹스 가운데 대인판매(personal selling)에 가장 가깝다고 할 수 있다.

[표 4-5] **인터넷마케팅의 4P의 의의와 역할**

4P	의의와 역할
제품(Product)	• 표적시장에 제공하고자 하는 제품과 서비스의 집합 - 무형, 디지털화된 제품의 수요증대 - 유형 제품, 확장 제품의 개념변화 - 브랜드 네임과 도메인 네임의 연계성 중요
가격(Price)	• 제품이나 서비스에 대해 고객이 지불하는 금액 - 무료화, 역가격화, 저가화, 무가격화 - 유료화, 고급화, 패키지화, 머천다이징

유통(Place)	• 표적시장에 있는 고객이 제품이나 서비스에 쉽게 접근할 수 있도록 하는 활동 - 디지털 콘텐츠의 유통 - 장소(Place) 싸움이 아닌 정보와 상품구색 싸움 - SCM을 통한 유통혁신
촉진(Promotion)	• 제품이나 서비스의 효용성을 다양한 채널을 통해 고객이 구매하도록 설득하는 과정 - 광고(Advertising) - 홍보(Publishing) - 판촉(Sales Promotion) - 어나운스먼트(Annoucement)

2) 4C

정보사회로 변하면서 마케팅 믹스전략인 4P가 한계를 보이자 4C가 대안으로 등장하였다. 4C는 Customer value(고객가치), Convenience(편리성), Cost to customer(고객비용), Communication(커뮤니케이션) 등 고객중심의 전략으로 구성되었다.

[표 4-6] 4P와 4C의 비교

4P	4C
Product	Customer value
Price	Cost to the customer
Place	Convenience
Promotion	Communication

(1) 고객가치

오늘날의 소비자는 단지 기업이 생산한 '제품'을 사는 것만을 벗어나 자신들을

위한 '가치'를 사는 사람으로 여긴다. 그러므로 기업은 소비자의 욕구를 미리 파악하여 고객이 원하는 가치를 찾아내고, 그것을 충족시켜 줄 수 있어야 한다.

(2) 고객비용

'제품원가+이윤=가격' 이라는 기업의 입장이 아닌 고객이 받아들이는 가치라는 의미로서의 비용이다. 고객은 제품 구매 가격, 처분비용, 기회비용, 소유가치, 처분 비용 등 복합적인 판단으로 가격의 가치를 매기며, 하나의 브랜드에서 다른 브랜드로 바꿀 때 발생하는 교환비용이 높을수록 현재 사용 중인 브랜드를 계속 사용할 확률이 높아진다.

(3) 편리성

고객들은 제품을 구매하는데 있어서 보다 편리한 접근 및 가치교환의 편의성을 원한다. 예를 들어 고가의 상품 구매 시 무이자 할부 서비스가 제공되는 등 고객의 입장에서 구매 시의 장벽을 낮춰줌으로서 가장 효율적으로 소비자 가격을 낮춰주는 전략이다.

(4) 커뮤니케이션

커뮤니케이션은 마케팅의 시작과 끝을 의미한다. 즉, 마케팅의 본질 자체가 의사소통이라는 의미이다. 오늘날의 고객들은 생산자의 일방적인 프로모션에 현혹되지 않고 쌍방향 소통을 원한다. 따라서 기업은 마케팅 계획을 시작하기 전 시장조사와 소비자 필요분석 및 고객평가까지 고객과 상호작용 할 수 있는 마케팅 전략을 구축해야 한다.

3) 7P

4P가 제품에 초점이 맞춰진 전략이라면 7P는 지식집약적 산업, 서비스 산업 등 무형가치를 다루는 산업이므로 서비스기업에서 많이 사용된다. 4P에서 부족한 3가지 요소를 추가한 개념으로 그 요소는 People(사람), Process(과정), Physical Evidence(물리적 근거)이다.

사람은 소비자, 종업원, 경영진 등 소비와 연결된 모든 인적 요소이다. 과정은 서비스가 제공되는 과정과 흐름으로 고객이 서비스를 느끼게 되는 접점관리가

강조된다. 물리적 근거는 호텔의 주차장 및 로비시설, 매장의 분위기 및 공간배치, 극장 인테리어, 사인, 패키지 등 서비스를 수행하는 유형적 요소로 고객에게 서비스 품질을 전달하는 것이다.

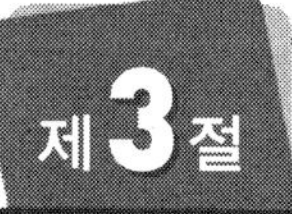

제3절 인터넷마케팅의 전략

1. 제품전략

제품 측면에서 가장 중요한 것은 고객 개개인의 욕구에 맞는 제품을 제공하는 것이므로 고객 개인별로 선호도나 취향을 파악하고 이를 유연한 생산시스템을 통해 고객의 욕구에 부합되는 제품과 서비스를 제공하는 것이 중요하다.

[표 4-7] **제품의 종류에 따른 마케팅 전략**

	편의품	선매품	전문품
구매 빈도	높다	중간	낮다
관여도 수준	낮다	비교적 높다	매우 높다
문제 해결 방식	일상적 문제 해결 과정	포괄적 문제 해결 과정	상표 충성도에 의한 구매
제품	치약, 세제, 비누, 껌, 과자류	패션의류, 승용차, 가구, 가전	고급 시계, 고급 오디오, 보석류
가격	저가	고가	매우 높은 가격
유통	집중적 유통	선택적 유통	전속적 유통
프로모션	높은 광고비 지출, 빈번한 판매 촉진	제품의 차별성 강조	구매자의 지위 강조

출처: 웰컴지기 블로그(cafe.naver.com/wellcomfamily/272)

또한 인터넷을 사용하는 소비자는 단순한 제품의 구매만이 아니라 정보의 획득, 다양한 서비스의 체험 등을 위하여 인터넷을 사용하고 있다.

제품은 유형적인 것과 무형적인 서비스, 인적자원, 아이디어 그리고 장소 또는 이들의 조합으로 이룩될 수 있다. 어떤 형태이든 기업의 제품은 소비자의 욕구를 반영해야 하며, 인터넷 환경 하에서 변화된 욕구들을 이해하여야 한다.

소비자들은 인터넷에서 제품 정보를 얻고, 구매하고, 비교하고, 사후 지원 서비스를 받을 수 있기를 원한다. 그러므로 인터넷을 이용하여 정보적 요소를 강화함으로써 제품의 가치를 증대시키는 등의 방안을 강구하여야 한다.

인터넷은 경쟁자, 특허, 고객 그리고 신제품을 계획하는 유용한 정보를 수집하는데 유용하다. 우리는 인터넷으로 1차 자료 또는 2차 자료를 수집할 수 있다.

인터넷은 제품의 광고 유통의 매체로도 많이 이용된다. 그러나 실제적으로 유형적인 제품의 전략을 세우는데 애로점이 많다.

예를 들어 고객은 인터넷을 통해 옷을 구입할 때 구입을 망설이게 된다. 정해진 치수를 입어봐야 하고, 옷맵시가 개인 성향에 따라 다르게 표현되기 때문이다. 그래서 인터넷 제품전략에서 인터넷 상표는 무척 중요하다.

상표는 이름과 상징 또는 전체성 정보이다. 그래서 인터넷에 외우기 쉽고 강한 이미지의 상표를 개발하면 소비자들이 회사의 상표를 쉽게 찾아 볼 수 있다. 또 인터넷 상표로 인해서 법적으로 보호를 받게 된다.

인터넷 상표를 사용하는데 있어서는 일반시장에서의 상표를 그대로 활용하는 것과 인터넷 고유의 상표를 창조하는 것이 있다.

대부분 인터넷 사업은 기존 상품은 새롭게 선전할 필요가 없기 때문에 그대로 시장 상표를 사용한다.

성공적인 인터넷 상표를 구축하기 위한 방법은 다음과 같다.

첫째, 디지털 입 선전을 다양하게 개발해 활용한다.

웹 상표를 알리는데 있어 실세계의 광고 매체를 활용하는 것도 좋은 방법이다.

둘째, 사용자에게 유틸리티를 제공한다.

웹 상표의 성패는 유틸리티(유용한 기능)의 제공 여부에 달려 있다.

셋째, 실세계의 상표를 활용한다.

웹 사용자는 믿을 수 있는 상표를 원한다.

따라서 웹 사이트는 실세계 비즈니스 및 상표 관련성을 적극적으로 알려야 한다. 웹에서 실세계 상표의 가치를 극대화하려면, 실세계 상표를 진지하게 다뤄야 한다.

넷째, 고객의 말을 경청한다.

정기적으로 고객의 의견을 경청해야만 유용한 경험을 제공하는 웹 상표가 될 수 있다.

다섯째, 가능한 많은 파트너 관계를 맺는다.

웹에선 파트너가 모든 것이다. 웹 사이트는 다른 강력한 웹 상표와 협력함으로서 더 빠르게 대량의 방문객을 유치할 수 있다. 콘텐츠의 공유, 광고 공간 교환, 공동 마케팅, 서로의 사이트 연결, 기타 창조적인 파트너 협력 관계가 아주 중요하다는 것이다.

1) 인터넷 제품의 결정요인

① 제품특성

인터넷 제품으로 전환되는 과정에서 제품특성에 따라 부가되는 가치가 달라지므로 그 특성을 꼼꼼히 검토하여 그 가치를 창출해야 한다.

유형제품의 경우에는 제품에 대한 정보탐색 및 자세한 명세, 구매과정을 용이하게 적용함으로써 인터넷활용가치를 높일 수 있다. 책이나 음악 CD 같은 유형제품이지만 디지털 성격을 지닌 제품의 경우에는 검색, 제품설명, 배달매체 등의 인터넷 서비스를 갖춤으로써 제품의 가치를 높일 수 있다.

② 변형되는 제품수명주기

기존의 제품수명주기는 제품이 시장에 나온 후 시간이 지남에 따라 고객인지도, 경쟁, 기업의 제품차별화 노력에 의해 도입기 → 성장기 → 성숙기 → 쇠퇴기의 네 단계를 거쳤다. 그러나 디지털 성격이 강한 제품의 경우에는 새로운 대

체 제품이 나오면 기존의 제품은 바로 쇠퇴기로 들어가 버리는 경향이 생긴다. 따라서 디지털화되어 가는 제품인 경우에는 기술의 변화 및 경쟁시장의 변화를 신중히 고려하여야 한다.

③ 고객의 구매 민감도

고객의 구매 민감도는 제품 정보, 제품 선택의 폭, 주위의 평판, 사용경험, 제품의 진부화 등에 영향을 받는다. 그러므로 이러한 고객의 민감도를 해결하는 것이 대고객 서비스 수준을 높여가는 한 방법이다

④ 경쟁 및 시장조건

경쟁사에 대비한 시장지위, 상표인지도, 유통의 효율성에 따라 온라인 제품화의 효과가 달라지므로 경쟁 상황에서 획기적인 제품, 새로운 형태의 인터넷 중간 기능의 이용을 통해 효율성을 높여야 한다.

2) 인터넷 제품의 분류

인터넷상에서는 매우 다양한 종류의 제품에 대한 거래가 이루어진다. 인터넷에서는 자동차, 의류, 식품 등과 같이 고객이 만져볼 수 있는 제품이 거래되기도 하고, 비행기, 음악회, 기차표 등의 예약이나 증권거래와 같은 무형적인 서비스가 거래되기도 한다.

인터넷에서 판매되는 제품은 그 특성에 따라 물리적 제품(physical goods)과 디지털 제품(digital goods)과 서비스제품(service goods)으로 분류된다. 이러한 인터넷 제품에 대하여 간략하게 설명하면 다음과 같다.

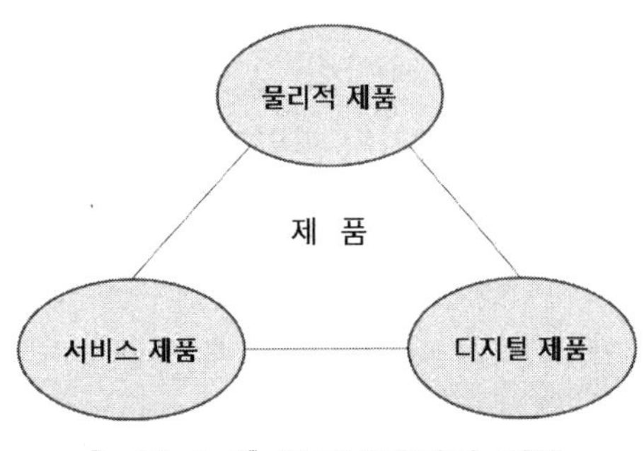

[그림 4-5] 인터넷마케팅 제품

① 물리적 제품

현실 세계에 그 실체가 존재하여 직접 만져볼 수 있는 물리적 외형을 가진 것으로 책, CD, 자동차, 의복 등 기존 시장거래를 통하여 구매가 이루어져 오던 대부분의 제품이 이에 해당된다고 할 수 있다.

많은 소비자들은 제품에 대한 정보 수집, 대안 모색, 대금 지불 등에 있어서 인터넷을 활용하여 구매의사 결정과정을 수행한다는 특성을 보이고 있다.

그러므로 물리적인 제품의 속성 외에도 정보라는 가치를 추가적으로 활용하면 제품을 확장할 수 있고, 미래 제품의 모습을 보다 완전한 유형으로 극대화해 나갈 수 있다.

물리적 제품에는 제품을 사용하기 전에 제품의 품질을 평가할 수 있는 탐색재, 제품을 사용하고 난 후에야 제품의 품질을 평가할 수 있는 경험재, 제품을 사용하고 난 후에도 그 품질을 평가하기 어려운 성격의 제품인 신뢰재가 있다.

인터넷시장에서 물리적 제품의 거래가 성공을 거두기 위해서는 효율적인 배달·물류시스템이 구축되어야 한다.

② 디지털 제품

인터넷의 발달과 함께 등장한 개념으로서 소프트웨어, 데이터, 정보 등이 디지털 형태로 생산, 유통, 소비되고 저장까지 할 수 있는 모든 제품과 서비스를 의미한다. 디지털 제품의 특성은 재생산용이성(reproducibility), 수정용이성(transmutability), 비소멸성(imperishability) 등을 들 수 있으며, 간략하게 살펴보면 다음과 같다.

첫째, 일단 개발이 되기만 하면 추가적인 생산비용이 전혀 들지 않으며 복사와 배송 또는 전송을 용이하게 할 수 있다.

둘째, 분해와 결합이 쉽다. 실제 음악이 담긴 CD의 경우는 한 번 제작되고 나면 수정이 불가능하지만, MP3 파일의 경우는 얼마든지 원하는 대로 수정·편집할 수 있다.

셋째, 일단 생산되고 나면 그 형태와 품질을 영구히 유지할 수 있다는 특징이 있다. 예를 들어, 카세트 테이프는 오래 사용하거나 장기간 보관하면 품질이 떨어지지만, MP3 음악파일은 반복해서 들어도 형태와 품질을 지

속적으로 유지할 수 있다는 것이다.

넷째, 동일한 제품을 상황에 따라 변형된 형태로 제공하는 다양한 버저닝(versioning)이 가능하다.

③ 서비스 제품

인터넷상에서 거래 그 자체의 목적으로 제공되거나 다른 콘텐츠웨어를 편리하고 용이하게 사용하기 위해 제공되는 모든 활동으로 인터넷뱅킹, 예약서비스 등이 있다.

인터넷상에서 거래되는 제품들은 기존의 오프라인 상에서 거래되던 제품들도 있지만, 새로운 기술의 개발과 인터넷의 발전에 힘입어 인터넷 상에서만 가능해진 제품들도 있다.

서비스제품이 확대되면서 조달청은 신기술 및 서비스 상품 등 고부가가치 산업의 육성을 뒷받침하기 위해 신기술서비스국 신설과 함께 신기술 제품 및 서비스 상품 구매 확대와 소프트웨어(SW) 산업 육성을 지원하기 위한 정책과제도 선정, 중점 추진할 계획이라고 밝혔다.

[그림 4-6] **조달청 포스터**

3) 인터넷상의 제품 특징

인터넷에서 거래되는 제품의 다양화로 인하여 인터넷에서 적합한 제품이란 의미가 없어지고 있으며, 인터넷에서 제품거래가 가능하도록 하기 위해 제품 및 관련서비스를 어떻게 패키지 해야 할 것인가가 중요한 문제로 떠오르고 있다.

인터넷에서 주로 판매되는 제품들의 특징은 다음과 같다.

첫째, 정보 중심적이다.

상품 자체보다 상품이 제공하는 기능이나 내용을 중요시 여기기 때문에 정보 중심적인 상품이 많다.

둘째, 디지털제품 중심이다.

인터넷 상에서는 물리적 제품보다 소프트웨어, 자동차매매 중개, 주식거래, 인터넷 뱅킹 등과 같이 디지털화 된 제품들의 거래가 활발히 이루어진다.

셋째, 시공간적 제약이 있는 제품 중심이다.

인터넷에서는 소비자의 접근이 용이하지 않는 제품을 중심으로 수요자와 공급자의 욕구를 충족시키는 정보를 빠른 시간 내에 제공함으로써 각각의 욕구를 효과적으로 충족시켜 줄 수 있다.

넷째, 품질에 대한 신뢰성이 높은 제품 중심이다.

인터넷에서는 실제로 체험하거나 직접 눈으로 확인한 후에 구입하는 것이 아니기 때문에 유명상표, 유명회사, 저위험 제품 등 품질에 대해서 신뢰할 수 있는 상품들을 중심으로 시장형성이 되어 있다.

인터넷마케팅에 유리한 제품으로는 먼저 상품의 고객화, 제품의 정보화가 가능한 제품이어야 하며, 소비자의 제품지식이 높고 제품 신뢰성이 높은 제품이어야 한다.

또한 소형이며 표준화된 제품이어야 하며, 다양한 정보제공 및 정보공유가 가능한 제품이어야 한다.

4) 인터넷마케팅에 적합한 제품

① 정보중심적 제품(info-centric product)

인터넷에서 활발하게 거래되는 제품은 거의 대부분이 구매정보가 중요한 요소로 작용한다. 이것은 인터넷의 기본 속성이 정보를 주고받는 매체이기 때문이다.

② 품질확인가능 제품(highly reliable product)

온라인 구매 고객은 인터넷 쇼핑몰의 신뢰성을 의심하는데, 이것은 소비자가 제품을 직접 확인하지 않고 정보에 의해 제품을 구매하기 때문에 그 품질에 대한 신뢰가 형성되기 어려운데 기인한다.

③ 컴퓨터 관련 제품(computer related product)

인터넷 구매를 위해서는 컴퓨터를 사용해야 하므로 소비자들의 컴퓨터 관련 제품에 대한 관심이 높아지는 것은 당연하다.

④ 디지털 제품(digitalized product)

인터넷에서 물류 부담을 줄이는 가장 좋은 방법은 온라인상에서 제품을 공급하는 것이므로 디지털 제품의 거래가 활발해진다.

⑤ 시간제한이 있는 제품(time-limited product)

5) 제품의 차별화전략

기업의 수익을 극대화하기 위해서는 제품들을 다양한 가격에 판매하는 제품차별화를 하게 된다. 제품을 차별화할 때의 비용은 매우 작기 때문에 기업은 보다 세분화된 제품을 통하여 소비자를 구분하고, 이를 바탕으로 기업의 이익을 극대화할 수 있다.

제품차별화의 방법은 다음과 같다.

① 지원(support) 전략

기술지원, 부가 서비스, 제품 보장(보험) 등의 여부는 정보제품을 차별적이게

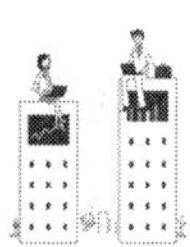

할 수 있다. 소프트웨어의 경우에는 유료 구매자들을 대상으로 등록을 통한 지원 서비스를 제공하는 것이 일반적이다.

② 사용자 인터페이스(user interface) 전략

고급 사용자와 저급 사용자를 구분하여 각각 다른 사용 인터페이스를 제공하는 것이다.

③ 성능(capability) 전략

성능과 기능에 따라 일반용, 전문가용으로 나누어 다른 가격으로 차별화하여 일반 사용자에게 필요 없는 기능들을 삭제한 버전을 싸게 제공함으로써 세분화하는 것이다.

④ 이미지 해상도(image resolution) 전략

이미지 제품의 경우에는 이미지의 해상도가 시장을 구분할 수 있는 유용한 기준이다. 전문적인 사용자들은 높은 해상도의 이미지를 원하며, 이는 이들이 고해상도 이미지에 대한 높은 지불의사를 가진다는 것을 의미한다.

⑤ 포맷(format) 전략

정보제품의 제공형태에 따라 정보의 저장, 가격, 복제, 인쇄 등의 옵션에 따라 차별화 하는 것이다.

복사가 허용되는 고가의 소프트웨어와 복사가 금지된 저가의 소프트웨어, 인쇄가 허용되는 정보와 인쇄가 금지된 정보는 사용자에 따라 지불의사에 큰 차이를 보일 수 있다.

⑥ 편리성(convenience) 전략

정보 서비스가 사용되는 시간이나 장소 등을 한정시켜 편리성을 통제하는 방법으로, 가격에 민감한 사용자는 불편함을 감수하려 하기 때문에 세분화가 가능해진다.

⑦ 포괄성(comprehensiveness) 전략

정보의 완전성에 높은 가치를 가지는 고객이 존재한다는 사실은 정보 포괄성이 차별화의 기준이 될 수 있다는 것을 뜻한다.

⑧ 지연(delay) 전략

시간에 가치를 두는 고객은 기다림에 의한 시간적 손실을 크게 인식한다. 따라서 기업은 초기 고객에게 높은 가격을 제시하고, 이후에 낮은 가격을 제공함으로써 가격에 민감한 소비자들을 흡수할 수 있다.

6) 신제품 전략

기업은 시장의 기회를 분석하고 파악한 후, 소비자의 욕구나 기술 개발의 결과에 근거하여 신제품을 개발하게 된다. 신제품 전략은 다음과 같다.

① 저가 전략

이것은 기업이 다른 기업과 경쟁할 목적으로 박리다매의 원리가 적용되어 저가격을 제시하는 전략이다. 단위면적당 가격을 낮게 인터넷 쇼핑몰이 오프라인 점포와 경쟁하기 위하여 저렴한 가격을 사용하는 것을 예로 들 수 있다.

② 신제품라인 도입전략

기존의 브랜드를 유지하면서 동시에 완전히 다른 범주의 제품을 새로이 개발하여 판매하는 것이다. 예를 들어, 마이크로소프트가 Netscape의 Navigator가 웹 브라우저로서 보급되어 있는 상태에서 Internet Explorer를 출시하였는데 이는 마이크로소프트에게는 신제품라인의 도입이라 할 수 있다.

③ 재포지셔닝(위상 재정립) 전략

기존 상품을 새로운 시장이나 새로운 용도로 홍보할 때 사용하는 전략이다. 다음(daum)의 경우 처음에는 이메일 서비스의 제공으로 시작하여 현재는 커뮤니티와 쇼핑몰까지 포함하는 포털 사이트로 재포지셔닝 하였다.

㈜한화의 63시티는 과거 랜드마크이자 가족여행지라는 이미지를 탈피하고 젊

은 2030의 데이트 명소로 재포지셔닝하기 위해 블로그 마케팅을 실시했다. 드라마 '내조의 여왕'의 촬영지였던 63시티는 이를 적극 활용한 패러디 콘텐츠를 제작해 온라인 이슈화했으며, 2030 타겟에 맞는 시즌별 이슈를 통해 데이트명소로서의 이미지 재포지셔닝과 잠재고객을 늘리는데 초점을 맞췄다[3]. 드라마 촬영장소에 대한 고객들의 문의와 관심을 반영하여 59층 '워킹온더클라우드' 코스 메뉴, '63스카이아트 미술관', '러브엘리베이터'를 묶어 '내조의 여왕 천지애 패키지'를 출시하였으며, 그 결과 63시티 레스토랑의 예약문의가 급증했고, 블로그 마케팅을 통한 매출증대를 이뤘다.

[그림 4-7] 드라마 내조의 여왕 속 한화63시티

3) 이뉴스투데이

④ 기존 제품라인에 신제품 추가전략

이것은 기존의 제품에 새로운 기능, 색상, 모양, 크기, 형태 등을 추가하여 발매하는 것을 말한다.

예를 들면, 신문사가 발간하는 인터넷 신문은 기존의 일간지 라인에 온라인 형태를 추가한 경우이다.

⑤ 불연속적 혁신전략

이전에는 전혀 볼 수 없었던 새로운 제품을 출시하는 것이다. TV, 컴퓨터, 전화기는 세상에 처음 나왔을 때에 불연속적 혁신에 속하였다.

이 전략은 고객이 전혀 해본 적이 없는 새로운 행동을 배우고 수용해야 한다는 전제조건이 있으므로 실패할 위험이 매우 높은 반면에, 성공했을 때는 매우 높은 이익을 가져다준다. 코카콜라의 뉴 코크, Apple의 첫 PDA 등이 불연속식 혁신전략의 실패 사례로 볼 수 있다. 이들은 많은 혜택들을 내세우며 등장하였지만 이제는 시장에서 찾아볼 수 없다.

실제로 마케팅 업계 내에서는 신제품의 10~20% 만이 성공을 한다는 것이 하나의 불문율로 자리 잡고 있다. 신제품 확산의 실패 이유 중 하나는 소비자와 기업 간의 사고방식에 간극이 존재하기 때문이다. 예를 들어 새 도로명 주소 역시 정부는 혜택과 장점만을 논하지만, 국민은 혜택과 장점보다는 변화에 따른 불편함을 토로하며 부정적인 반응을 보이고 있다.

반대로 불연속식 혁신전략에 성공한 기업은 전기차 테슬라를 들 수 있다. 전기차 배터리를 충전하는데 걸리는 시간을 소비자에게 지루하게 느껴지지 않고 오히려 나만의 시간을 즐기며 여유롭게 커피도 한 잔 할 수 있는 혜택으로 느낄 수 있도록 무료 충전소를 커피숍과 고급레스토랑 근처에 구축하고 있다.

따라서 성공하기 위해서 기업은 소비자의 입장에 서서 소비자가 제품 및 서비스에 대해 느끼는 불안감 및 저항이 무엇인지를 파악하고 이를 해소할 수 있는 능력을 갖춰야 한다.

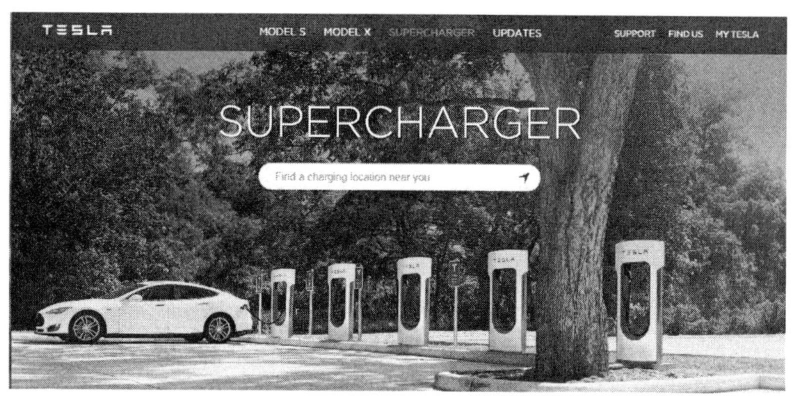

[그림 4-8] 테슬라 무료 충전소

2. 가격전략

인터넷마케팅에서 가장 중요한 요인 중의 하나는 저렴한 가격경쟁이며, 가격의 결정은 다음과 같은 이유에서 기업들에게 매우 중요한 문제이다.

첫째, 가격은 가장 강력한 경쟁 수단이다.

시장의 확대로 인해 제품 차별화가 더욱 어려워진 국제화 시대에서 가격은 가장 용이하게 활용할 수 있는 경쟁 수단이다.

둘째, 가격은 직접적으로 기업의 매출에 영향을 미친다.

현실적으로 제품간 차별화가 어려운 상황에서 제품의 가격이 높다면 소비자들은 제품을 구매하지 않거나 대체재로 시선을 돌릴 것이며, 이는 직접적인 매출감소로 이어질 수 있다.

반면에 가격을 활용한 다양한 촉진방법들을 사용한다면 단기간에 기업의 매출을 끌어올릴 수도 있다.

셋째, 가격은 소비자의 기업 및 제품 인지에 커다란 영향을 미친다.

제품의 가격은 소비자의 관여도 수준을 결정하는 하나의 요인이며, 제품의 이미지와 품질에 대한 기대를 형성하는 제품 포지셔닝의 중요한 변수이다.

인터넷마케팅은 가격의 주요한 부분을 차지하는 점포비용과 그에 따른 인적

비용 및 부대비용이 거의 없으며, 운영비용이 저렴하고, 모든 거래가 서류 없이 이루어지기 때문에 서류작업비용이 거의 없으며, 중간상이 갖게 되는 유통 마진을 소비자에게 직접 전달 할 수 있으므로 여러 가지의 비용절감효과로 인하여 인터넷상의 제품가격은 오프라인상의 가격보다 저렴하다. 그러므로 기업은 저가의 우수한 제품과 서비스를 최종 소비자에게 인터넷을 통해 제공할 수 있다.

일반적으로 제품가격을 결정하는 방식으로는 원가중심 가격 결정방식과 소비자중심 가격결정방식이 있다.

원가중심 가격결정법방식이란 제품가격을 생산비를 주로 고려하여 결정하는 방식으로서, 이에는 제품 한 단위에 해당하는 고정비와 변동비를 합한 단위당 생산원가에 업계의 관행에 의해 정해지는 일정률의 마진을 더해 가격을 결정하는 원가가산 결정방식과 단위당 생산원가에 해당 기업이 목표로 하는 목표이익을 더해 결정하는 목표이익 가격결정방식이 있다.

그런데 소매상 등의 중간유통업체에서 소비자가 구입하는 하는 것과는 달리 인터넷으로 주문한 제품은 소비자에게 직접 배달되므로 인터넷마케팅으로 인한 제품가격책정은 이러한 공장도 가격에 배달비용이 추가된다.

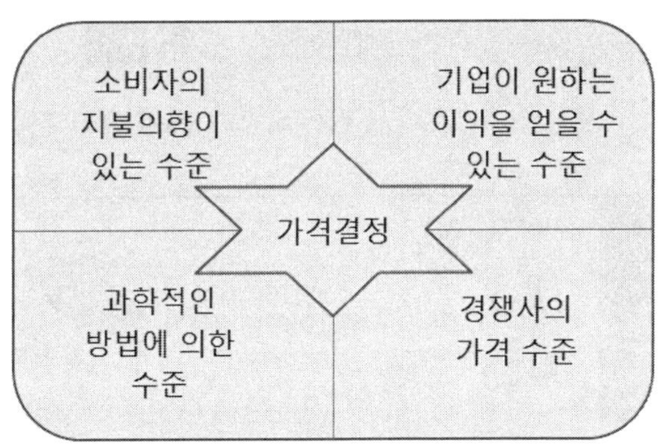

[그림 4-9] **가격책정을 위해 고려할 사항**

소비자중심 가격결정방식이란 제품이 소비자에게 주는 편익에 해당하는 가치를 소비자의 입장에서 평가하여 화폐로 환산하는 제품결정방식이다. 그리하여, 소비자가 어떠한 제품을 구입하는 데에는 소비자가 제품에 부여하는 현재의 가치가 같다고 하더라도 구입시점에 현금으로의 일시 지불에 대한 불안감이 존재

하여 할부로의 지불을 원하는 경우가 많은데, 이를 고려하여 할부가격정책을 쓰면 된다.

또한 제품이 소비자에게 노출되기 바로 전까지만 해도 전혀 그 제품의 정보에 대한 기억이나 구매의사가 없음에도 불구하고 그 제품의 일시적인 시청각적 호소력에 의해 아무런 이성적 판단 없이 그 제품을 구입하는 심리적 충동구매현상이 많은 소비자에게 있는데, 이를 이용하여 가격책정을 하면 된다.

1) 인터넷 제품의 가격전략

인터넷 제품은 다음과 같은 여러 가지 가격 전략을 세울 수 있다.

(1) 경매(auction)

경매라는 것은 인터넷 사이트에서 경매에 붙일 제품을 모아서 제품에 대한 정보를 회원이나 일반 소비자들에게 제공하고 그들로 하여금 선호하는 만큼의 가격을 제출하게 하여서 가장 높은 금액을 제안한 사람에게 제품을 판매하는 것을 말한다.

[그림 4-10] **경매사이트**

경매는 전형적으로 '일 대 다(多)'의 방식으로 이루어지는데, 판매자가 한정된 제품을 경매에 붙이면, 다수의 구매자들이 입찰하는 형태로 거래가 진행된다.

경쟁은 구매자들 사이에서 발생하며, 가격 협상은 이러한 구매자간 경쟁과 판매자가 택한 전략 사이에서 일어나게 된다. 그러나 입찰된 금액이 판매자가 제시한 최저입찰가격에 미치지 못하면 유찰이 된다.

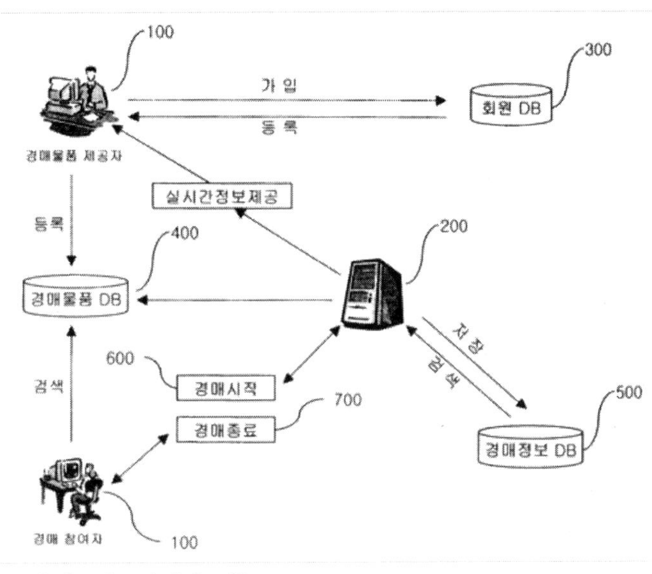

출처: 한국특허정보원

[그림 4-11] **인터넷을 이용한 경매 시스템**

온라인 경매의 유형은 크게 4가지가 있다.

① 상향식 경매(English auction)

상향식 경매는 전통적 시장과 온라인 시장 모두에서 가장 보편화된 가격 모델이며, 판매자가 시작가와 수량, 경매기간 등을 정함으로써 경매가 시작된다. 구매자들이 구매희망가격을 최저가격부터 점차 최고가격으로 제시하고, 최고 가격을 입찰한 사람에게 낙찰된다.

만약 최저가격(reserve price) 옵션이 있을 경우에는 경매 종료 시점까지 입찰의 최고가가 판매자가 정한 최저가격에 도달하지 못하면 거래가 성사되지 않음으로써 판매자의 손해를 방지한다.

② 하향식 경매(Dutch auction)

하향식 경매는 판매자가 최고가를 정해 놓은 후 경매가 진행됨에 따라 가격은 정해진 간격으로 하락하게 되며, 이때 최초 입찰자가 바로 낙찰자가 된다. 보통 입찰자는 원하는 물품을 확보하기 위해 조기에 입찰하려 하므로 판매자의 입장에서는 보다 높은 가격에 거래할 수 있다는 장점이 있다.

구매자는 가격이 충분히 떨어지는 것을 기다리는 것이 수익률을 높이는 방법이지만 다른 입찰자의 행동을 예측할 수 없기 때문에 물건을 구입하지 못할 수도 있다. 그러므로 미리 최대 지출액을 결정하여야 한다.

③ 비공개 입찰 방식(Sealed-bid auction)

비공개 방식은 다른 구매자의 입찰가격이 공개되지 않으며, 입찰자들이 단 한 번만 입찰할 수 있기 때문에 신중한 거래가 이루어지며 한정된 품목에 대해 시행되고 있다.

④ 복합 경매(Double auction)

복합 경매는 증권 시장에서 볼 수 있는 형태로서, 다수의 구매자와 판매자 모두가 동시에 입찰에 참여하는 형태이다.

이들이 제시한 입찰가는 순서에 따라 현황판에 게시되는데, 판매자의 입찰가는 가장 낮은 것부터, 구매자의 입찰가는 가장 높은 것부터 나열된다.

여기서 가격 조건이 서로 맞으면 거래가 성사되는 형태로 경매가 이루어진다. 이러한 경매는 다수의 판매자와 구매자가 참여하기 때문에, 경매 사이트의 역할은 거래 참여자들 사이의 거래를 중개하는 것에 그친다.

(2) 역경매(reverse auction)

구매자가 원하는 제품의 수량과 최대 수용가능 가격을 제시하면 판매하고자 하는 사람들이 팔고자 하는 수량과 가격을 제출하여 가장 낮은 가격을 제시한 판매자의 제품을 구매하는 방식이다.

역경매에서는 구매자가 제품 탐색을 하지 않기 때문에 0의 탐색 비용을 가지며, 가격 협상의 주도권을 가지게 된다. 이 방식은 구매자들 간의 경쟁으로

인해 가격이 상승할 가능성이 없어 조달(procurement)과 유사한 형태를 보이게 된다.

[그림 4-12] 역경매 사이트

역경매의 종류에는 크게 3가지가 있다.

① 공개형 역경매(Open type reverse auction)

공개형 역경매는 상향식 경매(English auction)와 유사한 형태이지만 판매자가 입찰자라는 점에서 다르다.

판매자들은 서로의 입찰 조건을 볼 수 있으며, 더 나은 조건으로 계속 수정하면서 경쟁적으로 입찰에 참여 할 수 있다. 이 모델은 구매자와 판매자 모두에게 혜택을 제공한다.

구매자는 원하는 제품을 쉽고 싸게 구입할 수 있으며, 판매자는 구매의사를 가지는 고객을 보다 쉽게 파악하여 마케팅 노력을 집중할 수 있다.

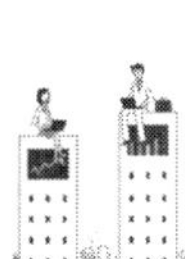

② 비공개형 역경매(Closed type reverse auction)

판매자들은 서로의 입찰 조건을 볼 수 없으며, 오직 구매자만이 입찰 내용을 알게 된다.

따라서 판매자들은 추정에 의해 입찰을 하게 되며, 구매자는 낙찰자 결정 과정에 제약을 받지 않고 스스로 원하는 판매자를 선택할 수 있기 때문에 다양한 조건을 고려하게 된다.

③ 프라이스라인형 역경매(priceline type reverse auction)

이 방식은 프라이스라인(priceline)이 특허로 보유하고 있는 역경매 방식이다. 구매자가 원하는 제품의 사양과 가격을 제시하면, 프라이스라인이 직접 판매자들과 협상하여 제품을 결정한다.

이때 프라이스라인은 구매자의 희망 가격보다 낮은 가격에 제품을 공급 받게 되며, 구매자는 자신의 희망 가격에 제품을 인도 받는다.

그리고 그 차액은 프라이스라인의 수익이 된다. 이 방식에서 판매자들은 익명성을 보장 받게 되어 기존의 유통경로와 상관없이 재고를 처리할 수 있다는 혜택을 얻는다.

또한 구매자에게는 자신이 원하는 저렴한 가격에 제품을 얻을 수 있다는 혜택이 제공된다.

(3) 공동구매(group buying)

공동구매란 구매자의 수가 많아짐에 따라 저렴한 가격에 제품을 구입할 수 있게 되는 것이다. 고객들은 대량구매 할인 혜택을 받을 수 있으며, 제조업체는 박리다매로 인해 안정된 수익을 올릴 수 있다.

커뮤니티 사이트의 특정 커뮤니티 회원들이 공동으로 구매하게 될 경우, 상당한 교섭력을 발휘하여 제품의 가격을 결정하게 될 가능성이 매우 높다. 그러나 많은 공동구매 사이트에서 운영상의 문제로 인해 구매자 수와 가격의 관계는 연속적이지 않으며, 구매자 수의 증가에 따라 가격은 단계적으로 하락한다.

[그림 4-13] 공동구매 사이트

공동구매 방식은 다음과 같이 나뉜다.

① 변동가격 방식(Flexible price style)

변동가격 방식은 구매자의 증가에 따라 가격은 하락하는 방식이다.

구매자는 마감 시간, 제품, 가격, 현재의 참여 현황 등에 대한 정보를 통해 참여여부를 결정할 수 있으며, 가격을 더 낮추기 위해 다른 사람들을 구매에 끌어들이는 전략을 취할 수도 있다.

② 고정가격 방식(Fixed price style)

고정가격 방식은 가격이 고정되어 있으며, 미리 정해진 구매자 수에 도달할 경우에 할인된 가격에 거래가 이루어진다.

이 방식은 마감 시간 전까지 미리 정한 구매자의 수가 모이지 않으면 거래는 성사되지 않으며, 마감 시간 전이라 하더라도 그 수가 다 차면 조기에 마감되기도 한다.

③ 복합 경매 방식(Double auction style)

복합 경매 방식은 공동구매와 경매가 혼합된 방식으로서 다수의 구매자와 다수의 판매자가 참여하며, 구매자 쪽에서의 구매 참여자의 증가에 의한 가격 하락과, 판매자 쪽에서의 경쟁 요인에 의한 가격 하락이 동시에 일어난다.

먼저 한 판매자가 원하는 제품의 구매수량과 가격을 제시하면, 이를 중심으로 구매자들이 모이게 된다.

이 과정에서 다른 판매자들이 경매에 참여하여 경쟁을 하게 되는데, 수량은 고정된 조건하에서 가격에 대한 경쟁만 이루어지게 된다.

구매자간에는 경쟁이 없으며, 많은 구매자를 끌어들일수록 보다 좋은 조건의 판매자를 선택할 수 있다.

④ 번들링(bundling : 묶음가격)

번들링이란 보다 큰 단위로 다양한 제품이나 서비스를 묶어서 판매하는 방식이다. 서로 다른 세분시장은 서로 구별되는 제품의 조합들을 서로 다르게 평가한다는 세분화 전략에 기초하는 방식이며, 매우 일반적이면서도 온라인상에서 더욱 강력한 힘을 발휘하는 제품 및 가격전술이기도 하다. 예를 들어 인터넷에 집전화를 추가하면 집전화를 무료로 이용할 수 있다는 등의 서비스 이다.

번들링은 경쟁과 고객의 측면에서 커다란 효과를 가져 올 수 있으며, 가격 세분화의 방법으로 사용되기도 한다.

인터넷 환경을 중심으로 번들링이 이루어지는 주요 형태를 살펴보면 다음과 같다.

㉠ 마진 스프레드 번들링(margin spread bundling)

마진 스프레드 번들링은 가장 일반적인 방법으로서 높은 공헌이익률을 가지는 제품을 묶어서 판매하는 것이다.

높은 공헌이익률을 가지는 제품이란 변동비의 비중이 낮아서 추가적인 판매에 따르는 이익이 증가하는 제품을 말하는데, 이러한 제품들을 묶어서 보다 저렴한 가격으로 판매할 때 기업은 높은 판매량과 수익을 달성할 수 있다.

예를 들어 한 개당 1만원인 제품 5개를 4만원에 판매하는 것이 가능한 이유는 추가적인 판매에 드는 변동비가 매우 낮기 때문이다.

온라인 콘텐츠도 변동비가 낮기 때문에 번들링을 통해 고객에게 보다 높은 가치를 전달하는 동시에 기업의 이익 또한 달성할 수 있다.

ⓛ 집단 번들링(aggregation bundling)

집단 번들링은 대부분의 고객들이 큰 가치를 느끼는 제품을 번들링 함으로써 고객들은 그 제품에 대해 상대적으로 높은 가치를 가지게 된다.

ⓒ 셋업 비용 번들링(setup cost bundling)

기업은 높은 셋업 비용을 갖는 제품을 번들링해서 생산함으로써 원가를 줄이고 마진을 높일 수 있다. 온라인에서의 셋업 비용은 다음과 같이 크게 두 가지로 나누어 생각 해 볼 수 있다.

개인화된 서비스일수록 등록 비용이 크기 때문에 이것이 셋업 비용으로 작용할 수 있고, 온라인에서는 고객의 방문을 유도하는 접촉 비용이 크기 때문에 이것도 셋업 비용으로 작용할 수 있다.

따라서 기업은 고객의 주의를 끌 수 있는 미끼를 앞세운 번들링을 통해 고객의 주의를 획득함으로써 그들의 구매를 독려할 수 있다.

ⓡ 결합 성과 번들링(joint performance bundling)

결합 성과 번들링은 제품이나 서비스가 제공하는 기능적 혜택에 근거하여 고객의 입장에서 번들링하는 것을 말한다.

즉, 기능적으로 연관된 몇 가지의 품목들을 한꺼번에 제공하여 사용자의 만족도를 더욱 높여 주는 것이다.

ⓜ 버저닝(Versioning)

버저닝이란 고객의 기호와 필요성에 따라 가장 적절한 버전을 선택해 구입하도록 하는 전략을 말한다. 고객이 느끼는 가치에 따라 버전간 가격을 설정하는 가치 중심의 가격결정 방법으로 다음과 같다.

첫째, 초기에 기본 사양의 제품을 빠른 시일 내에 확산시킨 뒤 사양을 늘리거나 성능을 높이면서 점점 고가를 책정하는 방식이 있다. 예를 들어, 소프트웨어의 보급판을 무료로 제공하다가 전문가용을 만들면서 고가를 책정하는 경우를 들 수 있다.

둘째, 품질 경쟁력이 있는 제품을 일단 생산한 뒤 고객의 차별적 요구에 따라 제품의 사양을 줄여나가는 방식을 채택하는 것과 같이 부분적 가치 제거를 통한 버저닝의 방법도 있다.

이러한 버저닝에 의한 가격은 고급 버전의 비교대상이 될 수 있는 저급 버전을 생산하여 고급 버전에 대한 소비자의 유보가격을 높이려는 전략의 일환으로 볼 수 있다.

ⓑ 침투가격전략(저가화, 무료화전략)

침투가격전략은 신제품에 대해 낮은 가격을 책정함으로써 시장 점유율을 높이기 위한 전략이다. 이 전략은 소비자의 가격 민감도가 높은 시장에서 매우 효과적이다.

ⓐ 저가화

직거래를 통한 중간상 배제는 유통마진이 최소화하는 형태로 소비자들이 상대적으로 저렴한 가격으로 구입가능하며, PC통신 혹은 인터넷 상에서 가격의 비교가 가능하게 되어 동일 제품에 대해 가장 싸게 파는 곳을 손쉽게 발견할 수 있게 되며, 중간상들 간의 가격 경쟁으로 소비자들은 더욱 싼 가격을 제안 받을 수 있다.

실제로 인터넷을 통해 물건을 구매할 때 고객이 받을 수 있는 가장 기본적인 이익은 오프라인을 통해 구매할 때보다 더 싸고 편리하게 살 수 있다는 것이다.

장기적으로 볼 때 고객을 인터넷 시장으로 끌어들이는 것은 기업 입장에서 보면 소비자와 기업이 공동 이익을 내서 함께 발전할 수 있는 것으로 볼 수 있다.

ⓑ 무료화

인터넷상에서는 상당수의 서비스가 무료로 제공되기도 하며 소액 결제수단이 아직 제대로 갖추어지지 않은 상황에서 유료화가 순탄하게 진행되고 있지 않다.

기업간 소비자의 양적확보를 위한 경쟁이 가속화됨에 따라 유료화보다는 아직까지도 광고 수익에 관심을 가지는 경향이 높다.

ⓢ 스키밍가격전략(유료화, 고급화, 고가화전략)

인터넷에서 저가화만을 추구할 필요는 없다. 자사의 제품이 경쟁사와 확연히

차별화되거나 최고의 독특성을 지니고 있다면 가격의 경쟁력을 고가전략 차원에서 확보할 수 있다.

2007년 아이폰이 첫 출시되었을 때, 구매자들은 8기가 버전을 생산가보다 380달러가 더 비싼 599달러에 구매하였다. 이때 아이폰의 구매자들은 상대적으로 고가인 애플의 가격에 대해 질이 좋은 것이라고 생각했다.

[그림 4-14] **아이폰**

ⓐ 유료화

인터넷마케팅에서의 가격 전략이 대부분 저가(또는 무료)화를 지향하고 있다는 점에서 유료화는 다른 군으로 분류할 필요가 있다고 볼 수 있다.

인터넷상에서 유료화의 성공사례로는 인터넷 성인방송국을 들 수 있다.

기업은 경쟁사와의 차별화된 독특한 콘텐츠나 서비스를 제공함으로써 유료화 전략을 구사가능하며 일대일 마케팅으로 고객 니즈에 부합하는 맞춤형 서비스의 제공, 경쟁사가 따라 갈 수 없는 방대한 양적 데이터의 확보, 경쟁사에서 제공할 수 없는 차별화된 콘텐츠 생산능력의 확보 등이 유료화의 관건이라고 볼 수 있다.

ⓑ 고급화, 고가화

단순히 유료화에 머물지 않고 독특한 부가가치를 제공함으로써 기업은 서비스에 대한 고급화, 고가화를 추구할 수 있다.

소비자들이 무조건 가격파괴 매장을 찾는 것이 아니라 동일 제품에 대해서 비용을 더 지불하더라도 백화점을 찾게 되는 이유와 일맥상통하는 것이다.

법률서비스 같은 경우 막연히 저렴한 가격을 찾기보다는 실력이 있다고 인정되고 가치가 있는 서비스를 찾기 위해서 고가격을 지불할 수도 있다.

3. 유통전략

인터넷에서는 유통이 물리적인 개념 즉, 물류 보다는 유통경로로서 이해하는 것이 필요하다. 인터넷 유통이 다른 경로와 차이가 나는 점은 공간성이다.

인터넷 유통에는 간접판매와 직접판매가 있는데, 간접판매는 기업으로부터 제품이나 서비스를 제공받아 이를 고객에게 판매하는 것이고, 직접판매는 해당 조직이나 기업이 직접 자사의 홈페이지를 통해 판매하는 것이다.

인터넷 유통전략은 유통단계의 축소와 함께 타 사이트와의 협력이 가능하다.

한 번의 클릭으로 사이트를 옮겨 다닐 수 있으며, 정보교환이 가능하여 자사가 갖지 못한 정보를 제공하는 사이트와 협력하여 강력한 유통채널을 구축할 수 있다. 그러나 실제로는 배달비용과 배달시간의 지체라는 문제가 따른다.

제품수송에 있어서 소비자가 주문한 제품에 대해 기업은 운송기관을 통해 소비자가 원하는 곳으로 택배를 하되, 이를 인터넷 망을 이용하여 정보를 추적할 수 있다.

인터넷 운송제계에서는 기업에서 물류센터로 또는 물류센터에서 소비자가 원하는 곳으로 제품을 운송하자마자, 그 제품운송으로 인한 기업이나 물류센터의 재고상태의 정보처리가 실시간에 이루어짐과 동시에 모든 곳에서의 회계처리도 실시간에 이루어진다.

이는 현재 편의점이나 슈퍼마켓 등에서 일어나고 있는 바코드를 이용한 POS(Point of Sale: 판매시점 정보처리)가 인터넷마케팅을 하는 모든 분야 및 모든 지역으로 확대된다는 의미를 가지고 있다.

또한 인터넷체계에서는 기업이나 물류센터를 떠나 소비자가 원하는 곳으로 운송되고 있는 제품의 위치를 GPS(Global Positioning System: 위성위치확인시스템)[4], GIS(Geographical Information System: 지리정보시스템)[5] 및 TRS(Trunked Radio System: 주파수공용통신)[6]를 이용하여 파악할 수 있어서, 물류에 있어서 가장 중요한 JIT(Just In Time: 적시생산방식)[7]운송을 국제적으로 가능하게 할 수 있다.

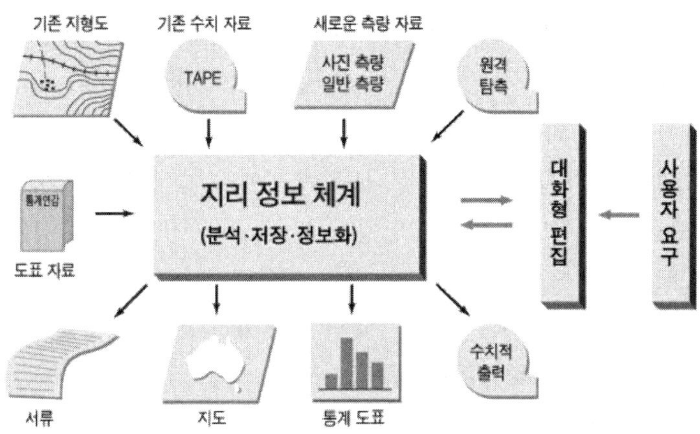

[그림 4-15] **지리 정보 체계**

뿐만 아니라, 인터넷마케팅에서는 국내 및 국제적으로 제품운송과 관련한 모든 문서에 대해 운송되는 모든 문서를 표준화하고 실시간으로 전달하여 주는 EDI(Electronic Data Interchange: 전자자료 교환방식)를 가능하게 한다.

특히 물류관련 기업들이 제3자인 데이터통신 처리업체의 도움을 받아 공동이동형 네트워크체계인 물류VAN(value added network: 부가가치통신망)을 형

4) 인공위성을 이용하여 자신의 위치를 정확히 알려주어 목적지까지 인도해 주는 시스템이며, 차량, 배, 비행기 등의 운행에 이용된다.

5) 전 국토의 지리공간정보를 분석 및 가공하여 고통, 통신 등과 같은 지형 관련 분야에 활용할 수 있는 시스템이다.

6) 무선 데이터 통신의 한 방법으로 무선중계국의 많은 주파수를 다수의 가입자가 일정한 제어 하에 공동으로 사용하는 이동 통신 시스템이다.

7) 적기에 공급과 생산을 이뤄 입하 재료를 재고로 두지 않고 그대로 사용하는 상품관리방식으로서 재고비용을 최대한으로 줄이는 방식이다.

성하게 되면, 통신망구축 및 자료교환처리를 공동으로 이용할 수 있다.

전 세계적으로 물류비용은 꾸준히 증가하고 있다. 따라서 전후방 주문관리, 운송관리, 재고관리에 효율성을 제고할 수 있는 온라인 시스템인 SCM이 등장하여 이를 통한 물류혁신이 이루어지고 있다.

1) 인터넷 유통의 소매업(e-tailing)

2014년 도이치 포스트 DHL은 인터넷을 기반으로 한 온라인 소비가 2025년에는 어떤 형태로 변화되고, 그에 따라 물류산업 및 소비자의 행동이 어떻게 달라질 것인가에 대한 보고서 '글로벌 이테일링 2025(Global E-Tailing 2025)'를 발표했다.

전세계 12개국을 대상으로 진행된 심층 조사에서 한국은 IT기술과 모바일 통신의 높은 보급률을 바탕으로 이테일링 선도 국가 중 하나로 핵심 조사 대상이 됐다. 특히 보고서에 제시된 트랜드 스포팅 섹션에서는 각 시나리오에 따른 한국의 선진적인 이테일링 형태(일반화된 모바일 결제, 특정시간에만 보이는 대형마트의 할인용 QR코드, 하이브리드 쇼핑을 즐기는 쇼루밍족, 활성화된 소셜 커머스시장 등)를 보여주었다.

인터넷 유통에서 최종고객을 상대로 하는 소매업에 대한 비즈니스 모델을 살펴보면 경매형, 카테고리킬러형, 채널지원형, 수직적 포탈형 등 네 가지의 유형으로 분류할 수 있다.

시나리오 1

온·오프라인이 융합된
하이브리드 소비

기본전제

- 세계 경제의 안정적인 꾸준한 성장
- 아시아 지역이 성장 엔진 역할
- 전세계적으로 성취 지향적인 사회로 변화

소비행태

- 2025년, 언제 어디서나 쇼핑이 가능한 환경
- 구매의사결정 시 가장 중요한 요소 – 편의성 & 효율성
- 소매업자는 개인의 취향을 적극 활용

시사점: 물류

- 모든 소비 단계에서 운송 서비스에 대한 수요발생
- 소수의 글로벌 물류 기업
- 지역중심의 물류 기업은 특별하고 추가적인 서비스 제공
- 속도와 편의성이 핵심

핵심포인트

- 인도, 중국, 인도네시아의 경제가 아시아 지역 뿐만 아니라 전세계에 중요
- 전세계적으로 오프라인과 전자상거래의 합병형태 증가
- 전세계 무역에서 전자상거래의 비중: 개도국 15%, 선진국 20%
- 국내, 국제시장에서 운송 서비스에 대한 수요 크게 증가

시나리오 2

가상 커뮤니티에서
자신을 위한 가치소비

기본전제

- 세계 경제의 급성장
- 전세계적으로 안정적이고 소비 주도적인 중산층 증가
- 사회가 추구하는 가치가 일 중심에서 휴식(레저) 중심으로 이동
- 기술이 눈부시게 진화하지만 급진적인 삶의 변화를 가져오진 못함

소비행태

- 전자상거래 규모: 빠른 속도로 증가
- 개성있는 라이프스타일에 전문성의 갖춘 소규모•혁신 온라인샵 등장
- 소속된 라이프스타일 커뮤니티가 개인의 소비를 형성
- 소매업자는 다양한 테마를 갖추고 색다른 쇼핑 경험 제공

시사점: 물류

- 운송규모: 괄목할만한 성장
- 배송량 증가에 따른 교통혼잡을 막기 위한 도심을 중심으로 규제 강화
- 외곽 지역을 위한 소포 보관함, 다가구 주택 및 대단지 거주자를 위한 무인소포함(Packstation) 보급 확대

핵심포인트

- 전세계적인 부의 성장이 경제 및 소비 신장에 박차를 가함
- 휴대용 전자기기를 통해 통해 언제든지 온라인 쇼핑 가능
- 전세계 무역에서 전자상거래의 비중: 개도국 20%, 선진국 30%
- 국내, 국제시장 모두 물동량 크게 증가

시나리오 3

인공지능을 통한
스마트소비

기본전제

- IT의 빠른 혁신을 기반으로한 세계 경제의 높지만 다소 불안정한 성장
- 디지털 문화의 진화
- 스마트 안경, 스마트 콘택트렌즈 같은 웨어러블(Wearable)기기의 상용화

소비행태

- 가상의 인공지능(아바타)이 쇼핑을 돕고, 독자적으로 구매하기도 함
- 광범위한 소비자 구매패턴 분석은 예측구매와 같은 새로운 비즈니스 창출
- 네트워킹 증가로 인해 개인정보보안이 중요한 사회 이슈로 대두

시사점: 물류

- 안전한 보안 공급망 형성
- 당일 배송의 일상화
- 소비자가 주문하기도 전에 수요 예측 가능 및 상품 직접 배달 가능
- 소비자의 필요에 따라 맞춤화된 운송 서비스 제공

핵심포인트

- IT의 빠른 성장을 통해 전세계 경제의 급성장
- 아바타와 디지털 기기로 인한 쇼핑문화의 변화
- 전세계 무역에서 전자상거래의 비중: 신흥국 30%, 선진국 40%
- 소비자 개인의 편의에 따라 맞춤화된 운송 서비스 제공

시나리오 4

지역화(탈세계화)에 따른
공유경제형 소비

기본전제

- 2008년 이후 두 번째 경제위기로 인해 세계적인 경기침체
- 에너지와 원자재에 대한 비용 증가
- 제품에 대한 소비자 인식변화: 소유개념 → 공유 및 리스 개념

소비행태

- 판매자의 탄소절감 노력 등 환경·사회적 책임 이행이 구매 결정에 영향
- 소비자, 소매업자(판매자), 제조업자간 새로운 리사이클링 구조 형성
- 개인 평판관련 정보를 제공하는 사회적 네트워크의 중요성 커짐

시사점: 물류

- 운송 및 물류 서비스에 대한 다소 안정적인 수요
- 국가 간 운송량 감소
- 물류업체와 소매업자간 협업 증가
- 예비 부품 운송 및 수리·유지 보수 서비스의 제공이 중요

핵심포인트

- 지역경제의 강화로 인해 신 보호무역주의(Ptotectionism)
- 제품에 대한 개인 소유의 개념이 약해지고, 리스와 공유 개념 확대
- 전세계 무역에서 전자상거래의 비중: 개도국 15%, 선진국 10%
- 수리 및 유지보수 서비스에 있어 물류업자와 소매업자의 협업 증가

출처: 헤럴드경제 뉴스

[그림 4-16] **트렌드 스포팅섹션 각 시나리오**

(1) 경매형

제품을 사거나 팔고자 하는 사람들끼리의 입찰에 의해서 가격결정이 이루어지는 형태로서 시간과 장소의 제약이 별로 없고, 경매 대상 품목들이 낙찰 전에 특정 장소로 이동할 필요가 없다는 것이 특징이다.

(2) 카테고리킬러형

카테고리킬러(category killer)라고 하는 것은 상품분야별로 전문매장을 특화해 특정한 제품을 저렴한 가격에 할인하여 판매하는 전문할인점을 말한다.

모든 생활용품을 취급하는 대형 할인점과 달리 완구나 사무용품·전자제품 등 특정품목을 한 매장에서 집중 취급하는 점이 다르다. 카테고리 킬러 사업은 특정품목을 집중 취급하기 때문에 가격면에서 유리하고 전문화된 서비스가 가능하기 때문에 앞으로 백화점이나 대형할인점보다 크게 늘어날 전망이다.

카테고리 킬러의 주요 특징으로는 체인화를 통한 현금 매입과 대량 매입, 목표고객을 통한 차별화된 서비스 제공, 셀프 서비스와 낮은 가격, 체계적인 고객 관리 등이 있다.

카테고리 킬러는 완구류를 전문적으로 판매하는 ‘토이저러스’, 사무용품 전문매장인 ‘오피스데포’, 가정용품 전문매장인 ‘홈데포’ 등이 대표적이다.

[그림 4-17] **토이저러스**

[그림 4-18] **오피스데포**

[그림 4-19] **카테고리킬러 쇼핑몰**

(3) 채널지원형

온라인에서 오프라인과 더불어 이를 지원하여 인터넷으로부터 추가적인 매출을 올리는 시너지 효과를 극대화 할 수 있다.

보통 피자와 같은 패스트푸드점에서 활용하고 있는데, 고객이 본사의 웹페이지를 통해 주문을 하면 고객에게서 가장 가까운 곳에 위치한 가맹점에 주문을 전달하는 것이다.

[그림 4-20] 온라인 주문

(4) 수직적 포탈형

인터넷 소비자가 원하는 정보나 제품 및 서비스를 제공받고자 할 때 자신들의 사이트에서 인터넷 접속을 시작하고 다른 사이트로 이동하지 않고 끝까지 자신의 사이트에 머물면서 비즈니스를 하도록 유도하는 모델이다.

수직적 포탈형 비즈니스 모델은 특정 산업이나 카테고리에 특화함과 동시에 많은 이용자가 공통으로 갖는 관심사뿐 아니라 개인화된 맞춤정보를 제공한다.

2) 인터넷마케팅에서의 물적유통 관리

(1) 인터넷과 물류의 변화

고객욕구의 다양화 현상에 따라 고객의 주문은 다양화 및 개별화되어 가고 있으며, 인터넷 상거래가 활성화됨에 따라 거래에 있어서 중간 유통단계가 생략되고, 생산자와 소비자의 직접 연결로 인해 유통경로의 단축이 가능해졌다.

또한 기업은 물류활동의 일부 혹은 전부를 물류 전문기업에 위탁함으로써 경제성과 전문성을 추구하려고 한다.

(2) 인터넷과 배송

인터넷 업체간의 경쟁이 치열해지고 있는 상황에서 고객이 원하는 상품을 얼

마나 안전하게, 그리고 빨리 전달하느냐는 중요한 문제이다.

이러한 배송의 방법에는 직접배송 방법과 간접배송 방법으로 분류할 수 있다.

① 직접배송 방법

사이트에서 고객과의 거래가 발생하면 공급업체에게 주문내역을 통보하고, 이에 따라서 공급업체가 직접 고객에게 제품을 전달하는 방식이다.

이러한 방법은 공급업체에게 배송과 관련된 모든 업무를 일임함으로써 공급업체와 배송업체들과의 관계에서 요구되는 노력과 비용을 줄일 수 있다는 장점이 있다. 그러나 많은 공급업체들의 배송 상황을 일일이 확인해야 하는 번거로움이 따른다는 단점이 있다.

② 간접배송 방법

배송업체의 재고보유 여부에 따라 재고보유 간접배송과 재고 미보유 간접배송으로 구분될 수 있다.

재고보유 간접배송 방식은 인터넷 상거래에 있어 가장 일반적인 형태로서 고객이 사이트를 통해 주문하면 사이트 운영자가 창고 또는 배송업체에 배송을 지시, 컨텐트웨어를 전달하는 방식이다.

(3) 거래유형별 경로구조 변화

기업의 유통관리의 변화모습은 세 가지 유형으로 나눌 수 있다.

① 기업과 기업간의 거래(B2B : Business to Business)

현재에는 인터넷의 발달로 인해 중간상 배제현상이 빈번히 발생되는데, 마케팅과 관련된 기업과 공급업자, 유통업자 간의 공급연결체제가 형성되면서 직거래가 매출의 상당부분을 차지하고 있고 그 변화 속도는 나날이 증가하고 있다.

따라서 기업과 기업간의 거래에 있어서는 인터넷을 통한 거래방식이 가장 중요한 채널로 빠르게 자리 잡고 있으며, 이들간의 거래에서는 거래 내역에 대한 데이터베이스의 구축을 통하여 중간상을 배제한 것 이상의 주문비용 감소, 재고비용 감소 등의 혜택이 발생하고 있다.

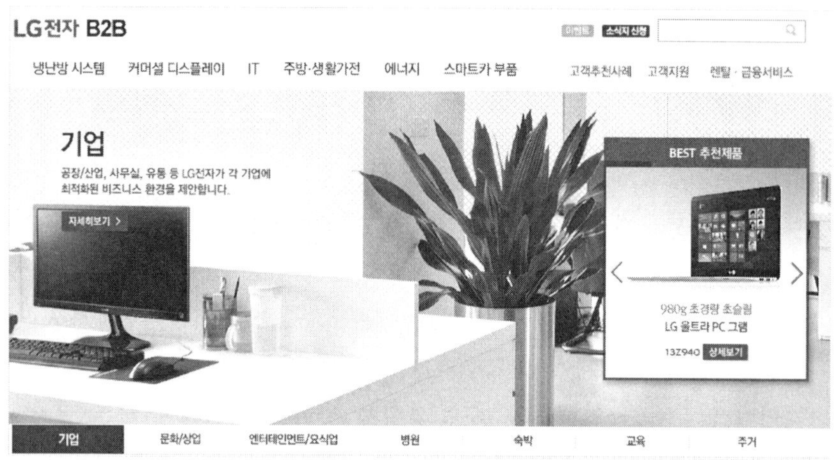

[그림 4-21] LG전자 B2B

② 기업과 소비자간의 거래(B2C : Business to Customer)

현재 대부분의 인터넷 전문기업은 이러한 유형이다. 이 유형의 거래도 중간상을 배제한 채 빠르게 증가하고 있고, 여러 가지 데이터베이스 기술 등의 적용으로 개개인에게 맞춤 서비스, 맞춤 웹 사이트 등의 서비스도 도입하고 있다.

현재 B2C 시장의 주요 성장 동력은 중국 인터넷 쇼핑 시장이 자리매김했는데 그 이유는 국내외 다수 기업들이 B2C 시장으로 진출해 시장의 발전 공간과 기회가 확대됨과 동시에 인터넷 쇼핑의 품질과 판매자 신용도 욕구를 만족시켜줌에 따라 B2C 구매를 선호하는 추세로 변화하고 있다.

[표 4-8] 중국 B2C 온라인 쇼핑몰 시장 점유율

순위	2012년		2013년	
	사이트	점유율(%)	사이트	점유율(%)
1	톈마오	56.7	톈마오	50.1
2	징둥	19.6	징둥	22.4
3	쑤닝어거우	5.5	쑤닝이거우	4.9
4	텅쉰B2C	4.7	텅쉰B2C	3.1

5	아마존차이나	2.7	아마존차이나	2.7
6	땅땅왕	1.9	1호점	2.6
7	웨이핀후이	1.4	웨이핀후이	2.3
8	궈메이	1.4	땅땅왕	1.4
9	1호점	1.2	궈메이	0.4
10	판커	1.2	판커	0.2

출처: 중국전자상거래연구센터.

③ 소비자 대 소비자간의 거래(C2C : Customer to Customer)

이 유형의 거래는 쉽게 말해 벼룩시장을 인터넷에 옮겨 놓은 것과 같은 방식이다. 소비자 대 소비자간 거래에서 주로 채택되는 경매 방식은 경매를 통해 거래가 성사될 경우 일정액의 수수료를 받는다. 현재 이러한 방식의 거래가 세계적으로 인기가 높고 앞으로의 거래량도 계속 증가할 것으로 예상된다.

[표 4-9] **한·중 유사 온라인 C2C 서비스**

국가	서비스명	운영방식	특징
중국	메이리슈어	홈페이지, 어플	여성제품이 90%를 차지하며, 사용자에게 적합한 의류를 추천해 주는 기능이 있음
중국	모구지에	홈페이지, 어플	여성제품이 90%를 차지하며, 타오바오 판매제품 중 최저가 제품을 추천해 주는 기능이 있음
한국	오켓	홈페이지, 어플	한국 내 인지도가 낮으며 주로 중고제품이 거래됨

2013년 8월, 중국의 인터넷 서비스 및 게임 서비스 전문 기업인 텐센트(Tencent)는 모바일을 통해 무료로 다양한 제품을 사고 팔 수 있는 애플리케이션 웨이띠엔을 출시하였다. 웨이띠엔은 출시 한 달 만에 가입자 수가 3만3천 명을 넘어서더니 2014년 1월에는 320만 명이 되었다. 웨이띠엔은 기존의 온라인

판매플랫폼과 달리 다양한 SNS 및 어플과 연동이 되고, 개설비용이 없이 절차가 간편하고, 다양한 서비스(재고량 확인, 구매고객 정보제공, 누적수익 및 판매량 확인, 판매과적 및 판매 후 수익 등) 등을 제공한다.

웨이띠엔처럼 운영이 간편하고 개설비용이 없는 간편한 유사서비스로는 중국의 '메이리슈어', '모구지에'와 한국의 '오켓' 등이 있다.

4. 촉진전략

인터넷마케팅 촉진(Promotion)은 제품이나 서비스의 효용성을 다양한 채널을 통해 고객이 구매하도록 설득하는 과정을 말한다.

인터넷 촉진전략은 인터넷이라는 매체를 통하여 소비자로 하여금 제품에 대해 구매촉진 하도록 하는 기업의 마케팅 촉진전략이다.

인터넷 촉진활동은 대부분 기업에서 제공하는 정보를 소비자들이 찾아와서 얻어가고 그 정보에 대한 반응을 전하는 것이기 때문에 인터넷 촉진의 가장 큰 특징은 기업과 소비자간의 상호작용에 있다.

기업은 웹 사이트를 개선하거나, 이메일·대화방 등 다양한 커뮤니케이션 도구를 사용하여 소비자와의 상호작용을 추구함으로써 기업의 이미지를 강화하거나 소비자들이 기업의 홈페이지를 스스로 찾아 들어오도록 유도하는 것이 제일 중요하다.

인터넷은 시·공간의 제약이 없는 쌍방향 커뮤니케이션 광고매체이다. 웹사이트를 통한 광고 및 홍보가 가능해지고 고객과의 실시간 대화를 통해 고객 요구사항을 파악하고 이를 바탕으로 일대일 맞춤형 고객서비스가 가능하다.

또한 인터넷은 TV, 신문 등 전통적인 대중매체에 비해 표적고객도달의 정확성을 크게 높일 수 있는 장점이 있다.

기업은 보다 효과적인 마케팅 커뮤니케이션 캠페인의 수립·실행을 위해서 메시지에 노출된 소비자로부터의 피드백을 데이터베이스화하는 과정을 통해 보다 효율적이고 과학적인 고객관리를 실행해야 한다.

제 5 장 인터넷마케팅의 광고 유형

제 1 절 인터넷 광고 분석

1. 광고(advertising)

광고란 판매증대, 고객확보 등을 위해 미디어를 활용하여 광고하는 것을 의미한다. 인터넷 사용의 빠른 확산과 그 사용자 층의 증가는 인터넷 광고의 활용 가치를 더욱 확대시키고 있다.

더구나 인터넷 광고의 가치에 대한 기업들의 인식이 증가하면서 인터넷 광고 시장도 꾸준히 그 규모가 증가하고 있는 실정이다. 또한 외국의 인터넷 전문 광고회사들의 국내진출도 활발하게 이루어지고 있다.

광고 활동은 크게 ATL과 BTL로 구분할 수 있다. ATL(Above the Line)은 TV, 라디오, 신문, 잡지, 케이블 TV, 인터넷 등을 통한 직접 광고 활동을 말한다. BTL(Below the Line)은 스폰서십, 이벤트, 전시, PPL, DM, CRM, PRM 등의 활동을 하면서 미디어를 매개로 하지 않는 대면 커뮤니케이션 활동을 말한다.

[그림 5-1] ATL과 BTL

1) 인터넷 광고의 의의

인터넷 광고란 좁은 의미로는 특정한 사이트에 자신의 광고용 배너를 게재하여 자신의 사이트로 링크시켜 그 대가를 지불하는 것을 말하고, 넓은 의미로는 기업이 인터넷을 이용하여 행하는 고객과의 다양한 커뮤니케이션 활동을 포함한다.

특히 웹 사이트를 통해 홍보목적으로 기업 정보와 제품을 소개하며, 이벤트 프로모션을 실시하고, 인터넷마케팅 커뮤니케이션 활동을 전개하는 것을 인터넷 광고라 한다.

[그림 5-2] 크리넥스 광고

인터넷 광고는 다른 유형의 광고들에 비해 보다 정확하게 고객을 타켓팅 할 수 있으며, 각 개별 고객들의 특별한 관심사나 취향에 맞도록 고객화 된 광고를 전달할 수 있다.

앞의 사진은 '클리오' 광고제 수장작인 크리넥스가 집행한 'Let it Out' 캠페인이다. 도시의 한 복판에 소파와 테이블 그리고 그 테이블 위에 크리넥스 한 통이 놓여 있다. 그곳을 지나가는 사람들과 짧게 인터뷰를 진행하는 과정에서 사람들이 자신의 속 이야기를 하며 눈물이 날 때 자연스럽게 크리넥스 휴지를 꺼내들게 하는 티슈회사의 광고이다. 인위적인 스토리가 아닌 일반 출연자들의 실제 삶에 제품과 브랜드를 잘 엮은 감동의 캠페인이었다. 30초라는 TV 광고 시간 제한으로 다 보여주지 못한 출연자들의 이야기는 인터넷으로 들려주고, 출연자 뿐만 아니라 온라인 사이트에 올라온 다른 이들의 감동적인 사연도 함께 들려주었다. 크리넥스의 이 인터넷 광고 캠페인은 소비자와의 소통을 가능하게 해준 광장 역할을 하게 되었다.

2) 인터넷 광고의 특징

인터넷, PC통신과 같은 쌍방향 의사소통(two-way communication)을 가능하게 해 주는 온라인 광고매체의 중요성과 사용빈도가 해마다 증가하고 있다.

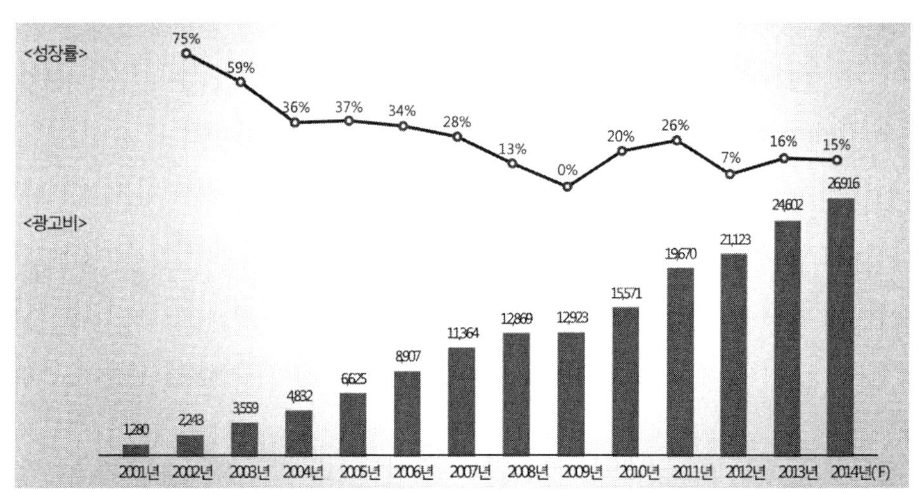

출처: 한국온라인광고협회

[그림 5-3] 온라인 광고 시장

광고매체로서 인터넷은 대중매체로의 심화가능성이 높아야 하며, 전화선, 전용선, 인공위성, 케이블 TV, 무선통신, 정보고속도로 등 거의 모든 방법을 통해 저렴한 가격으로 시간과 공간의 제약 없이 표적집단에 정확하게 빠르게 원하는 정보를 전달할 수 있고, 소비자로부터 즉각적인 피드백을 얻을 수도 있다.

인터넷 자체의 성격이나 다른 매체와의 비교를 통해서 볼 때 인터넷은 지금까지 어떤 매체보다도 가치 있는 광고 매체이다.

인터넷 광고의 대표적인 특징은 다음과 같다.

① 정보지향적 광고이다.

인터넷 광고는 공급자 중심이 아닌 사용자 중심의 논리를 따르고 있다. 고객들이 인터넷을 이용하는 이유는 자신의 특정 목표를 달성하기 위해 기존 매체에서는 얻지 못하는 풍부하고도 구체적인 정보를 인터넷을 통하여 얻으려 하기 때문이다.

기존의 대중매체들은 상품이나 서비스에 관련된 정보 전달에 있어서 시간과 거리간의 제약이라는 한계를 지니고 있지만 인터넷 광고는 시간과 공간의 제약을 탈피하여 고객들에게 상품이나 서비스에 대한 충실하고도 깊이 있는 정보의 무한한 제공을 보장해 주고 있다.

그래서 인터넷 광고에서의 정보 전달 메시지는 상품판매를 위한 일방적 독백형의 설득메시지보다는 풍부한 정보를 제공하여 고객으로 하여금 스스로 결정을 내릴 수 있도록 유도하는 메시지가 더욱 바람직하다.

② 의도적 접근이다.

인터넷 광고는 우연한 노출보다는 의도적 노출에 가깝다. 인터넷 광고의 대상자들은 우연한 기회에 인터넷 광고를 접하기보다는 의도적으로 정보 및 오락 등의 욕구 충족을 위하여 특정 기대감을 갖고 스스로 인터넷 광고에 접근하게 된다.

따라서 이들의 방문은 일반 매체에서의 우연한 노출의 개념보다는 가상공간에 있어서의 상점 방문에 더욱 유사할 것이다.

뿐만 아니라 인터넷 광고에서는 광고의 대상자들을 따로 세분화하는 노력이

필요 없다.

즉 고객은 스스로 자신의 필요에 의해 원하는 광고를 찾아가기 때문이다.

그러므로 광고와 판매가 분리되었던 과거의 마케팅 믹스와는 달리 인터넷 광고는 상품이나 서비스에 대한 정보 제공 서비스와 상품 구매와 관련된 판매 서비스를 동시에 충족시키는 매체로서의 역할을 담당해야 한다.

왜냐하면 인터넷 광고 이용자들은 일반 대중보다 상대적으로 높은 구매 가능성을 지니고 있기 때문이다.

③ 잠재적 광고 효과이다.

인터넷 광고는 인터넷 사용자들이 대부분이 거의 매일 인터넷을 사용하고 있다는 점을 고려하면 광고 노출의 반복 효과라는 경제성을 가지고 있다.

그러나 인터넷 사용자들이 동일 광고 사이트에 지속적으로 방문하게 만들기 위해서는 많은 노력이 필요하다.

현재 인터넷 사용자들의 반복 방문을 위해 상품에 대한 정보 제공과 함께 재미있는 오락이나 퀴즈 등을 통한 경품 행사를 병행하여 광고 사이트의 오락성을 높이는 등의 다양한 방법론들이 모색되고 있고 광고 내용의 수정 및 특정 대상에 따른 메시지의 차별화가 어느 매체보다는 용이하다는 인터넷 광고의 특성에 알맞게 인터넷 광고는 최소의 비용으로 최신의 정보를 신속하게 제공하여 인터넷 사용자들의 반복 방문을 유도하고 있다.

④ 글로벌 마케팅이다.

인터넷 시장은 지리적 경계에 의해 설정되고 있는 전통적인 시장의 개념과는 달리 공간적 제약 없이 세계를 상대로 이루어지고 있다.

인터넷 광고의 이러한 특성으로 인하여 중소기업 입장에서 본다면 인터넷 광고는 다른 마케팅 도구보다 설치비용 및 운영비용이 상대적으로 저렴하고 광고 대상이 크기 때문에 전 세계적으로 시장을 확대하는 데 매우 경제적인 선택이 될 수 있다.

3) 인터넷 광고의 장단점

인터넷 광고는 다음과 같은 장점을 가지고 있다.

첫째, 인터넷 광고는 상호 작용이 가능하다.

둘째, 인터넷 광고는 365일 24시간 내내 전달될 수 있으며, 마케팅 관리자가 원하면 바로 업데이트 및 취소가 가능하다.

셋째, 마케팅 관리자들은 사용자들이 자사의 브랜드에 대해 어떻게 반응 하는지를 추적할 수 있으며, 온라인상의 거래를 추적하여 광고에 대한 반응을 측정할 수 있다.

넷째, 인터넷 광고는 DB를 활용하여 자사에 가장 적합한 고객들만을 선별적으로 타겟팅할 수 있는 힘을 제공한다. 또한 개인의 선호도나 실제 행동을 바탕으로 타겟팅할 수도 있다.

하지만 인터넷 광고에는 다음의 단점도 있다.

첫째, 수많은 사이트가 있기 때문에 수많은 사이트에 광고를 실어야 하며, 해당 사이트를 분석하여 광고의 적합성 여부를 판단하기가 어렵다.

둘째, 특정 지역의 한정된 고객에 대해서 도달하는 데에는 한계가 있다

셋째, 영상, 글, 동영상, 음성 등 여러 가지를 개발하기 위해 많은 비용이 들지만 관여상황에 따라 비효율적일 수 있다.

제2절 인터넷 광고 유형

인터넷 광고의 유형을 몇 가지의 형태로 분류하여 살펴보면 다음과 같다.

1. 배너 광고(banner advertisement)

배너 광고는 인터넷 광고의 유형 중 가장 일반적인 형태로서 웹 페이지 내의 한 장소에 존재하는 박스 형태의 광고이며, 배너를 클릭하면 해당 업체의 웹 사

이트로 이동한다.

[그림 5-4] **배너 광고**

배너 자체만으로도 광고로서의 역할을 하며, 배너 광고를 클릭하면 광고주의 사이트로 이동하여 여러 가지 정보를 접하게 된다. 광고주의 사이트로 이동하지 않고 배너 광고 내에서 정보의 검색, 제품이 구매 등이 모두 가능한 상호작용형 (interactivity) 배너 광고도 일반화되고 있다. 배너 광고는 상단에 크게 만들면 클릭하지 않더라도 광고의 효과가 있을 것이며 실제로 클릭하는 확률도 높은 것으로 알려져 있다.

배너를 이용한 광고비용은 배너의 위치와 크기, 배너 광고를 게재하는 웹 사이트의 유명도 등에 따라 많은 차이가 있다.

배너를 이용한 웹 사이트 광고는 광고 효과 면에서 다른 방법보다도 자신의 웹 사이트로 네티즌을 유인하는 효과가 매우 커서 현재까지 인터넷 광고에서 가장 많이 사용되고 있다.

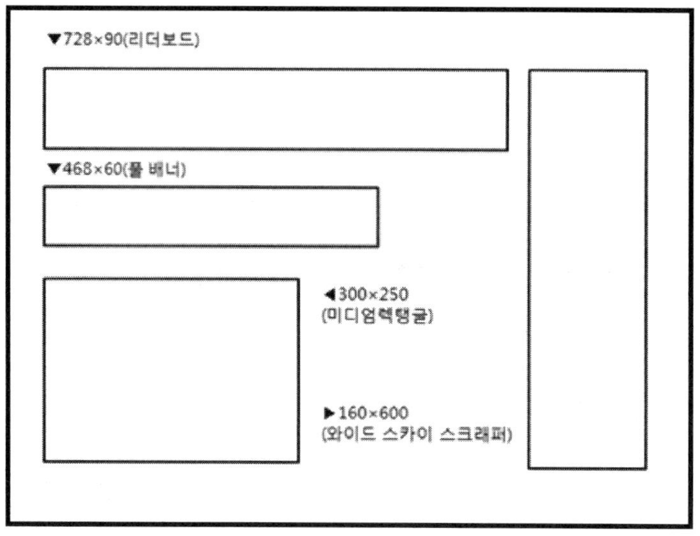

[그림 5-5] **미국 IAB에서 규정하고 있는 디스플레이 광고 유형**

2. 후원형 광고(sponsorship advertisement)

후원형 광고란 기업이나 브랜드가 웹사이트의 특정 콘텐츠나 이벤트의 후원자가 되어 상업적 광고라는 느낌을 완화시키면서 기업 및 브랜드의 인지도와 이미지를 제고하려는 형태의 광고를 말한다.

일반적인 대중매체에서의 협찬광고나 PPL(Product Placement)[1]과 비슷한 개념으로 보면 된다. 후원형 광고와 배너 광고의 근본적인 차이점은 배너광고는 타사의 웹 사이트내에 자사배너를 이용하여 고객을 자사의 웹 사이트로 유인하는 방법인데 반하여, 후원형 광고는 스폰서 콘텐츠라고 하여 후원하고 있는 사이트 내에서 자사를 소개하는 페이지나 일부 섹션에 대하여 독점적인 광고가 이루어진다는 점이다.

1) 영상산업의 규모가 대형화되고 정교해지면서 드라마, 영화 등에 기업의 상표를 배치해 관객의 무의식 속에 그 이미지를 자연스럽게 심는 간접광고이다.

[그림 5-6] **후원형 광고**

3. 인터넷 엑세스형 광고(internet access advertisement)

인터넷 엑세스형 광고는 소비자에게 웹사이트에서 제공하는 서비스를 무료로 제공하는 대신 특정 광고창을 보게 하는 형태의 광고를 말한다.

4. 리치미디어 광고(rich media advertisement)

컴퓨터 화면을 보고 있는데, 갑자기 화면을 가득 채운 동영상이 나오는 경험이 있을 것이다. 리치미디어 광고는 단순히 텍스트나 그래픽, 애니메이션을 넘어 JPEG, DHTML, Javascript, hockwave, Java 프로그래밍과 같은 신기술 및 고급 기술들을 배너 광고에 적용시켜 풍부한 메시지를 전달할 수 있는 매체를 이용한 광고이다.

리치미디어 광고의 예로는 디스커버리 채널에서 질레트 면도기가 실행한 광고를 들 수 있다. 수중에서 면도를 하다가 피가 나오는데 갑자기 상어가 나타나 피를 먹어버린다. 이 때 상어는 뜬금없이 등장하는 것이 아니라 디스커버리의 상어 관련 페이지에서 등장하기 때문에 이용자로 하여금 당황하지 않게 하는 것이다. 상단의 배너와 중앙의 배너를 연계한 스토리 때문에 이용자의 호기심을 제대로 살린 광고이다.

[그림 5-7] **디스커버리 채널에서 질레트 면도기가 실행한 리치미디어 광고**

5. 홈페이지를 이용한 광고

홈페이지를 이용한 광고는 자신의 웹 사이트를 이용하여 자사의 상품이나 서비스에 대한 광고를 수행하는 방법이다.

이 광고의 장점은 자사의 상품이나 서비스를 최소의 비용으로 광고할 수 있다는 것이다. 물론 자사의 웹 사이트를 알리기 위해서는 인터넷마케팅의 방법과 전략을 효과적으로 수행해야 한다.

6. 인터넷 스폰서 광고

스폰서 광고는 웹 사이트의 내용을 광고주의 지원으로 제작하는 방식으로 웹 광고에서 가장 오래된 방식이다.

초기에는 한 광고주가 스폰한 사이트의 모든 광고 영역을 독점하여 사용하였으나 인터넷 광고 시장의 성장과 더불어 여러 업체의 스폰서가 등장하게 되었다.

스폰서 광고와 배너 광고와의 근본적인 차이점은 배너 광고가 타사의 웹 사이트 내에 자사에 대한 소개가 들어 있는 배너를 이용하여 자사의 웹 사이트로 네티즌을 유인하는 방법인데 반하여 스폰서 광고는 스폰서 콘텐츠라고 하여 스폰하고 있는 사이트 내에서 자사를 소개하는 페이지나 일부 섹션에 대하여 독점적인 광고가 이루어진다는 사실이다.

스폰서 광고의 목적은 단순히 클릭률을 높이기 위한 것보다는 사이버 브랜드네임 구축에 보다 많은 비중을 두고 있고 장기간 동일 광고주가 지속되는 경우가 많이 있다.

7. 가상 상점을 이용한 광고

가상 상점은 광고와 판매가 동시에 이루어지는 곳이므로 정보 제공을 위한 광고 서비스와 함께 상품 판매를 위한 고객 서비스가 모두 필요하다.

가상 상점 등을 이용한 광고는 자사의 웹 사이트를 가지고 있지는 않지만 가상 상점을 이용해서 제품과 서비스를 소개하고 판매하려는 회사에게 적합한 방법이다.

8. 삽입형 광고

TV프로그램들 사이에 광고를 하듯이 인터넷 페이지간 이동 사이에 광고를 삽입하는 광고를 의미한다. 특정화면을 보고 있을 때 광고를 다운로드 되게 한 후 다른 페이지로 넘어 가기 위해 클릭하는 순간 광고가 나타나게 된다. 인터넷 사용자는 이런 형태의 광고에 무조건 노출될 수밖에 없기에 효과는 클 수 있겠으나 강제성으로 인하여 반감을 살 수 있다.

9. 팝언더 광고(Pop-under Ads)

새로운 웹 사이트에 접속할 때마다 뜨는 팝업 광고 때문에 이용자들이 종종 짜증과 불편함을 호소한다. 최근에는 이용자들의 불편을 해소하고자 '오늘 하루 창 안 띄우기'와 같은 옵션 사항을 추가하는 것이 일반적인 관행이 되는 등 팝업 광고가 점점 광고 효과 측면에서 제 기능을 발휘하기 못하고 있다.

그래서 대안으로 팝언더 광고가 등장하게 되었다. 팝언더 광고(pop-under ad)는 웹 사이트가 새로 열릴 때마다 이용자의 활동을 방해하지 않도록 새로운 창(window)과 함께 창 아래(under)로 나타나는 배너 광고를 말한다.

팝업 광고는 인터넷 이용자가 이용하고자 하는 사이트를 가리기 때문에 불편을 초래했지만, 팝언더 광고는 사용자의 웹 사이트 아래로 나타나 사용자가 광고를 볼 때까지 기다리기 때문에 보다 소비자 지향적인 광고로 보여진다.

10. 노출형 광고

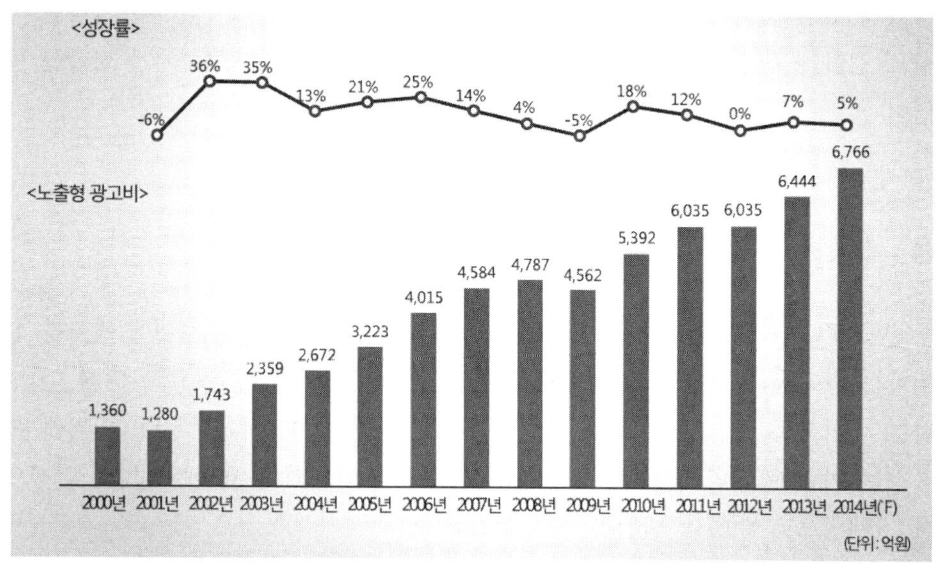

출처: 한국온라인광고협회

[그림 5-8] 노출형 광고

노출형 광고는 통합검색 결과 최상단에 브랜드의 정보가 노출되는 콘텐츠로 우선적으로 노출되는 광고형태를 말한다. 노출형 광고의 효과를 보기 위해서는 꾸준한 관리를 통해 흐름을 파악하고 노출을 확대시키는 것과 동시에 고객의 이목을 끌 수 있는 콘텐츠를 제공하여 브랜드 인지도와 신뢰감을 향상시키는 것이 중요하다.

11. 검색 광고

검색 사이트에서 검색어를 입력하면 검색 결과가 나오는 화면에 관련업체의 광고가 노출되도록 하는 광고이다. 검색광고는 검색어를 검색한 고객에게만 노출되는 Pull 방식이므로 많은 사람에게 노출되지는 않지만 타겟팅 된 고객들에게 노출하는 장점이 있으며, 노출이 상대적으로 적기 때문에 가격 또한 저렴하다. 검색광고의 상품은 가격을 책정하는 기준으로 광고형태가 나누어지며 대표적인 형식으로는 CPM[2], CPC[3]가 있다.

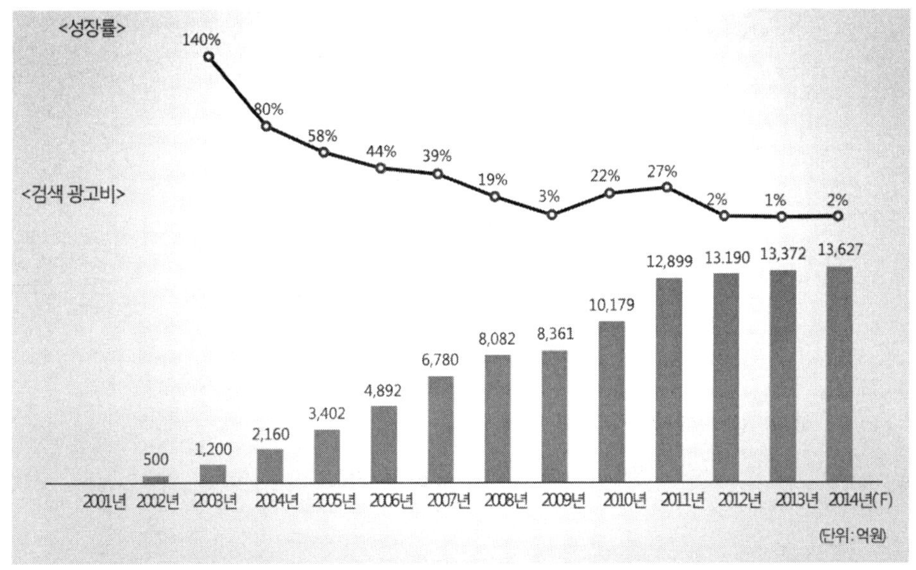

출처: 한국온라인광고협회

[그림 5-9] **검색 광고**

2) CPM(Cost per mille): 노출 1000회당 일정한 가격을 부여해서 월 단위로 책정
3) CPC(Cost per Click): 노출 관계없이 클릭에 대한 비용을 책정하는 운영하는 방식

12. 모바일광고

휴대용 기기를 통해 장소와 시간의 제약 없이 타겟 고객을 대상으로 그래픽, 음성, 동영상 문자, 음악 등을 기반으로 광고를 발송하여 노출되는 광고이다. 모바일 광고는 고객이 모바일 광고를 접하게 되는 노출 경로에 따라 Push형과 Pull형으로 구분된다.

Push형 광고방식은 광고 메시지를 받고 거부의사를 통보하는 방식으로 DB분석에 따른 타겟팅이 가능하지만 고객의 거부감으로 인한 광고효과 감소가 있다.

Pull형 광고방식은 사용자의 참여를 유도하는 방식으로 Push형 광고방식에 비해 고객의 거부감이 적고 고객반응을 데이터로 축적할 수 있다는 장점이 있다.

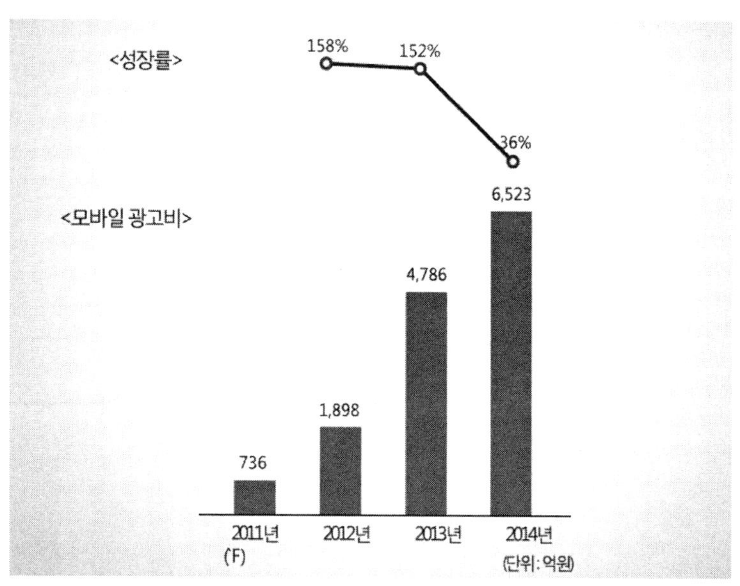

출처: 한국온라인광고협회

[그림 5-10] **모바일 광고**

제3절 인터넷마케팅 광고의 성공전략

인터넷마케팅의 광고 성공전략은 확실한 목적을 갖고 매력 있는 콘텐츠를 제공하며, 사용자의 욕구를 정확하게 파악하여 인터넷 광고에 반영하는 것이 중요하다. 인터넷마케팅의 광고 성공전략을 위해서는 다음과 같다.

1. 사용자가 원하는 가치 있는 정보를 제공한다.

가치 있는 정보의 제공은 사용자들로 하여금 다시 한 번 찾아오게 만드는 좋은 방법이다. 다시 한 번 찾아온다는 의미는 자신의 웹 사이트의 광고 효과가 있다는 말과 같다.

2. 인터넷 최신 기술을 사용해 보기 좋고 멋진 웹 사이트를 만들어야 한다.

인터넷은 멀티미디어 기능을 가지고 있으므로 가능한 모든 방법을 동원해 만든다면 그 웹 사이트는 벤치마킹의 표적이 될 것이고 이것만으로도 충분한 광고 효과가 있다.

그러나 지나치게 화려한 사이트로 인하여 인터넷 접속 속도가 느리게 될 수 있다는 점도 잊지 말아야한다.

3. 차별화된 사이트를 만들어야 한다.

자사의 사이트가 다른 사이트에서 볼 수 없었던 상품을 판매하거나 서비스를 제공한다면 또는 가격이 월등히 싸다면 그것 자체만으로도 인터넷 광고 효과가 많다.

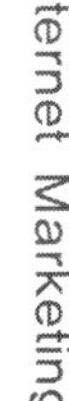

4. 인터넷만의 기능을 활용해야 한다.

인터랙티브(Interactive)한 처리를 행할 수 있는 것이 인터넷의 최대 장점이다. 즉 사용자의 참여를 유도할 수 있는 게시판과 같은 것을 잘 이용하는 것도 하나의 좋은 예이다.

5. 검색엔진에 등록해야 한다.

유명 검색 엔진에 등록하는 일은 인터넷 광고의 가장 기본이라고 할 수 있으며 이를 통해서 많은 네티즌들을 자사의 웹 사이트로 끌어들일 수 있다.

6. 웹 사이트를 웹 사이트에서 선전해야 한다.

주로 인지도가 높은 웹 사이트에 자사 웹 사이트 홍보를 위한 광고를 내면 효과가 빠르게 나타난다. 그러나 이 방법은 쉽고 간단하나 비용이 많이 드는 단점이 있다.

7. 경품 제공이나 이벤트를 개최해야 한다.

많은 사이트들이 인터넷에서 경품을 미끼로 사용자를 끌어들이고 있으며 이는 사용자를 유인하는 효과가 큰 방법 중의 하나이다.

또한 정기적으로 이벤트를 기획해 사용자기 참여하는 기회를 늘리는 것도 방문객의 발길을 끄는 방법이다.

8. 인터넷마케팅의 판매촉진(sales promotion)

인터넷마케팅의 환경 하에서 판매촉진(sales promotion)은 단기적인 촉진으로서 기업이 소비자의 즉각적인 반응을 유도하기 위해 인터넷상에서 단기적으로

가격할인, 쿠폰, 경품제공, 쿠폰, 추첨 등록과 같은 것을 제공하여 고객을 유인하는 것을 말한다. 인터넷이라는 상황에서 판매촉진은 여러 가지의 다양한 마케팅을 활용할 수 있는 전략적인 유용성을 지니고 있다.

판매촉진은 새로운 상품의 도입을 앞당기거나 새로운 서비스 배달 시스템의 확산을 앞당기며, 고객의 행동을 가속화 시킨다.

인터넷 시장의 제품과 서비스들이 점점 다양해지고 복잡해짐에 따라 이러한 상황에서 보다 순발력 있는 대응책이 필요해지는 것은 당연한 일이다.

판매촉진이 인터넷 커뮤니케이션 수단으로 활용되고 있는 이유는 인터넷상에서 단기간에 효과를 측정할 수 있으며, 소비자의 직접 반응을 유도하기 용이하기 때문이다.

인터넷에서 사용되고 있는 판매촉진의 유형들은 다음과 같다.

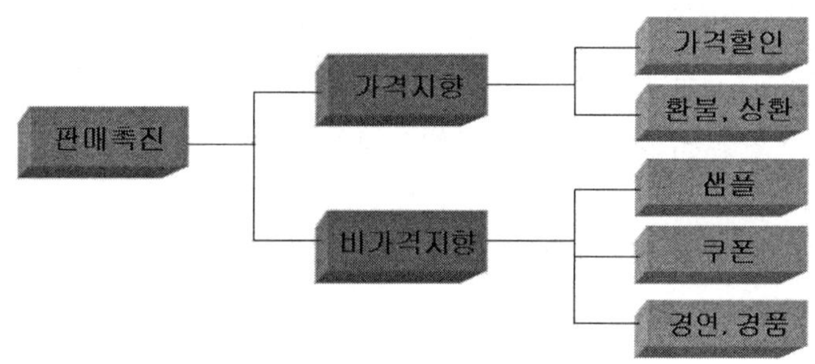

[그림 5-11] **판매촉진의 유형**

1) 가격할인

제품과 서비스의 가격을 일시적으로 일정 비율만큼 할인해 주는 방법을 말한다.

가격할인을 하는 궁극적인 이유는 경쟁제품의 가격에 대응하기 위해서 또는 가격 자체로 경쟁제품에 맞추기 위해서이다.

가격할인은 구매위험을 감소시키는 역할을 하며 또한 구매 가능성을 증대시킨다.

2) 환불

구매 증거가 있으면, 고객에게 일정한 현금 등을 돌려주는 것이고, 상환이란 서비스를 이용하는 개인들을 보상키 위한 것이다.

물론 이것은 브랜드 전환(brand switching)을 방지한다. OK 캐시백의 경우는 여타 기업들과의 제휴를 통해 포인트를 누적함으로써 아예 현금처럼 사용할 수 있도록 하는 혜택을 제공하고 있다.

3) 샘플링(Sampling)

기업이 소비자에게 무료로 제공하여 시용 구매를 장려하기 위한 목적으로 활용되는 판매촉진 도구이다.

이러한 샘플의 제공은 고객들에게 서비스를 사용하게 함으로써 서비스의 무형성에서 기인하는 구매의 위험을 감소시킬 수 있다.

주로 신제품 도입기에 많이 사용되는데 샘플 제작 원가가 낮고, 소량의 제품사용만으로도 상표의 특성과 편익이 소비자에게 쉽게 전달될 수 있어 효과적이다.

[그림 5-12] **샘플 사이트**

또한 인터넷이 가지는 제품의 특성에 관련하여 정보재 혹은 소프트웨어 상품들의 시용 구매를 장려하는 샘플들도 많이 제공되고 있다.

4) 인터넷 쿠폰

인터넷상에서 제공되는 사이버 쿠폰(coupon)은 신문을 보거나 쿠폰책자를 얻기 위해 수고를 들이지 않아도 쉽게 획득할 수 있다.

소비자들은 언제든지 인터넷에 접속하여 마우스를 몇 번 클릭함으로써 쿠폰을 획득할 수 있는데, 최근에는 할인쿠폰을 한 자리에 모아 놓은 쿠폰전문 사이트가 생겨나 쿠폰이용이 더욱 편리해졌다.

쿠폰은 단기간에 매출을 자극하는 훌륭한 전략이지만 장기 전략에 사용되어서는 안 된다. 쿠폰의 특징은 현재의 고객을 포함하여 잠재적인 고객의 수요도 창출할 수 있는 유인을 제공하는 데 있다.

또한 쿠폰을 보유한 소비자가 그 사용 시기를 결정할 수 있으므로 소비자에게 차후 구매를 유도할 수 있다는 장점과 함께 일회적일 수 있는 판촉 수단의 효과를 미래에도 지속시킬 수 있는 회상효과도 있다.

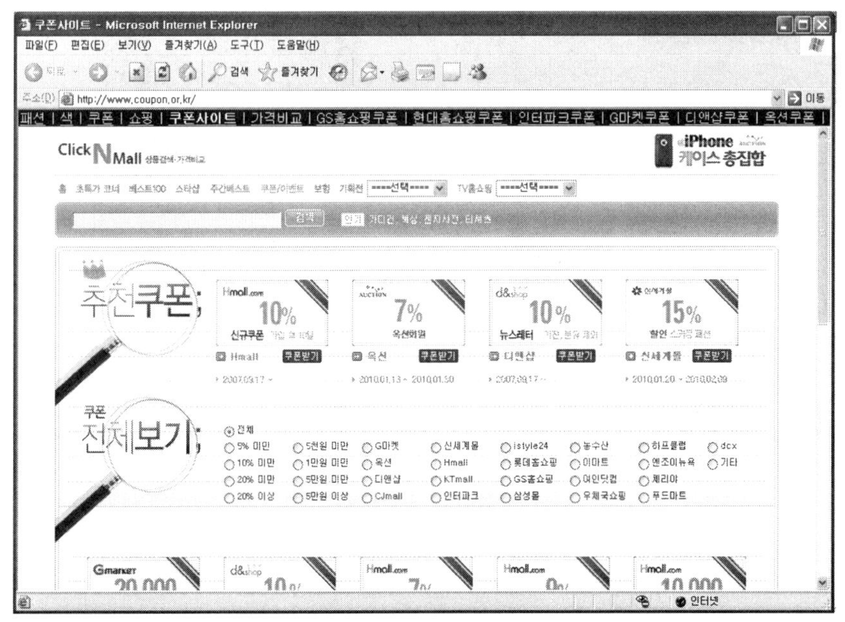

[그림 5-13] **쿠폰 사이트**

현재 많은 업체가 쿠폰을 통한 판매 촉진을 하고 있는데 특정 업종, 특정 지역의 쿠폰을 전문적으로 취급하는 쿠폰발행 및 대행업체를 많이 이용하고 있으며 제조업자가 자체적으로 쿠폰을 발행하여 소비자에게 제공하기도 한다.

5) 경연(contest), 경품(sweepstake)

소비자에게 일정의 상금이나 상품을 제공하는 판촉도구이다.

경연은 응답자의 기술이나 지식을 요구하는 문제를 낸 다음 이를 맞춘 사람들에게 일정액의 상금이나 상품을 주는 것이므로 소비자가 뽑히기 위해서 일정한 활동을 하거나, 서비스를 구입하거나, 노력이나 지식이 요구되며, 경품은 상품 구매여부와는 상관없이 특별한 활동을 하지 않아도 운에 의해 결정된다는 것이 약간의 차이이다.

[그림 5-14] 경품 사이트

6) 사은품

기업이 정한 일정기간 중에 소비자가 특정상품을 구입할 때 무료 또는 저렴한 가격으로 제공하는 다른 상품을 의미한다.

인터넷상에서 사은품을 제공하는 경우에는 소비자가 인식하기 쉽도록 홈페이지 초기 화면에 제시하는 것이 좋지만 소비자가 관심이 적거나 다른 목적으로 웹에 접속한 경우에는 소비자의 불만을 야기할 수 있음을 유의해야 한다.

따라서 사은품으로 제시되는 제품은 소비자의 관심을 충분히 유발할 수 있는 독특한 상품이거나 웹에서 제공하는 기본적인 효익과 관련이 높은 상품을 제시하는 것이 효과적이다.

9. 어나운스먼트(announcement)

인터넷상에서 거의 비용을 들이지 않고 수행할 수 있는 다양한 마케팅 프로모션 방법을 총칭한다. 검색엔진의 랭킹 향상, 이메일을 활용한 마케팅, 뉴스그룹 포스팅, 웹게시판 활용 등이다.

10. 홍보(publicity)

인터넷의 특성을 활용한 멀티미디어 홍보, 인터랙티브 홍보가 가능하다. 비용이 거의 들지 않으며 인지도나 공신력을 증대시키는데 효과적으로 사용된다.

11. 인터넷 PR

1) PR의 정의

PR(public relations)이란 기업이 다양한 이해 관계자들로 하여금 호의(good will)를 갖도록 하는 데 활용되는 마케팅 커뮤니케이션 도구이다. PR의 대상으로는 주주, 정부, 노동자. 기업의 구성원, 공급업자, 시민단체, 소비자 등이 있다.

전통적으로 PR은 특정 제품을 촉진하거나 구매행동에 직접적인 영향을 미치기보다는 기업 전반에 대한 호의를 구축하기 위한 목적으로 실시되었다. 그러나 PR은 호의 구축이라는 본래의 목적 이외에도 브랜드 이미지 제고, 구매 행동의 유발 등 소비자 구매 의사결정의 각 단계에 영향을 미칠 수 있다.

인터넷은 저렴한 비용으로 정보를 효과적으로 유포시킬 수 있는 PR의 유용한 도구로 사용된다.

인터넷은 전통적인 매체에 비해서 정보를 자주 업데이트 시킬 수 있으며, 상호작용이 가능한 멀티미디어 형태의 정보 제공한다는 장점을 지닌다.

2) 인터넷 PR의 유형

(1) 온라인 이벤트(On-line Event)

온라인 이벤트는 사용자의 관심을 유발하여 그들을 사이트로 방문하도록 하는 수단이다. 다수의 인터넷 이용자들은 스타 및 유명인들과의 온라인 채팅 이벤트, 온라인 콘테스트, 무료 이벤트, 콘서트 실황 중계 등의 이벤트에 참여한다.

유명한 스타들을 실시간 채팅으로 만날 수 있는 기회를 제공하는 것은 소비자들에게 특별한 기억을 만들어 줄 수 있으며, 이를 통해서 사이트에 대한 우호적인 감정의 형성 및 반복적인 방문을 이끌어 낼 수 있다.

(2) 온라인 커뮤니티(On-line Community)

대부분의 인터넷 이용자들은 사내 인트라넷이나 메신저 등을 이용하여 서로 정보나 의견을 주고받았을 것이다.

온라인 커뮤니티는 상대적으로 타겟팅이 잘 되어 있는 집단으로서 회원들이 관심을 가지는 주제에 관한 콘텐츠를 제공할 수만 있다면 그들을 자사 사이트에 고정적으로 방문하게 하는 것은 그리 어려운 일이 아닐 것이며, 이는 매우 비용효과적인 홍보 수단이다.

즉, 커뮤니티는 행동력이 있는 사람들로 하여금 자신의 웹 사이트에 모이도록 만들며, 이들을 대상으로 홍보활동이나 판매활동을 할 수 있는 장을 만들어 준다.

(3) 브로슈어웨어(brochureware)

소비자들에게 제품이나 서비스에 관한 정보를 상호작용 없이 제공하는 사이트를 말하며, 투자관계자에게는 회사보고서를, 뉴스미디어에게는 보도자료를 제공하는 등 다른 이해관계자들의 니즈에 부합하는 기능을 한다. 브로슈어웨어는 적은 비용으로 사이트를 구축하여 PR을 수행할 수 있는 도구이므로 초기에 많은 기업들의 사이트는 브로슈어웨어의 성격을 띠었다.

(4) 온라인 고객 서비스

고객과의 사이에 커뮤니케이션 채널을 제공하는 것은 고객 서비스 프로그램에서 가장 기본이 되는 일의 하나이다. 일반적으로 대부분의 사이트에서는 이메일이나 게시판을 통해 고객의 질문에 대한 답을 제공해 주고 있다.

이외에도 일부 기업들은 실시간 온라인 채팅을 가능하게 하여 한층 더 업그레이드된 고객 서비스를 제공하고 있다.

(5) 다양한 링크원 활용

웹 페이지들의 하이퍼링크 기술의 발달과 더불어 많은 이용자들은 한 페이지에서 다른 페이지로 자유롭게 이동할 수 있으므로 검색엔진이나 디렉토리와 같이 웹 사이트로의 링크를 제공하는 다양한 종류의 사이트들을 이용하여 홍보활동을 할 수 있다.

(6) 뉴스 공지(press release)

뉴스 공지는 자사와 관련되어 기사화될 만한 자료를 언론 매체에 제공하는 활동이다. 뉴스 공지는 다른 촉진 수단에 비해서 소비자들의 신뢰가 높기 때문에 PR의 효과가 매우 크다.

많은 기업들은 오프라인 보도 자료를 자사의 웹 사이트에서 제공하거나, 온라인 보도 자료를 따로 작성하기도 한다.

온라인 보도자료는 오프라인보다 자료의 특성 이외에도 많은 자료와 링크할 수 있어서 소비자가 추가적으로 원하는 정보를 더 찾아서 볼 수 있다는 장점이 있다.

12. 인터넷 구전(word of mouse)

1) 인터넷 구전

입소문이 인터넷을 기반으로 하는 커뮤니케이션이 보편화되면서 시공을 초월하는 네트워킹 개념에서 출발한 것이 바로 인터넷 구전(Word of Mouse)이라 할 수 있다. 인터넷이 보편화되면서 '친구에게 이야기하기 촉진전략(Tell-A-Friend promotion)'은 점점 더 강력한 효과를 발휘하고 있다.

각 소비자들은 정보를 즉시 재생산하고 수 천명의 다른 사람들에게 전파를 할 수 있게 되었기 때문이다.

또한 인터넷의 보편화는 전자우편, 모바일, 메신저 등과 같은 도구들의 등장을 초래했으며 이러한 새로운 도구들은 입소문의 강력하고도 위험한 도구로 작용할 수 있게 되었다.

[표 5-1] **오프라인 구전과 온라인 구전의 비교**

구분		오프라인 구전	온라인 구전
물리적 특성	구성요소	소비자	소비자와 인터넷 게시판
	구전장소	실제공간	사이버공간
	전달범위	제한적	무제한적
	전달속도	느림	빠름
메시지 특성	의사소통형태	음성언어	문자언어
	의사소통방향	쌍방향적	일방직/쌍방향직
	피드백속도	즉각적	즉각적인 편임
	전달과정	송신자 → 수신자	송신자→인터넷 게시판 →수신자
	1회 구전정보량	많음	다소 적음
	구전내용	부정적〉긍정적	부정적〉긍정적

	구전동기	과시욕이나 이타적인 동기가 큼	과시욕이나 이타적인 동기가 작음
송수신자의 관계	수신자의 수	소수	다수
	수신자의 정체성	특정	불특정
	친분	있음	없음
	사회적 유대관계	강함	약함
커뮤니케이션 효과	정보신뢰성	높음	낮음
	인지적 효과	큼	작음
	정서적 효과	큼	작음
	행동적 효과	큼	작음
	전체적 효과	일률적으로 판단하기 어려움	일률적으로 판단하기 어려움

출처: 최원일, 인터넷에서의 구전 커뮤니케이션, 마케팅 칼럼, 동서대학교.

구전마케팅의 성공사례로 '짜빠구리'를 들 수 있다. 한 예능 프로그램에 한 출연자가 아이들에게 짜파게티와 너구리를 함께 끓여주는 장면으로 소개된 '짜빠구리'는 시청자들의 호기심을 자극하였다. 그 덕분에 짜파게티와 너구리의 판매량이 대폭 상승했고, 전년도 점유율 60%였던 농심의 라면시장 점유율이 두 달 만에 65.5%로 상승했다.

[그림 5-15] **짜빠구리를 먹는 장면**

2) 입소문 커뮤니케이션의 요소

(1) 커뮤니케이터

사이버 커뮤니티의 발전은 입소문의 영향력이 위에서 아래로의 일방적인 전파가 아닌 아래에서 위로 거슬러 올라갈 수도 있도록 한다.

즉, 기업으로부터 부당한 대우를 받은 소비자가 이에 격분하여 인터넷에 올린 글이 확대되어 기업으로부터 사과를 받아내는 현상을 말한다.

(2) 메시지

입소문의 영향력 및 속도는 전파되는 메시지가 어떤 특성을 가지고 있느냐에 따라 판가름 난다고 할 수 있다.

예를 들어 평범한 품평보다는 이를 각색해 감동적이거나 유머가 깃든 메시지로 사람들의 입에서 오르내린다면 좀 더 강력한 전파력을 갖게 될 것이다.

(3) 미디어

인터넷이 등장하면서 이메일, 메신저, 전화도 확장된 입소문 도구로서 나타났다. TV 등의 매스미디어도 입소문의 촉발제 역할을 하게 되며 동시에 굳히기로 작용하게 되기도 한다. 각 미디어들이 믹스되면서 입소문은 더욱 증폭되고 전염성을 갖게 되었다.

(4) 잡음

잡음은 주위의 소음 때문에 원활한 커뮤니케이션을 방해하므로 이를 입소문 마케팅에 적용해 보면, '부정적인 바이러스'라고 할 수 있다.

소비자들의 기호에 따라 그 경쟁력이 좌우되는 제품군의 경우에는 사실에 근거하지도 않은 루머가 바이러스처럼 번지게 되면 이를 제어하기가 매우 어려워진다.

따라서 마케터는 입소문 마케팅에서 잡음을 가장 유의해야 할 것이다.

13. 통합적 인터넷마케팅 커뮤니케이션(IIMC) 전략

통합적 인터넷마케팅 커뮤니케이션(IIMC : Integrated Internet Marketing Communication)이란 인터넷을 통한 PR, 광고, 판매촉진, DM, 온라인 판매, 온라인 PR활동, 구전 등과 같은 다양한 커뮤니케이션 수단들의 전략적인 역할을 비교·검토하여 명료성과 정확성 측면에서 최대한의 커뮤니케이션 효과를 거둘 수 있도록 최적화된 맞춤형 소셜 마케팅 플랫폼을 구축하는 총괄적인 계획수립의 과정이다.

데이터베이스 구축은 평생의 고객가치를 실현하기 위한 장기적인 고객관계의 설정과 개개인의 특성에 적합한 통합적 마케팅 커뮤니케이션 전략을 수립할 수 있게 한다. 효과적인 마케팅 커뮤니케이션 전략은 데이터베이스를 이용한 관계마케팅 전략을 수립하여 쌍방향 커뮤니케이션이 가능한 상호작용의(interactive) 환경을 이용하며 각 수단들이 서로 상승효과를 낼 수 있도록 조정을 하는 것이 바람직하다.

[표 5-2] **촉진수단의 차이점**

	타 매 체	인 터 넷
정보전달방식	일방적 정보전달	쌍방향 정보전달
효과측정	효과측정이 어려움	효과측정이 용이
시공간적 제약	시간·공간적 제약 존재	시간·공간적 제약이 없음
정보의 양	전달되는 정보의 양이 적고 메시지 표준화	정보의 양이 방대하고 메시지 다양
비용	비용부담이 큼	비용이 적게 들어 중소기업이 유리

제 6 장 인터넷마케팅의 포털사이트와 웹사이트 관리

제 1 절 포털사이트의 마케팅 믹스 전략

포털(portal)이란 관문 또는 항구의 의미로서 인터넷에 접속하여 가장 먼저 들어가거나 혹은 인터넷 이용자가 웹을 접속했을 때 한 번은 방문하게 되는 사이트를 말한다.

현실적으로는 고객이 어느 한 사이트에 방문했을 때 고객이 원하는 대부분의 정보를 제공할 수 있는 사이트를 말한다.

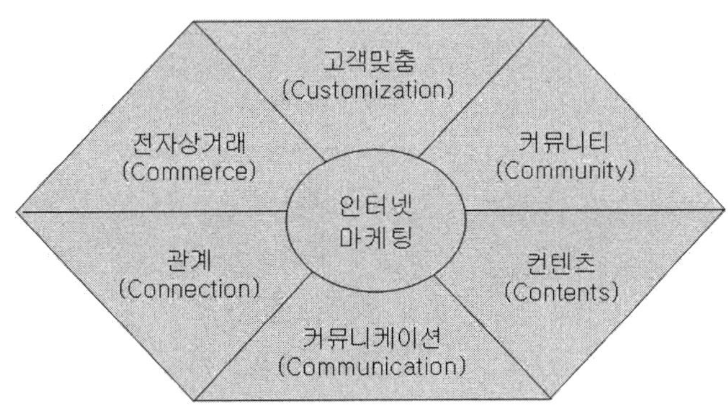

[그림 6-1] **포털의 6C**

포털에서 가장 먼저 또는 반드시 한번 들르게 하기 위해서는 다양한 서비스를 제공하여야 한다. 이러한 다양한 서비스는 다음과 같은 6C(contents, community, commerce, connection, customizing, communication)의 구성요소들을 말한다.

1. 콘텐츠(Contents) 전략

콘텐츠는 마케팅을 통해 전달하고자 하는 내용물을 의미하는 것으로 정보의 내용(Information), 디자인(design), 그리고 기술(technology)로 구성된다.

이러한 구성요소를 조합한 것이 컨텐디자이날리지(Contendesinology)인데, 좋은 콘텐츠는 세 가지 요소가 적절히 조화되어 구성되어야 한다.

콘텐츠는 고객이 컴퓨터 화면을 통해 처음 보게 되는 첫 접점이며, 인터넷상에서 고객은 제품 자체를 보는 것이 아니라 콘텐츠를 보게 된다.

따라서 기업은 잘 설계된 콘텐츠를 제공하여 고객과의 관계를 창출하고 그 관계를 장기적으로 유지할 수 있도록 해야 한다.

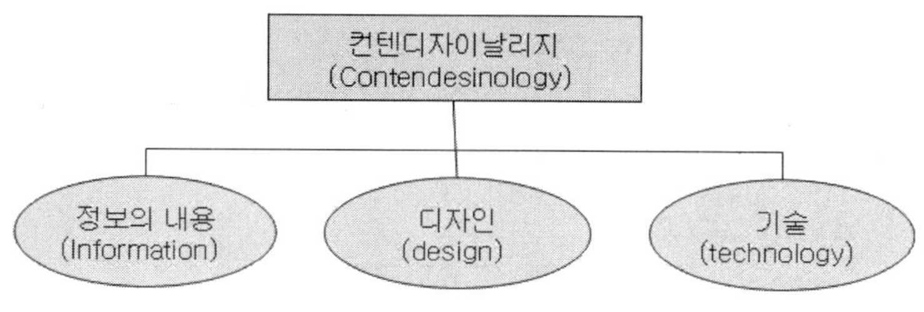

[그림 6-2] **콘텐츠의 구성 요소**

초고속 통신망이 활용되면서 콘텐츠는 텍스트 뿐 아니라 동영상, 그래픽, 음성, 하이퍼 링크 등을 내포하게 되었다.

양질의 콘텐츠는 단순한 정보제공차원을 넘어 인간의 지적 창의성을 지원하고 상호 작용성을 포함해야 한다.

콘텐츠는 교육, 정보, 오락, 비즈니스 등 다양한 유형으로 분류할 수 있지만 명확한 영역구분 보다는 영역의 믹스(Mix)를 통한 새로운 비즈니스를 창출할 수 있다.

2. 커머스(Commerce) 전략

기업은 인터넷을 통해 어떠한 방법으로 비용의 절감과 더 나아가 새로운 수익을 창출할 수 있는지에 대해 사전에 그 수익모델을 정확하게 규정할 필요가 있는데, 이것을 커머스(Commerce) 전략이라 한다.

옴니채널(Omni-CHannel) 커머스 전략은 다양한 채널을 동시에 활동하는 이용자들을 만족시키기 위해 최적화된 쇼핑을 즐길 수 있게 하는 것이다. 옴니채널은 지속적으로 고객과 연결되는 것을 의미한다.

인터넷과 관련하여 기업들이 수익을 확보할 수 있는 방법은 다양하다. 일단 기본적으로는 직접적 상품판매를 통한 수익을 생각할 수 있으며, 부가적으로 이에 대한 각종 지원 활동을 인터넷을 통해 전개할 수 있다.

이러한 상품판매와 관련하여 한 때는 동일 제품에 대한 저가 전략, 누가 더 저렴한 가격에 같은 제품을 판매하는가가 중요했었으나, 점차 오프라인과의 연계가 보다 중요해지면서 오프라인과의 통합을 통해 누가 총체적으로 더 가치가 있는 서비스를 고객에게 제공할 수 있느냐가 중요해지고 있다.

따라서 단순하게 인터넷 쇼핑몰을 통해 제품을 판매하는 것보다는 온라인과 오프라인의 결합을 통해 다양한 비즈니스의 기회를 모색하면서, 새롭고도 보다 큰 가치를 전달할 수 있고 경쟁사와 차별화할 수 있는 상품 및 서비스의 개발에 집중해야 한다.

많은 기업들은 광고수입이나 상품판매 등을 주 수익원으로 하고 있는데 인터넷을 통한 수익 원천의 유형은 다음과 같다.

첫째, 전자상거래, 인터넷 쇼핑몰처럼 물건을 직접 팔아 수익을 추구하는 것이다.

둘째, 콘텐츠를 유료화하여 구독자로부터 서비스의 대가를 받는 것이다.

셋째, 기업으로부터 광고비를 받아 수익을 추구하는 광고수입이다.

넷째, 온라인을 보조수단으로 활용을 하고 오프라인에서 주 수입을 올리는 것이다.

다섯째, 자사의 웹 사이트에서 직접 상품판매를 하지 않고 쇼핑 사이트와 제휴관계를 맺어 상품판매액에 대한 커미션을 추구하는 것이다.

3. 커뮤니티(Community) 전략

커뮤니티 전략은 데이터베이스를 기반으로 뉴스그룹, 사설게시판(BBS), 채팅 등을 이용하여 고객에게 적합한 핀포인트(pinpoint)[1]형 메시지를 제공하고 일대일 개별적으로 서비스하는 것을 말한다.

온라인에서 사용자들은 맞춤형 정보를 원하고, 자신에게 맞지 않는 정보나 광고에는 거부감을 보인다.

그러나 한편으로는 관심영역과 동질적 집단에 대한 소속감과 공유의식을 느끼고 싶은 욕구를 가상공간에서 표출한다.

온라인의 사용자들의 개인화 성향은 전자우편을 통해 충족시켜줄 수 있고, 커뮤니티 성향은 채팅, 게시판, 뉴스그룹 등 다양한 커뮤니티 서비스를 개발함으로써 충족시켜 줄 수 있다.

커뮤니티를 웹사이트에 만들면 일대일 마케팅전략을 강화하고 사용자그룹 내에서 일대다(one-to-many), 다대다(many-to-many) 커뮤니케이션이 가능하다.

그리고 이를 통해 제품 차별화가 가능하고 차별화된 방식으로 제품을 공급할 수 있다.

가상공간을 활용한 공동체는 기존의 물리적 세계에서의 공동체와 동질성 및 차별성을 가진다.

가상공동체는 공동체가 지닌 본질을 벗어나지 않지만, 그것이 인터넷에 기인하므로 차별성을 갖게 된다.

이러한 가상 공동체의 만족도를 높이기 위해서는 데이터베이스를 활용한 검색 및 매스 커스터마이제이션(Mass Customization)[2]을 활용하는 것이 일반적이다.

타겟 집단은 동질성과 소속감을 부여하는 정보들이 자신들에게 적합한 정보라고 생각하기 때문에 이러한 접근 방법이 충분한 의미가 있다.

또한 인터넷의 가상 공동체들이 익명성이 강하고 비대면성에 기반을 두고 있

---

1) 목표로 하는 대상의 위치나 시간의 한 지점을 한 치의 오차도 없이 정확히 겨냥하는 것을 말한다.

2) 대량생산(Mass Production)과 고객화(Customization)의 합성어로서 대규모 고객집단의 개별적 요구에 맞춰 대응하는 기업 경영혁신의 새로운 패러다임이다.

기 때문에 심각한 사회문제가 야기되기도 하지만, 가상공동체에서 신뢰감이 형성된다면 실제 공동체보다 더 나은 비즈니스 기회를 포착할 수도 있을 것이다.

커뮤니티 전략의 예로는 카페마케팅을 들 수 있다. 관련된 내용을 서로 공유하면서 발전시키고 함께 도움을 주고 받는 관계가 형성되어 각각 관련된 내용을 커뮤니티 할 수 있고, 상품홍보는 체험단이나 이벤트를 토대로 시장성을 파악할 수 있다. 그리고 지식iN과 연동되기 때문에 커뮤니티가 활성화되어 고객들이 공감할 수 있는 공간을 만들 수 있다. 또한 잠재고객, 단골고객을 자연스럽게 만들어 고객들과 댓글, 채팅 등을 통해 소통할 수 있다.

4. 커넥션(Connection) 전략

커넥션이란 기업간 협력모델을 추진하는 전략적 제휴나 아웃소싱을 의미한다. 기업 간의 윈윈 또는 기업, 소비자, 기업 간의 트리플윈을 가능하게 함으로써 이익을 공유한다.

이러한 기업 간의 협력은 포탈 서비스의 경우에는 더욱 의미가 크며, 다양한 서비스나 콘텐츠를 고객에게 제공하기 위해 동종 또는 이종간 적극적인 공동 마케팅전략으로 협력관계를 구축할 필요가 있다.

이러한 기업 간의 협력이 진행되는 것에는 여러 가지 이유가 존재한다.

첫째, 인터넷과 관계된 비즈니스가 더욱 복잡하고 다양화됨에 따라 기업들은 더욱 전문화된 분야에 그 역량을 집중 시키고, 특정 분야에 전문성을 갖춘 기업들에게 상대적으로 부족한 부분을 보완해 줄 협력업체의 필요성이 증가하고 있다.

둘째, 각 기업이 특정 분야의 전문화를 지향함에 따라 자신들이 열세인 분야는 타 기업과 연계함으로써 적은 노력으로 많은 효과를 누릴 수 있다.

즉, 협력을 통해 신규사업에 공동 투자함으로써 비용을 절감하고 투자위험을 분산시킬 수 있다.

그리고 초기에 시장 규모를 확대할 수 있는 조력자를 확보할 수 있다. 한편 기업간 공동 마케팅을 수행함으로써 새로운 경쟁자의 진입을 억제하는 효과를 얻

을 수도 있다.

셋째, 기업이 보유한 회원과 콘텐츠를 다른 기업과 공유함으로써 회원확대 및 방문자 증대를 꾀할 수 있다.

이러한 경우에 기존 회원 데이터베이스의 통합 시도, 기술적 규격 통일, 공동 마케팅 프로모션, 법규와 규제에 대한 공동 대응 등의 노력이 결집될 필요가 있다.

[그림 6-3] 인시에미네트웍스의 애플리케이션 중심 인프라스트럭쳐 구조도

[그림 6-4] 시스코 커넥션

최근 부각되고 있는 허브(Hub) 사이트들도 이러한 커넥션을 중시하는 것이다. 허브란 자전거의 바퀴살을 이어주는 것을 말하는데 일종의 포탈 오브 포탈, 포탈 앤드 포탈이라고 할 수 있다. 기업들은 이러한 허브를 형성함으로써 구심력을 발휘하고 언론홍보 효과를 누릴 수 있다.

커넥션 전략의 예로는 시스코 커넥션을 들 수 있다. 처음 시스코는 시장에 없던 제품을 개발하여 선구자의 자리에 올랐다. 그리고 그 자리를 계속 유지하기 위해 주로 인수합병을 통해 외부 기업의 기술과 아이디어를 사들였다. 이러한 이유는 시장의 변화속도를 따라가고 또한 경쟁사가 시장에서 먼저 자리를 잡기 전에 신시장에 공격적으로 진출하기 위해서이다. 애플리케이션중심인프라스트럭쳐(ACI), 통합컴퓨팅시스템(UCS), 인터클라우드를 통한 데이터센터 인프라 환경 구축을 강조하는 시스코의 명성은 혁신의 리더 보다는 기술 인수자로 바뀌었다.

5. 고객맞춤(Customization) 전략

고객맞춤전략은 고객 개개인의 정보를 활용해 개개인에 적합한 상품 정보를 제공함으로써 개별 고객과의 관계를 창출하고 유지·관리하기 위해 맞춤형 서비

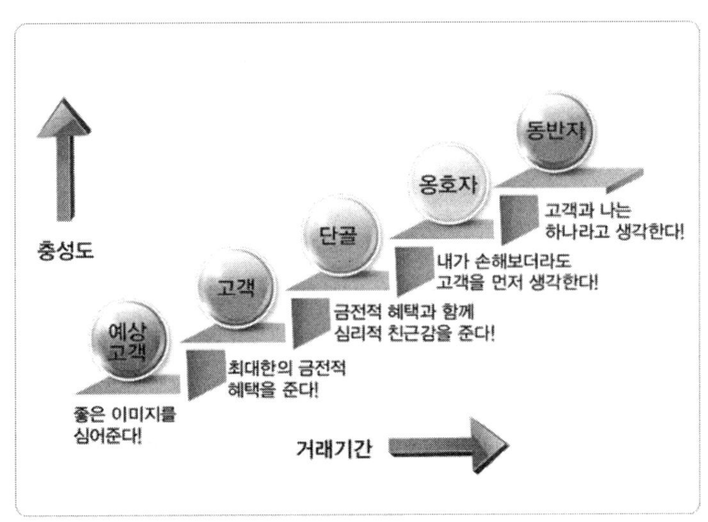

출처: 소상공인활성화 블로그(blog.naver.com/good_t)

[그림 6-5] 고객관계관리 전략

스를 제공하는 것을 의미하며, 진정한 일대일 마케팅을 실행한다.

현재에는 고객들의 성향이 개성화, 다양화, 차별화 되어감에 따라 기업은 개개인의 니즈에 적합한 제품, 서비스, 아이디어를 제공하는 것에 관심을 가져야 한다.

또한 시장 점유율보다는 고객점유율에 관심을 기울일 필요가 있으며, 충성도 높은 고객을 발굴하여 이들 스스로가 구전효과나 자발적인 콘텐츠, 커뮤니티에 참여할 수 있는 기회를 제공해 주어야 한다.

인터넷의 상호작용성(interactivity)은 고객의 참여와 협력 아래 협동고객맞춤(collaborative customization)의 기회를 제공하고 있다.

6. 커뮤니케이션(Communication) 전략

커뮤니케이션 전략은 효과적인 커뮤니케이션 도구를 제공하여 고객의 참여를 쉽게 하는 것을 말한다. 과거 TV, 신문 등이 주도하던 메시지 발신기능은 기업과 네티즌으로 분산되었으며, 기업과 네티즌은 인터넷을 통해 메시지와 피드백을 직접 주고받을 수 있는 커뮤니케이션 채널이 활성화 되었다.

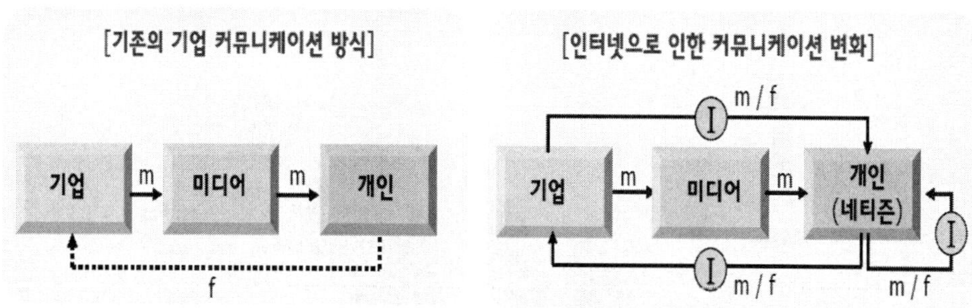

주) I:인터넷 미디어, m:메시지, f:피드백
출처: 삼성경제연구소, "기업의 인터넷 커뮤니케이션 전략"

[그림 6-6] **기업 커뮤니케이션 방식의 변화**

기업은 양방향 커뮤니케이션을 통해 고객 및 시장에 대한 다양하고 방대한 정보를 수집하여 데이터베이스마케팅을 할 수 있다.

인터넷마케팅은 정보통신기술을 기반으로 하기 때문에 고객과의 효율적인 커뮤니케이션을 위해서는 무료전자메일, 채팅방, 메신저 서비스, 검색엔진 등 다양한 기술과 도구를 적절히 활용하는 것이 중요하다.

인터넷 커뮤니케이션 도구들은 웹, 이메일 등을 통해 고객들이 보다 나은 환경에서 커뮤니케이션을 수행할 수 있도록 함을 의미한다.

이러한 커뮤니케이션 도구들은 콘텐츠, 커뮤니티, 커스터마이징[3], 커머스 등 다른 인터넷마케팅 전략 요소를 보조하는 역할을 한다.

인터넷은 1:n의 커뮤니케이션뿐만 아니라 1:1, 1:n의 커뮤니케이션을 모두 소화할 수 있다는 장점이 있다.

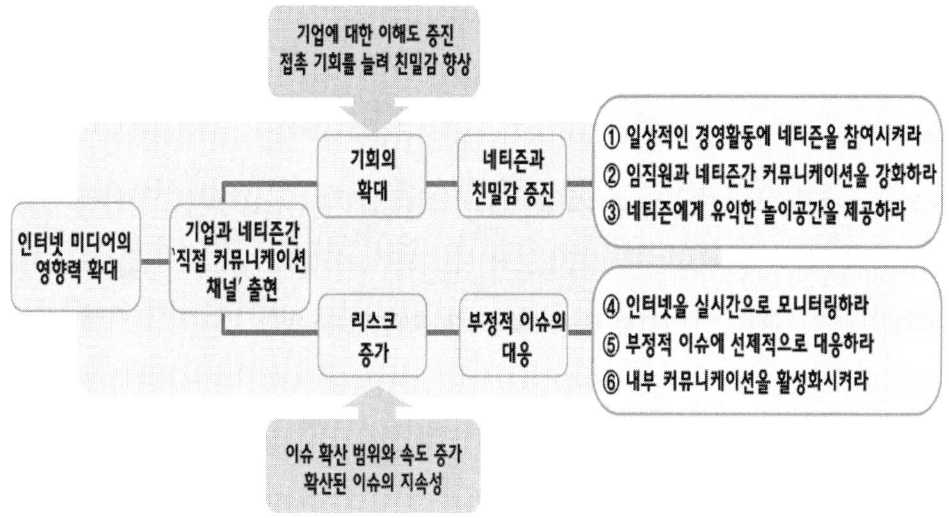

출처: 삼성경제연구소, "기업의 인터넷 커뮤니케이션 전략"

[그림 6-7] **기업 커뮤니케이션의 환경 변화와 6가지 추진전략**

커뮤니케이션 마케팅의 예로는 세스코를 들 수 있다. 한 고객이 세스코의 'Q&A'에 세스코와 관련이 없는 황당한 질문을 하였지만 세스코는 그 글을 무시하지 않고 재치있는 답변을 달았다.

3) 수공업자나 생산업체가 고객의 요구에 따라 하드웨어나 소프트웨어를 설정하거나 기능을 변경하여 제품을 만드는 맞춤제작 서비스이다.

그 일을 계기고 많은 사람들이 세스코에 관심을 가지게 되었고, 네티즌들은 더 황당한 질문을 계속 올리기 시작했다. 모든 세스코의 직원들은 질문자의 의도를 파악한 후 학문적인 자료를 곁들여가며 성실하고 재치있게 답변했고, 결국 언론에 소개되면서 더욱 유명세를 타게 되었다.

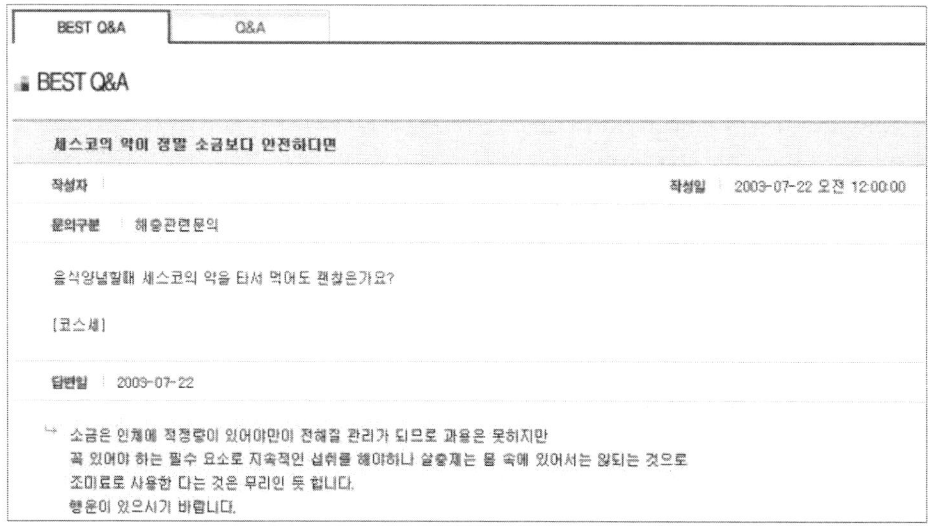

[그림 6-8] **세스코의 재치있는 답변**

제 2 절 인터넷 웹사이트 구축

1. 인터넷마케팅을 위한 웹 사이트 구축

마케팅에 웹을 활용하기 위해서는 기업에의 적용을 위해 표적시장, 경쟁, 시장 기회의 크기, 고객, 기업의 강점과 약점, 기업의 목적과 목표, 기업이 처한 상황 등을 고려해야 한다. 기업이 웹에 투자하는 다양한 목적은 이미지 강화, 고객서

비스, 수익창출, 커뮤니케이션, 비용절감, 그리고 생산성 강화 등을 들 수 있다.

이러한 목적들로 인해 기업에 따라 웹을 바라보는 시각도 다르다.

웹을 단지 마케팅 유통 경로의 하나로 보는 기업도 있고, 고객과의 커뮤니케이션의 수단으로 바라보는 기업도 있다. 기업이 웹 사이트의 활용을 결정했다면, 웹 사이트를 통한 마케팅의 정확한 목적을 설정하고 이러한 목적들의 우선순위를 결정해야 한다.

1) 웹 사이트의 구성요소

웹 사이트를 보는 여러 가지 측면 중 하나는 일종의 정보 시스템(IS)으로 보는 것이다. 정보 시스템으로서 웹 사이트는 하나의 동일한 목적을 가지고 이를 성취하기 위해 여러 구성인자가 서로 유기적으로 연결되어 상호작용을 하여야 한다.

시스템의 관점에서 볼 때 훌륭한 사이트란 사이트를 구성하는 요소들이 잘 갖춰져 있으며, 서로 유기적으로 결합되어서 하나의 목표를 효과적으로 달성할 수 있는 것이어야 한다.

웹 사이트를 구성하는 요소들로는 콘셉, 콘텐츠, 그래픽디자인, 구조 및 네비게이션 등이 있다

(1) 콘셉

콘셉이란 기업이 웹 사이트를 통해 고객에게 전달하고자 하는 개념 또는 수행하고자 하는 일이다. 콘셉이 잘 전달된 웹 사이트는 방문자가 이 사이트는 어떤 사이트인지를 한눈에 파악할 수 있다.

따라서 웹 사이트의 표적 고객과 목적, 전략을 이해하지 않고서는 웹 사이트가 제대로 제작되었는지를 평가할 수 없다.

웹 사이트의 다른 구성 요소인 콘텐츠, 구조 및 네비게이션, 그래픽 디자인은 콘셉의 전달을 지원하는 요소들이라 할 수 있다.

(2) 콘텐츠

콘텐츠란 웹 사이트에서 제공하는 정보(information) 및 서비스를 말한다.

고객은 사이트에서 다양하고 적절한 양질의 정보를 제공받음에 따라 웹 사이트 방문 목적을 달성할 수 있을 것이고, 그 결과는 사이트의 긍적적인 평가와 재

방문으로 이어진다.

(3) 구조 및 네비게이션

웹 사이트의 구조 및 네비게이션은 고객이 보다 쉽고 효과적으로 웹 사이트를 이용할 수 있는가를 결정하는 요소이다.

웹 사이트의 각 페이지들에 콘텐츠가 어떻게 분배되었는지, 각 페이지들이 어떻게 조직되어 있는지, 그리고 어떠한 방식으로 고객들의 페이지 이동이 지원되는지에 따라 고객의 웹 사이트 경험이 영향을 받으며, 양질의 콘텐츠와 함께 재방문의 여부를 결정하게 되는 중요한 요소이다. 그러므로 쉽고 편리하게 구성해야 하며, 사이트 전반에 걸쳐 일관성을 가져야 한다. 또한 메뉴 간 이동이 용이하도록 서브페이지에 현재 위치를 파악할 수 있는 링크를 걸어 두는 것이 좋다.

(4) 그래픽 디자인

그래픽 디자인은 웹 사이트의 전체 분위기를 형성하고, 효과적인 콘셉을 전달할 수 있게 해주는 요소이다. 웹 사이트의 전체적인 스타일을 결정해 주며, 고객의 주의를 집중시키고, 또한 고객의 감성적인 욕구를 만족시켜 줄 수 있다.

그래픽 디자인에는 무한한 선택 대안들이 있지만 과도한 그래픽의 사용은 기술적으로 사이트의 성능을 감소시키고, 고객의 주의를 산만하게 만들 소지가 있으므로 일관성이 있으며 체계적인 기획을 필요로 한다.

2) 웹 사이트 개발 과정의 개요

마케팅 담당자는 고객들이 자사의 웹 사이트에서 가치를 기각할 수 있게 하는 방법과, 그 경험을 다른 웹 사이트와 차별화하게 할 수 있게 하는 방법을 고려해 보아야 한다.

그러기 위해서는 다른 기업의 다양한 사이트들을 둘러보며, 좋은 사이트를 판단할 수 있는 안목을 키워야 한다. 이러한 벤치마킹은 어떤 사이트를 만들어야 하며, 어떤 점들을 주의해야 할지에 대해 아이디어를 얻을 수 있는 좋은 기회가 될 것이다.

웹 사이트의 개발은 체계적으로 계획을 세워 실행하고 테스트를 해야 개발과정에 일어날 수 있는 오류를 조기에 발견하여 수정함으로써 이후에 수정 혹은

전면적인 재작업의 상황을 예방할 수 있다.

따라서 웹 사이트 개발에 있어서 잘 구축된 개발 과정은 가장 가치 있는 도구라 할 수 있다.

(1) 웹 사이트의 구축과정

소프트웨어 위기로 인한 체계적인 소프트웨어 개발이 필요하며, 소프트웨어 개발을 효과적으로 수행하기 위한 방안을 모색하기 위해 SDLC(Software Development Life Cycle) 방법론[4]이 등장하였다. SDLC는 프로젝트 비용을 산정하고, 프로젝트 개발 계획을 수립하며, 용어 표준화를 지원한다. 또한 개발 진행 상황을 파악하고, 단계별 문서화를 통해 충실한 프로젝트 관리를 한다.

[표 6-1] SDLC방법론의 장단점

구 분	내 용
장 점	- 요구사항의 정의, 프로그래밍, 설계 등에 대한 기법들을 활용한 템플릿이 제공될 수 있음 - 체계적인 문서화, 단계별 산출물 체크를 통한 프로젝트 진행의 명확화
단 점	- 프로젝트가 미리 규정한 순서대로 진행되지 않고, 변수가 자주 발생하여 이 접근 방법으로는 시스템 개발에 많은 문제가 야기됨 - 개발 초기에 고객으로부터 완전한 요구사항을 명확하게 도출해내기가 어려움 - 프로젝트 말미가 될 때까지 중간단계의 시스템이 구현될 수 없기 때문에 고객에게 많은 인내심을 필요로 함

프로젝트의 초기화 단계는 기업의 웹 사이트 구축 목적에 맞는 전략적인 목표들에 부합하는 웹 사이트의 개발 프로젝트의 목표를 확인하고, 프로젝트의 타당성과 실현 가능성 및 비용 효율성을 테스트하며, 프로젝트를 수행하는데 필요한 제반 자원을 확보하고 할당하는 단계로서 프로젝트가 시작될 수 있도록 하는 모

4) 소프트웨어를 하나의 생명체처럼 탄생에서 폐기까지의 전 과정을 통칭하는 말이다.

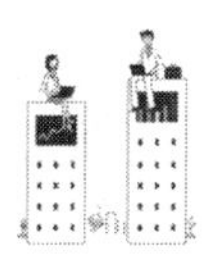

든 준비과정을 포함한다.

분석과 디자인 단계는 내부·외부에 존재하는 웹 사이트의 잠재고객의 욕구를 파악하여 이를 반영한 사이트를 구체적으로 설계하는 단계로서 웹 사이트 개발의 핵심 단계이다.

콘텐츠 제작은 설계된 웹 사이트를 실제로 구현하는 단계로서, 프로그래밍 혹은 코딩(coding) 단계라고도 한다. 이렇게 개발된 웹 사이트는 테스트 단계에서 다양한 방법을 통해 웹 사이트가 제대로 설계 및 개발되었는지를 확인하게 된다.

테스트를 통과한 사이트는 업로딩 과정을 거쳐 사이트를 호스트 할 서버에 설치하게 되며, 비로소 웹 사이트의 기능을 수행하게 된다.

웹 사이트가 구축되면 관리 및 촉진 단계로 넘어간다. 웹 사이트의 구축은 한 번의 개발로 끝나지 않기 때문에 개발 과정에 관리단계가 포함된다.

웹 사이트는 지속적으로 유지되기 위한 활동을 필요로 하며 이는 웹 사이트를 통한 고객과의 지속적인 커뮤니케이션과 업데이트(update), 그리고 보수 활동을 포함한다.

웹 사이트의 구축 이후에는 보통 촉진이 실행되지만 때때로 촉진 활동은 웹 사이트의 개발 진척 사항과는 별도로 진행되기도 한다.

① 제안요청

사업의 시작은 보통 체계가 갖추어진 사업일 수로 웹사이트에 대한 고객의 필요[5)]로부터 일이 시작된다. 대체로 질의응답의 형태 또는 미리 준비된 양식의 인터뷰를 통해 고객의 요구사항을 파악하게 되고, 이 시점의 요구 사항이 최종 결과물의 키워드가 된다. 그 후 제안 요청서[6)]와 제안서를 통해 계약서가 작성되고 나면 계약서와 견적서를 주고받는 단계로 넘어간다.

5) 고객의 필요라는 것은 체계적으로 제안요청의 형태로 나오는 경우도 있지만 보통 소규모 웹사이트 구축의 경우 정리된 제안요청서 보다는 결재자 또는 담당자의 머릿속에 든 생각이 주가 된다.

6) 제안서를 요청하기 위한 정보로서 컨설팅이나 입찰 제안을 받기 위해 발주 엄체가 시스템에 대한 요구사항을 체계적으로 정리한 문서이다. 제안 요청서에는 제작배경, 제작목적, 제작방향 및 필요기능. 이용고객, 사이트 주요내용 및 기능 요건, 구축 및 운영 업무 분장, 개발환경, 제작기간 및 상세 작업 일정 등이 기술되어 있다.

② 착수

착수 보고서[7]), 수행계획서, 1차 요구 분석, 회의록 등의 문서를 요하한다. 회의록은 커뮤니케이션의 수단으로도 사용될 수 있지만, 키포인트를 놓치지 않고 이를 통해 체크리스트를 작성해서 이해도 및 작업의 정확도를 높일 수 있다.

③ 요구분석

요구분석에는 기능정의서, 요구사항 정의서, 요구사항 분석서, 요구분석 등의 문서를 요한다.

④ 설계

단순히 포토샵을 열어놓고 그림을 그리는 것이 아니라 컬러, 폰트, 레이아웃, 이미지, 애니메이션 등 디자인 요소를 기획된 컨셉과 UI에 맞추어 흐름도, 스토리보드, 화면정의서 등을 설계한다. 스토리보드에는 다른 여러 문서 자체가 스토리보드 안에 들어가게 작성이 될 수도 있으며, 고객과 기획자가 공통으로 갖는 커뮤니케이션 도구가 되기도 한다.

⑤ 수행

변경관리 프로세스, 검수요청서 등이 수행된다.

⑥ 검수

검수 보고서 이후 변경 사항에 대한 수정 지시서, 변경 요청서를 내린 후 이에 대한 피드백이 완료되고 나면 작업이 완료 된다.

⑥ 종결

필요에 따라 최종보고서 또는 완료보고서를 작성하며, 프로젝트를 진행하는 과정의 산출물들을 요약 정리한다. 또한 사이트의 규모가 크거나 관리 및 운영에 관해 필요한 지식이 많다면 별도로 매뉴얼을 작성해 두는 것이 좋다.

---

7) 제안업체일반, 프로젝트 배경, 프로젝트 목적, 구축방향, 작업 내용, 프로젝트 일정, 산출물 내역, 프로젝트 인력 구성 등으로 이루어져 있다.

(2) 웹 사이트 개발 계획

웹 사이트 개발 계획 혹은 개발 주기 패러다임은 웹 사이트 개발 프로젝트를 진행하기 전에 결정해야 하며, 대표적인 개발 프로젝트 진행방법의 종류는 다음과 같다.

[표 6-2] SDLC 모델의 종류

구분	내용	접근방법
폭포수 모델 (Waterfall Model)	- 분석, 설계, 구현, 시험, 유지보수를 거치는 체계적이며 순차적으로 접근하는 방법 - 고전적 라이프사이클 패러다임 - 표준화된 문서, 양식으로 프로젝트 관리	하향식 접근 방식
프로토타이핑 모델(Proto typing odel)	- 개발 대상 시스템의 주요기능을 초기에 실제 운영모델로 개발하여 확대해 나가는 방법 - 점진적 개발방법	프로토 타입핑 적용 방식
반복적 모델 (Iterative Model)	- 사용자 요구 사항의 일부분 또는 제품의 일부분을 반복적으로 개발하여 최종 제품을 완성시키는 방법 - 여러 개발 팀들이 전체 시스템을 기능별로 나눠서 개발하고자 할 때 유용	반복적 접근 방식
증분형 모델 (Incremental)	- 한 시스템을 기능별로 여러 서브시스템으로 분리 - 이 서브 시스템을 구현하고 릴리즈 한 후 다음 서브 시스템을 구현해 나가는 방식	반복적 접근 방식
진화형 모델 (Evolutionary Model)	- 시스템이 가지는 여러 구성요소의 핵심부분을 개발한 후 각 구성요소를 개선 발전시켜 나가는 방법 - 시스템이 완성된 후에도 요구사항을 시스템에 적용 - 발견된 오류를 개선하기 위한 개발노력을 반복적으로 시행	프로토 타입핑 적용 방식
RAD 기법 모델	- 사용자의 주도로 요구사항 정의, 분석, 설계 - 코드 생성기에 의한 신속한 시스템 개발 기법 - 폭포수 모델, 프로토타이핑 모델, 나선형 모델을 통합 - 개발 프로세스 중에 반복할 부분, 횟수, 반복 완료시의 기준선을 사전에 정의	Baseline 적용 방식

SDLC에서 프로젝트 규모, 시간 및 비용, 생산성, 사용자의 요구사항을 고려하여 모델을 선정해야 한다. 또한 요구사항 재사용성, 개발 재사용성, 모델링 및 디자인 재사용성, 테스트 재사용성을 고려하여 SDLC의 재사용을 하여야 한다.

① 폭포수(Waterfall) 모델

폭포수 모델은 개발의 흐름이 마치 폭포수처럼 지속적으로 아랫방향을 향하는 것처럼 보인다는 데서 붙여진 이름이며, 검토 및 승인을 거쳐 순차적으로 개발이 진행된다.

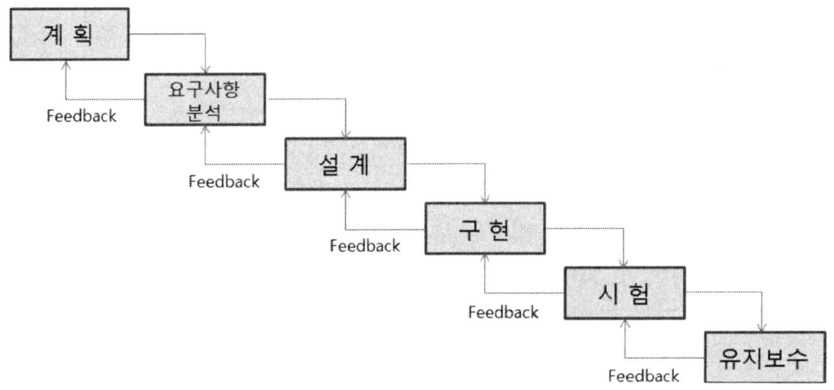

[그림 6-9] **폭포수 모델**

한번 떨어진 물이 거슬러 올라갈 수 없듯 각 개발단계에서 그 결과를 철저하게 검토하여 승인을 거친 후에 다음단계로 넘어가므로 다시는 이전 단계로 되돌아가야 할 상황이 발생하지 않아야 된다.

이러한 가정이 제대로 지켜질 경우 이 프로젝트는 주어진 시간 내에 가장 효율적으로 완료될 수 있다.

그러나 대부분의 기업은 초기에 사용자의 요구 사항을 정확하게 파악하는 것이 불가능하기 때문에 프로세스의 전면적 재작업 상황이 발생할 수 있다.

[표 6-3] **폭포수 모델**

구 분	내 용	산출물
계 획	프로젝트의 목표를 세우고 세부 행동 방안 마련	
요구사항 분석	시스템의 목표를 정하는 과정으로서 사용자의 요구사항을 정의하기 위해 시스템의 요구사항 수집	요구사항 명세서
설 계	요구사항 분석과정에서 모아진 요구사항을 설계도면에 옮기는 것으로서 물리적 실현의 첫 단계	설계 문서
구 현	코딩 또는 프로그래밍이라고 부르며 시스템의 기능이 수행 가능한 모습으로 나타남	컴퓨터 프로그램
시 험	- 품질 보증 활동의 중요한 부분으로서 사용자 요구사항, 구현, 설계의 전 과정에 대한 최종 점검을 포함 - 최소한의 시간과 비용을 투자해서 최대한의 확률로 오류를 찾아낼 수 있도록 함	테스트 계획
유지보수	- 변경 사항에 대해 적응하는 활동 및 변화에 대비하는 과정 - 유형에 따라 적응, 수정, 기능추가, 관리 유지보수로 나뉨	

초기에 사용자 요구 사항의 파악이 어려운 이유는 다음과 같다.

첫째, 아직 실제 웹 사이트가 존재하지 않는 상황에서 이루어지는 조사이기 때문에 사용자 자신도 스스로의 요구 사항을 자세히 알지 못하거나 표현하지 못할 수 있다.

둘째, 조사과정상의 커뮤니케이션 한계를 들 수 있다. 현재 다양한 조사 방법들이 개발되어 있지만 한두 번의 조사만으로는 사용자의 요구를 완벽하고 구체적인 수준까지 파악하는 것은 어렵다.

셋째, 시장 환경은 빠르게 변화하지만 웹 사이트 개발의 기간은 매우 길다는 점을 들 수 있다.

초기에 사용자의 요구가 어느 정도 파악되었다 하더라도 시간이 지남에 따라

그 요구는 바뀌어 있을 가능성이 크다.

폭포수 모델의 다른 문제점은 웹 사이트가 완성된 후 테스트가 가능하므로 웹 사이트의 완성 후 오류나 버그가 발견될 수 있다는 점이다.

사용자는 완성된 시스템을 사용하게 됨으로써 비로소 새로운 요구 사항을 가지게 될 수 있다.

② 프로토타이핑

웹 사이트 프로토타입(prototype; 원형)이란 기본적 속성과 구조를 가지지만 모든 콘텐츠를 포함하지는 않는 미완성 버전이나 중요한 기능들이 포함되어 있는 시스템의 초기 모델이다.

프로토타이핑은 개발 초기에 시스템의 모형을 간단히 만든 후 사용자에게 보여 주어 기기나 시스템을 직접 사용해 보게 한 뒤, 기능의 추가, 변경 및 삭제 등 조언을 하면 이를 즉각 반영해 사용자가 만족할 때까지 재구축을 반복해 나가면서 시스템을 개선시켜 나가는 방식이다. 핵심은 이러한 개선과정이 반복적, 순환적으로 이루어진다는 것이다.

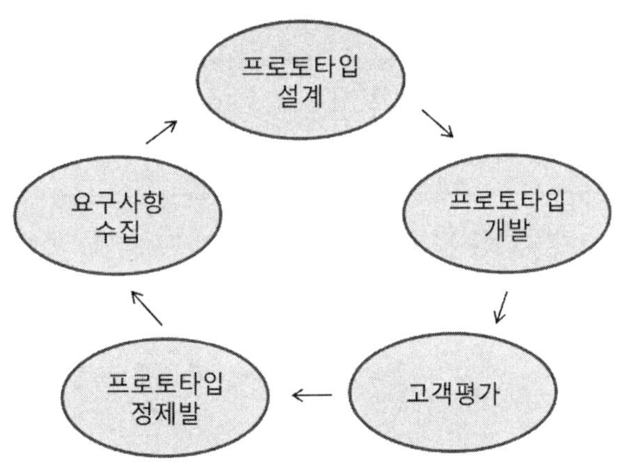

[그림 6-10] **프로토타입 모델**

고전적인 폭포수 모델에서는 개발자와 사용자 간의 커뮤니케이션이 보통 요구 파악단계와 테스트 단계에서만 일어나는데 반하여, 프로토타이핑에서는 상호작용이 무수히 일어나며 만족스러운 결과물이 나올 때까지 반복된다.

프로토타이핑은 목적에 따라 요구 분석 도구 활용 및 개발된 프로토타입을 지속적으로 발전시켜 최종 제품을 개발하는 진화적(evolutionary) 프로토타입과 실제 개발될 제품군을 직접 개발해 요구사항을 검증하는 실험적(experimental) 프로토타입으로 나눌 수 있다.

[표 6-4] **프로토타이핑 방법론**

구 분	내 용
저수준 프로토타이핑	- 빠른 시간 안에 프로토타이핑이 필요한 경우에 사용되는 방법 - 주로 페이퍼 프로토타이핑 기법이 활용되며, 적은 시간 및 작은 공간을 들여 구현
고수준 프로토타이핑	- 주로 사용자가 직접 참여한 사용성 평가 등에서 활용되는 방법 - 디자인의 시제품, 소프트웨어의 베타 버전 등 프로젝트의 최종 결과물과 유사도, 완성도가 높은 프로토타입을 활용하는 방법
수평적 프로토타이핑	- 세부적이지는 않지만 다양한 기능을 고려해 최종 결과물을 전반적으로 예상해 볼 수 있는 것
수직적 프로토타이핑	- 제공해야 할 많은 기능 중 주요 기능만을 선별해 세부 기능까지 자세하게 구현하는 방법
시나리오 프로토타이핑	- 몇몇 중요한 작업을 지정된 기능과 경로를 통해서만 실행되도록 해놓은 방법
래피드 프로토타이핑	- 제품 개발에 필요한 시제품을 빠르게 제작할 수 있도록 지원해 주는 전체 시스템

출처: 신동희, 휴머니타스 테크놀로지 재구성.

프로토타이핑 접근방법의 장점은 다음과 같다.

첫째, 웹 사이트의 구축 도중에 발생할 수 있는 중대한 디자인 및 기능적 오류

를 방지한다. 사이트가 공개된 이후에는 디자인 및 기능적 오류를 수정하는 데에 많은 시간과 비용이 소요되며, 브랜드에도 부정적인 영향을 미치므로 초기에 발견하여 고치는 것이 바람직하다.

둘째, 웹 사이트가 형성되기 전에 사용자들을 참여하게 함으로써 웹 사이트 및 웹 사이트의 잠재 고객들에 대해 책임감을 가지도록 한다. 그 결과로 사용자들의 욕구에 더욱 부합하는 사이트를 제작 할 수 있다.

셋째, 순환적 접근 방법은 신속함을 위해 고안되었기 때문에 몇 달 혹은 몇 주의 기간 내에 사이트가 만들어질 수 있다.

기업은 프로토타이핑 접근방법을 사용할 경우 고객에게 웹 사이트를 공개하기 전에 완전한 버전으로 완성할 것인지, 혹은 먼저 제한된 버전의 사이트를 이용하게 할 것인지에 대해 선택을 할 수 있다.

만일 웹 사이트의 출판이 시급하다면 고객들로부터 피드백을 제공받아 이후의 버전에 적용할 수 있다는 혜택을 가지는 제한된 버전의 사용을 선택할 것이다.

그러나 많은 기업들은 웹 사이트가 재검토되고 시장 테스트되어진 후, 전문적이고 완전한 버전의 사이트를 공개하는 쪽을 택한다.

그 이유는 완전한 버전의 출판이 브랜드나 기업의 이미지에 손상을 끼치지 않고, 안정성이 높기 때문이며, 이때에도 사용자로부터 피드백을 받아서 이후의 순차적인 개선을 하는 것이 가능하다.

하지만 단점으로는 프로토타이핑을 할 때 그 범위를 정하는 것이 모호하다는 것이다. 전체 기능이 다 작동되는 시제품을 만들어 테스트하면 코드 재사용성을 높이고 확실한 테스트를 할 수 있지만 개선안을 미리 뽑는다는 취지에서 벗어나게 된다. 반대로 최소한의 기능만 작동되는 시제품을 만들어 테스트하면 코드 재사용성이 떨어지고 테스트 범위가 협소할 수 있다.

③ 증분형 모델

폭포수 모델 변형으로 소프트웨어를 구조적 관점에서 하향식 계층구조의수준별 분류 개발 및 통합 방식 모델이다.

증분형 모델은 한 시스템을 기능별로 분리하여 여러 서브시스템으로 나눈 후 이 서브시스템을 구현하고 릴리즈 한 후 다음 서브시스템을 구현해 나가는 방식이다. 분리한 서브시스템을 하나씩 완성 한 후에 이 서브시스템을 결합하여 시스

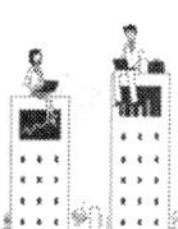

템을 완성해 나가게 되는데, 각 서브시스템을 하나씩 완성하여 릴리즈가 증가 해 나간다는 의미에서 증분형 모델이라고 불린다.

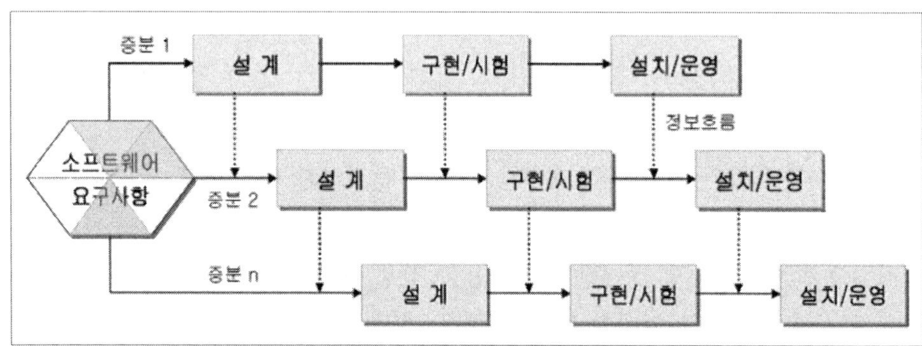

출처: 바보상자 블로그(blog.naver.com/PostView.nhn?blogId=seilius&logNo=130185785755)

[그림 6-11] **증분형 모델의 구성 및 프로세스**

④ 진화형 모델

시스템의 프로토 타입을 개발 하면서 지속적으로 발전시켜 최종 완성품을 개발하는 방식의 모델이다.

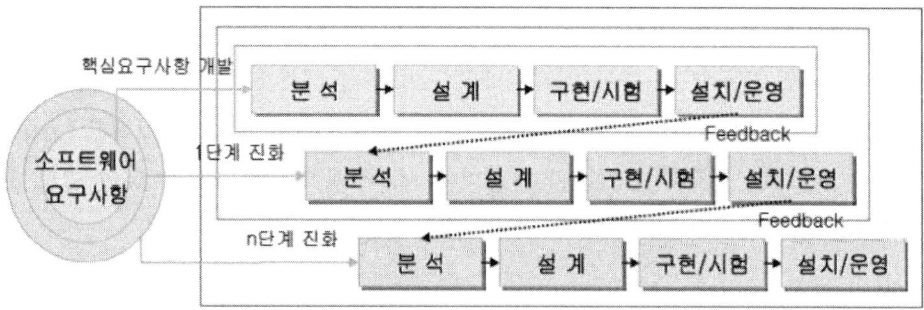

출처: 바보상자 블로그(blog.naver.com/PostView.nhn?blogId=seilius&logNo=130185785755)

[그림 6-12] **진화형 모델**

[표 6-5] **증분형 모델과 진화형 모델의 비교**

구 분	증분형 모델	진화형 모델
내용	여러 개발 팀들이 전체 시스템을 기능별로 나누어 개발하고자 할 때 유용	시스템이 완성된 후에도 요구사항을 시스템에 적용
적용 방법	시스템의 일부를 서브시스템화 하여 반복적 수행 개념을 결합하여 적용한 모델	시스템이 가지는 여러 구성요소의 핵심부분을 프로토타입으로 개발한 후 각 구성요소를 개선 및 발전시켜 나가는 방법
특징	- 폭포수 모델의 변형 - 병행 개발이 가능	- 프로토타입의 재사용하여 시스템 진화 - 고객 요구사항이 불명확 할 때 사용 - 전체적인 릴리즈 계획이 잡혀 있어야 함 - 증분 설계가 다음 설계에 반영
장점	- 대규모 조직에서 병행 개발로 인한 시간 단축 가능 - 고객의 개발과정 참여로 시스템 적응 및 이용성 확대	고객 요구사항 반영 용이
단점	- 과도한 증분 시 프로젝트 위험 증가 - 빠른 개발과정으로 신뢰성 약화 가능	고객 요구사항이 많은 경우 일정 지연

⑤ RAD 기법 모델

2~3개월의 짧은 개발 주기 동안 기술적 위험이 적은 소프트웨어를 개발하기 위한 순차적인 프로세스 모델이다. 폭포수 응용 형태로 컴포넌트 기반에 지원된다.

RAD 기법 모델은 요구사항의 이해 및 범위의 명확한 설정 시 신속하고 완전한 기능을 구현하는 것이 가능 기술적 위험 높을 경우에는 부적합하고, 적절한

모듈화가 필수이며, 책임감 있는 구성원이 필요하다.

[표 6-6] RAD 기법 모델의 구성요소

구성요소	내 용
분석 (JRP; Joint Requirement Planning)	- 사용자와 함께 Biz모델 작성 및 검토의 반복을 통한 분석 - 데이터 모델링, 프로세스 모델링 (1~2주)
설계 (JAD; Joint Application Development)	- 개략적 모델링 후 사용자와 함께 원형모델 개발, 수정, 보완의 반복을 통한 시스템 설계(3~5주)
구축/운영 (Cutover)	- 관련기술을 이용하여 시스템 구축 및 운영 - CASE(Computer-Aided Software Engineering) 사용

3) 웹 사이트 개발 과정의 실행

분석과 디자인 단계에서는 고객에게 만족스러운 경험을 제공하고 재방문을 유도하는 핵심적인 역할을 하는 웹 사이트의 성격이 결정된다는 점에서 가장 중요하다.

(1) 웹 사이트 개발 프로젝트의 초기화

① 프로젝트의 가능성 조사

출범 단계에서는 웹 사이트 제작의 가능성에 대한 검토가 이루어진다.

이것은 웹 사이트 개발 프로젝트의 시작 단계 기업의 인터넷마케팅 전략과 웹사이트 구축을 연결하는 전략적 계획 수립 과정의 일부이다.

특히 이 단계는 목표의 명확성, 명확하게 규정된 책임과 구조화된 경로, 비용과 효익의 검토를 통해 결정된 투자 규모, 그리고 테스트와 촉진 계획을 점검하

는 일종의 준비(setting) 단계라 할 수 있다.

또한 이 단계에서 이루어져야 하는 주요 사전 활동으로는 도메인의 등록, ISP(Internet Service Provider)의 선정, 개발 팀의 구성이 있다.

② 도메인의 등록

도메인은 ISP를 이용하거나 또는 직접 도메인 네임 서비스 기관들을 이용하여 등록할 수 있다.

국제 및 국내 도메인 등록을 대행하는 서비스 업체들은 많이 있으며, 한글 도메인도 등록이 가능하다.

③ 사이트를 호스트 할 적합한 파트너의 선정

대부분의 중소 규모의 기업들에게 있어서 ISP의 서버를 이용하여 사이트를 운영하는 것이 그들의 경제적, 관리적, 기술적 측면에서 유리하다.

이러한 경우 ISP가 제공하는 서비스의 질은 곧 웹 사이트에서 고객들에게 전달되어지는 서비스의 질에 직접적인 영향을 미치기 때문에 어떤 ISP를 선정하느냐의 문제는 단순한 문제가 아니다. 웹 사이트가 제공하는 서비스와 콘텐츠를 기대된 시간 내에 신속하게 안정적으로 전달하기 위해서는 호스트 업체의 서비스의 질이 높아야 할 것이다.

④ 프로젝트 팀의 구성

웹 사이트의 성공은 개발에 관여된 사람들의 범위(range)에 크게 의존하며, 그들이 팀으로서 얼마나 잘 조화를 이루어 협력하며 개발을 수행해 나가는가에 달려 있다.

따라서 어떤 프로젝트가 구성되어야 하며, 각각 어떤 책임들이 있어야 하는지를 명확하게 파악하여야 한다.

(2) 웹 사이트 개발을 위한 분석

분석 단계는 디자인과 사이트 운영의 최선의 방법을 찾기 위해 다양한 마케팅 조사기법을 사용하는 것을 의미한다.

웹 사이트는 기업의 전략적인 요구를 반영하여야 하며, 조직 구성원들의 업무

효율을 높일 수 있도록 지원할 수 있어야 하며, 사이트의 목표 고객 및 잠재 고객들의 다양한 욕구를 충족시켜 만족스러운 경험을 제공할 수 있어야 한다.

따라서 사이트 개발자는 웹 사이트의 전략적 위치를 충분히 이해하고 있어야 하며, 내부 사용자와 외부 고객의 요구사항 파악하기 위하여 충분한 조사와 분석을 수행하여야 한다.

이 단계에서는 기본적으로 다음과 같은 유형의 질문들에 대한 답을 찾아내야 한다.

첫째, 사이트 구조는 어떻게 설계되어야 하며, 사이트의 콘텐츠는 어떤 것이어야 하는가?

둘째, 사이트에서의 네비게이션은 어떻게 일어나야 하는가?

셋째, 이 사이트의 핵심 고객은 누구이며, 고객에게 어떠한 고객서비스 능력을 제공해야 하는가?

이러한 조사와 분석의 결과들이 디자인의 바탕이 된다.

그러나 분석과 설계 단계는 반드시 일방향으로 이루어지지는 않으며 프로토타이핑 과정의 매 단계에서 반복되어져야 한다.

사이트 디자인의 선택 또는 결정은 분석된 조사 결과들을 필요로 하며, 가장 최적화된 디자인을 얻기 위해서는 분석된 고객의 욕구 정보들이 반영되어야 한다.

분석단계의 결과들은 곧 설계의 지침이고, 설계 단계에서의 의사결정 문제들은 곧 조사와 분석의 과제이다.

분석과 설계는 구분된 활동이지만 상당한 중복이 존재한다.

성공적인 웹 사이트가 되기 위해서는 고객 지향적이어야 하며, 이는 마케팅 조사기법의 활용을 필요로 한다.

웹 사이트를 위한 분석은 구매자 행동의 다양한 유형에 대한 고려를 담고 있어야 한다.

예를 들어 목적지향적 탐색자는 검색이 용이한 사이트를 선호할 것이지만, 브라우징 중심의 탐색자는 직접적이고 공식적인 링크보다는 간접적으로 고객을 유인할 수 있는 보다 부드러운 접근 방법을 사용하는 것이 더 적합하다.

사이트 사용자들의 욕구를 확인하는 방법들은 사이트가 기업고객을 대상으로 하는지(B2B), 또는 일반 소비자를 고객으로 하는지(B2C)에 따라 다르다.

다수의 소비자를 대상으로 한 사이트라면 표적집단면접 방법이 유용할 것이고, 소수의 핵심 기업을 고객으로 하는 사이트라면 이들과 직접 대화하는 것이 가장 효과적인 방법일 것이다.

웹 사이트 설계와 관련된 보다 구체적인 요구를 파악하기 위해서는 기업들을 대상으로 한 설문, 핵심 고객들을 대상으로 한 비공식적인 인터뷰, 마케팅 담당자와의 인터뷰, 표적집단 면접(FGI: Focus Group Interview), 경쟁사 웹 사이트의 검토 등이 있다.

(3) 웹 사이트의 설계

사이트의 다자인은 사용자가 사이트를 경험한 후 평가하는 경험 품질을 결정하게 되므로 아주 중요한 요소이다. 만약 사용자들이 그 사이트에서 좋은 경험을 했다면 재방문할 것이고, 그렇지 못했다면 다시 들어오지 않을 것이다.

그러므로 좋은 사이트 디자인이란 좋은 경험을 제공할 수 있는 디자인이라 할 수 있다. 좋은 경험은 사이트 네비게이션과 정보검색의 용이성, 사이트의 그래픽 디자인이나 구성 등의 영향을 받는다.

그러므로 기업의 입장에서 웹 사이트 디자인은 기업의 전략적인 의미를 포함하고 있어야 한다.

디자인은 사용자의 욕구가 프로토타이핑 과정에 통합되어지는 과정이다.

디자인은 고객들의 검토에 의해 그것이 적절한지를 테스트해야 하며, 두 가지의 다른 방법으로 테스트 되어질 수 있다.

먼저 디자이너가 직접 손 또는 그래픽 프로그램을 이용하여 모니터 화면에 각 페이지의 디자인 원형(mock-ups)을 제작하여 그 디자인 원형을 가지고 테스트를 할 수 있다.

다른 방법으로는, 아직은 내용이 들어 있지 않은 골격 페이지(skeleton pages)들이나 다른 사이트의 일부로 이동할 수 있는 다양한 메뉴 옵션을 사용자들이 선택할 수 있는 정도로만 구성된 역동적인 프로토타입을 제작하여 테스트할 수 있다.

디자인 단계에서는 일반적으로 콘텐츠와 화면 구성, 사이트 구조와 네비게이션 등이 결정된다.

따라서 이 단계를 각각 내용설계, 화면설계, 구조설계, 항해설계로 구분하기도

한다. 이를 포함하여 설계 단계에서는 다음의 사항들을 고려해야 한다.

① 콘텐츠의 설계

웹 사이트 재방문의 주요 원인은 높은 품질의 콘텐츠에 있으므로 다양한 분석을 통하여 올바른 콘텐츠를 결정하는 것은 중요하다.

② 고객 지향적인 콘텐츠의 개발

웹 사이트는 고객 지향성을 기준으로 평가되기도 하므로 웹 사이트를 제작함에 있어서 고객 지향성은 매우 중요한 고려 사항이며, 고객들의 각기 다른 특성에 적응할 수 있도록 디자인되어야 한다.

고객 지향적인 콘텐츠의 개발은 각기 다양한 고객들의 특성을 모두 고려함으로써 특정 고객들이 소외되지 않도록 세심하게 배려하는 것으로부터 시작한다.

사이트의 고객 지향적인 콘텐츠를 위해서는 다음을 고려하여야 한다.

첫째, 고객이 제품 및 기업과 친밀해 질 수 있도록 해야 한다.

기업과 친숙하지 않은 고객들을 위해 고객이 궁금해 할 핵심 질문들에 대해 미리 대답할 수 있는 것이 중요하다.

또한 짧은 방문에서도 신뢰를 구축할 수 있도록 기업과 제품의 정체성을 나타낼 수 있어야 하며, 그들의 지속적인 방문을 독려하기 위해 제품, 가격, 시장에 관한 업데이트 된 정보를 제공하여야 한다.

둘째, 고객이 기업의 웹 사이트와 친밀해 질 수 있도록 해야 한다.

웹 사이트 도입의 단계는 인지(awareness), 흥미(interest), 평가(evaluation), 시도(trial), 도입(adoption)의 5단계를 거친다.

고객이 계속 사용자(regular user)가 되는 것은 오직 도입의 단계에서이다. 따라서 고객이 계속 사용자가 되기 쉬운 검색 사이트나 정보 사이트의 사용자들은 도입의 단계에 있다고 볼 수 있다.

모든 유형의 사이트 방문자에는 경험이 많은 사용자와 그렇지 않은 사용자가 있으므로 네비게이션 옵션은 양자 모두에게 이용 가능해야 한다.

셋째, 구매 과정에 있어서 고객의 단계를 파악하여야 한다.

웹 사이트는 각기 다른 구매 과정의 단계에 있는 상이한 고객들에게 다양한 정보적, 기능적 욕구를 지원할 수 있어야 한다.

넷째, 고객의 유형을 파악하여야 한다.

사이트는 고객의 관점에서 범주화되어 고객들이 정보를 쉽게 찾을 수 있도록 해야 한다.

금융부문에서 고객지향적인 콘텐츠 개발의 예로는 KB국민은행의 'KB 스타 스토리 통장'을 들 수 있다.고객 생애주기 변화에 따라 우대혜택을 주는 이 통장은 불과 출시 한 달 만에 10만좌를 돌파하는 성공을 이루었다.

[그림 6-13] KB국민은행의 KB스타스토리통장

③ 사이트의 구조

웹 사이트의 구조는 웹 페이지들에 콘텐츠가 정리되어 있는 체계를 뜻하며 사용자들이 웹 사이트를 이해하는 데 전반적인 틀로서 이용된다.

사이트 구조의 디자인은 후반기에 재정의 하려면 비용이 많이 들기 때문에 사이트 개발의 초기에 결정되어야 한다.

웹 사이트의 구조를 설계할 때에는 먼저 콘텐츠의 분류가 선행되어야 하며, 이

는 웹 사이트에서 제공하는 다양한 정보를 사용자가 가장 인식하기 쉽게 카테고리로 묶어서 정리하는 것을 말한다.

콘텐츠 분류가 이루어지면, 이 분류된 정보를 담은 웹 페이지들을 구조화하여 사용자들이 접근할 수 있도록 지원하는 페이지 조직화 체계가 필요하다.

이것이 바로 사이트의 구조인데, 이들은 크게 계열 구조, 계층구조, 네트워크 구조, 그리드(grid) 구조로 나누어진다.

계열 구조란 선형 구조로도 불리며, 일련의 정보를 순서와 차례에 의해서 보여주는 방식을 말한다. 이것은 웹 사이트가 하나의 주제를 순차적인 논리로 전개해 나갈 때 사용되는 방식으로, 어떤 순차적인 가이드를 제시하는 경우나 콘텐츠의 크기가 클 경우 많이 사용된다. 계열 구조는 순차적이므로 중요한 정보를 놓치지 않으나, 단순하고 단계적인 구조가 지루할 수 있으며, 주로 회원가입 등에 이용된다.

계층 구조란 웹사이트에서 가장 일반화된 구조로서 카테고리별로 사이트가 세분화되고 콘텐츠가 구체화되는 형태의 구조이다.

사람들은 일반적으로 계층구조적 사고를 전개하기 때문에, 계층 구조는 가장 효과적으로 정보를 조직하고 제공하는 방법으로 알려지고 있으며, 많은 사이트들이 이 방식을 채택하고 있기 때문에 사용자에게 익숙한 구조이다. 만약 정보 분류가 잘못되거나 분류가 너무 많을 경우에는 이용자에게 혼란을 줄 수 있다.

네트워크 구조란 개별 정보를 담은 페이지를 순서나 특정 구조 없이 수많은 페이지로 나열 해 놓은 구조이다. 웹의 하이퍼텍스트 기능에 의해 수평적으로 관련 페이지들이 연결되어 있기 때문에 사용자 스스로 각자의 욕구에 맞게 점진적으로 관련 정보를 탐색해 나가는 것이 가능하다. 그러나 이 구조에서는 고객이 사이트를 이해하기 어렵기 때문에 초기 홈페이지의 역할이 중요해진다.

그리드(grid) 구조란 계층 구조와 계열 구조가 혼합된 형태로서, 수평과 수직 형태로 링크 구조를 이루고 있다. 이는 정보를 관계형 DB로 모델링하여 일정한 기준에 따라 정리한 것으로 보통 검색기능을 이용하여 정보를 찾도록 지원한다. 이러한 구조는 방대한 전체 사이트의 하부 페이지나 정보들이 잘 구조화되고, 유사한 형태로 체계적으로 제공할 수 있을 때 많이 사용된다.

혼합계층구조는 전체적인 구조는 계층구조이나, 세부적으로 다른 구조가 혼합된 것이다.

④ 사이트의 네비게이션

네비게이션은 사용자가 웹 사이트 내에 있는 다양한 페이지를 이동할 수 있도록 지원하는 체계라고 할 수 있다.

웹 사이트 항해의 요소는 일관성(Consistency), 단순성(Simplicity), 정황 단서(Context)이며 서로 상호 보완적이라는 것을 주지해야 한다.

일관성은 웹 사이트의 모든 하부 페이지들이 동일한 방식으로 메뉴를 제공해야 함을 의미한다. 이러한 일관성이 유지되는 사이트에서 사용자는 웹 페이지간의 이동에 쉽게 익숙해 질 수 있다.

단순성이란 한 페이지 내에 너무 많은 이동 경로의 수를 제공하지 않는 것과 하나의 페이지에 다수의 상이한 종류의 콘텐츠를 제공하지 않는 것을 의미한다.

만약 계층 구조 상의 웹 페이지가 너무 많은 하위 페이지를 가지거나, 다른 페이지로의 링크를 많이 가지게 되면, 사이트에 익숙하지 않은 사용자는 어디로 이동해야 하는지를 파악하는데 어려움을 겪게 될 것이다.

[표 6-7] **네비게이션 기획 시 고려사항**

1. 쉽게 익히고 이해할 수 있어야 한다.
2. 현재 위치에 대한 정확한 정보가 제공되어야 한다.
3. 명확한 피드백이 제공되어야 한다.
4. 명확한 시각적 메세지가 제공되어야 한다.
5. 행동과 시간을 절약할 수 있어야 한다.
6. 사용자의 목적과 행동을 지원해야 한다.
7. 웹사이트의 목적에 적합해야 한다.
8. 일관성을 유지해야 한다.
9. 텍스트를 통한 명확한 의미 전달이 되어야 한다.
10. 보편 타당한 규칙이나 약속을 지켜야 한다.
11. 직관적인 구조가 유리하다.

출처: 더카 블로그(blog.naver.com/duckcalf)

정황 단서란 사이트 내에서의 사용자의 위치를 확인시켜 주는 정보를 말한다. 예를 들어, 옷을 파는 사이트는 고객이 치마를 보여 주는 페이지에 있을 경우,

해당 페이지의 상단에 'TOP/의류/여성의류/치마'라는 표시를 해 줌으로써, 고객의 현재 위치를 확인시켜준다.

또한 표시된 위치에 각 상위 페이지의 하이퍼링크를 제공하여 이동의 편의를 극대화하기도 하며, 메뉴항목의 색상을 반전시킴으로써 정황 단서를 제공하기도 한다.

⑤ 그래픽 디자인

웹 사이트의 그래픽 디자인은 스크린에 나타낼 수 있는 색상의 수, 고객의 컴퓨터가 지원할 수 있는 모니터의 그래픽 사양, 그래픽을 다운로드 하는 데 걸리는 시간, 사용되어지는 웹 브라우저의 종류 등의 요인들에 의해 심각하게 제한을 받는다.

그러므로 웹 사이트의 디자인은 제공할 수 있는 뛰어난 시각적 디자인과 이를 받아들일 수 없는 낡은 브라우저 사이의 지속적인 절충이라고 볼 수 있다.

이 문제를 피하기 위해서는 사용자에게 자신의 상황에 맞게 선택할 수 있는 '하이테크(high-tech)'와 '로우테크(low-tech)'의 옵션을 주어야 한다.

하이테크와 로우테크는 스타크래프트를 예로 들어 설명할 수 있다[8].

스타크래프트의 일반적인 1:1 개인전 중 섬멸전은 '유닛'을 가지고 상대방의 모든 생산건물을 부수면 이기는 게임이다. 상대방을 이기기 위해 유닛을 만들고 상대를 하게 되고 이는 자원채취와 이를 바탕으로 하는 각종 테크트리[9]를 올려서 이루어진다. 예를 들어 '충격탄 불곰'의 테크트리는 사령부와 병영과 기술실 그리고 기술실의 충격탄 개발과 불곰 생산에 필요한 미네랄과 가스 5가지 조건이 필요하다. '전투순양함'의 테크트리는 사령부와 병영 군수공장 우주공항 기술실 융합로, 그리고 전투순양함생산에 필요한 미네랄과 가스 7가지 조건이 필요하다.

하이테크와 로우테크는 무엇이고 차이점은 무엇일까? 하이테크는 앞서 말한 유닛 생산의 조건이 상대방보다 많아지게 되면 하이테크라고 한다. 로우테크는 유닛 생산의 조건이 단순해지지는 대신 그 유닛 생산을 위한 생산시설에 투자하고 자원채취에도 투자하면 로우테크가 된다. 프로토스플레이어가 우주모함을 뽑

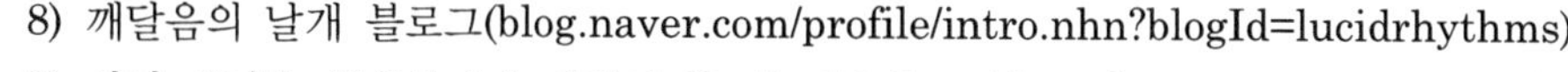
8) 깨달음의 날개 블로그(blog.naver.com/profile/intro.nhn?blogId=lucidrhythms)

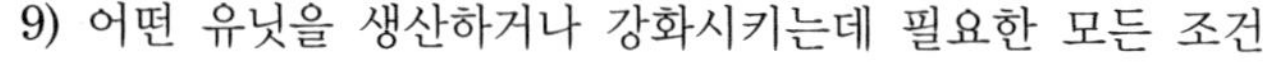
9) 어떤 유닛을 생산하거나 강화시키는데 필요한 모든 조건

고 상대 테란플레이어는 빠른 멀티와 다수 병영에서 다수 해병을 모아 상대한다면 하이테크와 로우테크의 예가 된다. 또한 2가지유닛을 조합하는 플레이어보다 5가지 유닛을 조합하는 플레이어가 좀 더 하이테크에 가깝다.

즉 하이테크는 유닛의 질을 추구하는 전략이며 로우테크는 양을 중시하는 전략이 된다. 로우테크는 하이테크에 비해서 유닛을 뽑기 위한 테크 확보를 후 순위에 두고 대신 자원채취율을 우선하며 동시에 현재 테크로 생산 가능한 유닛을 다수 뽑기 위한 생산시설테크를 늘리는데 투자한다.

하이테크와 로우테크는 상대플레이어와 비교해서 내가 어떤가 하는 상대적인 관점이라 할 수 있다. 그리고 일반적으로 하이테크를 가는 쪽이 공격주도권을 가진다고 할 수 있다

⑥ 브랜드 정체성

그래픽 디자인은 기술적 제한 외에도, 오프라인 브랜드와 일관성을 지녀야 한다는 제한을 갖는다. 일반적으로 온라인 브랜드 정체성은 오프라인 브랜드와 유사하기 때문에, 이를 그대로 지원해야 한다는 견해가 지배적이다.

그러나 오프라인과 차별화된 브랜드를 제공함으로써 그들의 웹 사이트를 차별화하는 경우도 있다. 동일한 정체성을 사용할 경우, 어떠한 이유로든 사이트가 사용하기 불편하다면 브랜드는 손상되어질 수 있기 때문이다.

따라서 질적으로 우수한 디자인을 개발하는 것이 이 문제를 해결할 수 있는 방법이다.

브랜드정체성 강화의 예로 비비크림 브랜드 '스킨79'는 2015년 본격적인 중국시장 진출과 함께 사명과 브랜드 로고를 변경하고 새로운 도약에 나선다. 스킨79는 사명을 '㈜위즈코즈'에서 '스킨79㈜'로 변경하고 사명과 브랜드를 통일해 브랜드 정체성 강화에 더욱 집중하였다. 스킨79 브랜드 정체성(BI)은 기존 영문 'SKIN'과 숫자 79의 조합이 브랜드 분별력이 떨어지고, 초기 코스메슈티컬 브랜드를 지향하며 병의원을 상징하는 마크도 스킨79가 토털 코스메틱 브랜드로 성장하며 그 의미가 어울리지 않아 불필요한 요소를 정리해 브랜드 고유성과 가독성을 높여 새롭게 디자인 됐다.

SKIN79 → SKIN79

기존 로고 새로운 로고

[그림 6-14] **브랜드정체성 강화를 위해 변경된 스킨79의 로고**

⑦ 지역화

웹 디자이너는 각 국가의 각기 다른 유형의 사용자들에게 어떻게 콘텐츠를 제공하느냐를 고려해야 한다.

지역화는 단순히 웹 콘텐츠를 다양한 언어로 제공하는 것만은 아니다.

더 나아가서 개별 국가들에 적절한 웹 사이트의 문화적 톤(tone)과 통하는 촉진기법을 사용해야 한다는 문제도 중요하다.

⑧ 서비스 품질

서비스 품질이란 상품 속성의 한가지 요소 뿐만 아니라 기업의 경쟁력을 높일 수 있는 전략 요인으로서 고객의 기대와 서비스의 결과이다.

고객이 기업을 평가하는 서비스 품질의 주요 요소는 다음과 같다.

첫째, 배려와 개별화된 주의를 제공하는 공감성(empathy)이다.

둘째, 직원의 지식과 친절함, 그리고 신뢰와 확신을 전해 주는 능력의 보장성(assurance)이다.

셋째, 고객을 돕고, 신속한 서비스를 제공하려는 의지의 응답성(responsiveness)이다.

넷째, 물리적으로 드러나는 편의성과 커뮤니케이션의 실체성(tangibles)이다.

다섯째, 믿을 수 있고 정확한 서비스를 수행하는 능력의 신뢰성(reliability)이다.

서비스 품질의 디자인에는 고객들에게 기대되어진 품질을 전달하기 위해 웹 사이트의 상호작용적인 부분을 설계하는 것도 포함된다.

여기에서 디자인은 웹 사이트에서 온라인 서식을 작성하는 고객들과 관계된 것, 이메일을 통하여 접촉해 오는 고객들과 관련한 것의 두 영역으로 적용될 수 있다.

[표 6-8] **고객이 서비스 품질을 평가하는 기준**

	정 의
Tangibles	서비스의 외형적 증거, 물적 시설, 장비
Reliability	약속된 서비스를 즉각적인 서비스로 제공하려는 의지
Security	위험, 의심으로부터 자유
Access	서비스에 접근 가능성과 접촉 용이성
Communication	고객이 이해할 수 있도록 정보제공, 고객의사 경청
Understanding the customer	고객과 그 욕구를 알려고 하는 노력
Competence	서비스를 수행하는데 필요한 기술과 지식의 소유
Courtesy	고객과 접촉하는 종업원의 친절한 배려, 공손함
Credibility	서비스 제공자의 진실성, 정직성
Responsiveness	고객을 돕고 즉각적인 서비스를 제공하려는 의지

출처: 효진 블로그(blog.naver.com/tomb_/20197526668)

(4) 웹 사이트 콘텐츠의 제작

사이트의 제작 단계는 합의된 디자인에 기초하여야 추후에 그래픽과 텍스트를 변경해야 할 필요가 줄어든다.

그러나 현실적으로 분석과 디자인이 진행 중인 상황에서 프로토타이핑 접근법이 사용된다면, 프로토타이핑 과정의 일부분으로서 몇몇 개발 활동이 필요할 수 있다. 이는 웹 페이지의 구성과 시각적 요소, 그리고 네비게이션 또는 메뉴 옵션을 먼저 디자인 하는 것을 말한다.

(5) 웹 사이트 콘텐츠의 테스트

마케팅 관리자는 웹 사이트 개발과 테스트에 대한 기본적인 인식을 가지고 있어야 하므로 웹 개발 담당자들과 의사소통을 해야 한다.

이는 마케팅 관리자가 기술적 용어들에 대해 어느 정도 알고 있어야 함을 의미한다.

개발자들은 각 단계의 중요성을 이해할 수 있는 직접적인 경험이 부족할 수 있기 때문에 마케팅 관리자들은 개발자들이 각 단계를 테스트하는 것을 감시해야 한다.

(6) 사이트 관리

웹 사이트가 구축되면 고객을 만족시키고 재방문을 지속적으로 유도하기 위해 체계적이고 적절한 관리 및 유지 활동을 필요로 한다. 웹 사이트는 기업과 고객이 상호작용하는 채널이므로 마케터 및 사이트 관리자의 활동이 매우 중요하다.

관리자는 고객을 만족시켜 재방문을 유도하기 위해서는 콘텐츠의 개발 및 조달을 체계적인 계획에 따라 이루어 높은 양질의 콘텐츠를 지속적으로 개발함으로써 사이트를 업데이트해야 한다.

경우에 따라서는 제휴 또는 계약을 통해 안정적인 콘텐츠의 공급원을 확보하는 것도 필요하다.

또한 웹 사이트 관리자는 고객들과의 상호작용을 통해 불만족을 일으키는 요소들을 제거해야 하며, 고객의 소리를 경청하여 변화하는 요구를 지속적으로 반영해야 한다.

마지막으로 사이트의 효율적인 관리를 위해 수요관리활동도 필요하다. 만약 늘어나는 수요에 대처하지 못한다면 고객 불만은 물론이고 고객을 경쟁사에게 뺏기게 될 것이다. 따라서 웹 사이트의 관리자는 수요변화에 따른 서비스능력을 확보해야 한다.

(7) 사이트 촉진

하루에도 수많은 웹 사이트가 신설되고 있다. 이러한 상황에서 막연하게 고객들이 자사 웹 사이트를 방문해 주기만을 기다리는 것은 안 된다. 웹 사이트의 관

리자는 표적 고객에게 자사 사이트의 존재를 적극적으로 알려야 한다. 사이트의 존재를 알리기 위해서는 인터넷 촉진관리를 통해 다양한 광고 및 PR활동을 펼쳐야 한다.

제 3 절 글로벌 인터넷마케팅 사이트

1. 국내 인터넷마케팅 사이트

1) 탑로그 (주) 애드게이트

[그림 6-15] 탑로그 홈페이지

Internet Marketing

(1) 특징

① **접속자 실시간 상담**

㉠ 메일과 게시판을 통한 수동적인 고객 응대 방식에서 탈피하여 실시간 상담을 통해 능동적인 고객 응대가 가능하다.

㉡ 회원가입 및 프로그램 설치 없이 웹사이트 접속자에 대한 완전 실시간 상담이 가능하다.

㉢ 웹사이트 접속자가 찾는 정보를 운영자가 찾아서 접속자 화면에 제공(URL, 파일)한다.

㉣ 웹사이트 접속자가 보고 있는 페이지 확인이 가능하다.

㉤ 운영자가 채팅 상담 도중 자리를 비워야 할 경우, 상담자 변경 기능을 통해 계속적인 상담이 가능하다.

㉥ 접속자의 웹사이트 접속시나 대화 요청시 운영자에게 알람 기능이 제공된다.

㉦ 채팅 상담 시 자주 사용하는 문구나 반복적 답변은 저장하여 빠른 시간내에 답변이 가능하다.

㉧ 운영자 부재중 설정, 상담내용 자동 및 수동 저장 기능이 제공 된다.

② **부정클릭 추적**

㉠ 녹색 접속자[10]를 분석한다.

㉡ InPrivate브라우징 및 쿠키를 제거하고 IP를 바꿔가며 접속하더라도 동일 컴퓨터로 정확히 인식하며, 해당 접속자의 사이트 접속을 차단하는 기능을 제공한다.

㉢ 부정클릭 접속자, 홈페이지 접속자 차단이 가능하다.

㉣ 환급요청 데이터 통계 자료를 제공한다.

㉤ 광고비 절감 효과가 있다.

---

10) 홈페이지를 열지 않고, CPC 광고를 클릭하여 광고비만 소진시키는 부정클릭 접속자와 "검색 bot" 같은 프로그램 접속을 말한다.

③ 실시간 로그분석

광고비 사용 내역, 녹색 접속자 분석, 현재 접속자에 대한 웹통계 실시간 분석, 광고 효과 측정, 세계최대 분석 항목, 접속자 분석엔진 실시간 검색, 경쟁사 분석모니터링, 키워드 팝업 등이 제공된다.

④ 내 광고 효과 분석

경쟁사이트 광고 키워드 정보제공, 광고 효과가 높은 광고 매체 확인 가능, 비용 대비 광고 성과 예측, 광고 비용 절감 등이 있다.

(2) 주요 기능

① 부정클릭

㉠ 홈페이지를 열지 않고 CPC광고를 클릭하여 광고비만 소진시키는 부정클릭 접속자와 검색 bot 같은 프로그램으로 접속하는 녹색접속자를 정확히 인식하고 분석한다.

㉡ 클릭 후 홈페이지에 접속하지 않는 키워드별 접속자 비율을 확인해서, 광고시간, 노출순위, 광고 중지나 변경에 참고할 수 있습니다.

㉢ 광고비 상세 사용내역 정보로 광고비가 갑자기 늘어난 이유를 분석하고, 매체 노출 파트너 선택, 키워드별 경쟁관계 분석 등을 확인하여 합리적인 광고운영을 할 수 있다.

㉣ 키워드별, 광고별, 매체별 부정클릭 비율을 확인을 통한 광고효과 비교와 함께, 고소나 환급자료로 활용하고, 지속적인 부정 클릭하는 특정 PC를 접속차단 또는 자동차단을 할 수 있다.

② 로그분석

㉠ 더블클릭으로 두 번 접속하거나, 홈페이지 접속 후에 새로고침(F5)의 숫자도 유입수로 잡는 타 로그분석과는 달리, 무의미한 데이터를 CPC광고 또는 유입으로 통계하지 않고, 필터링해서 정확한 로그분석이 가능하다.

㉡ 클릭 후에 홈페이지에 접속하지 않는 키워드별 접속자 비율을 확인해

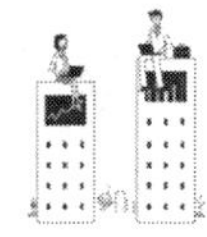

서, 각 키워드별, 검색엔진별, 광고종류별로 가장 합리적인 광고운영을 할 수 있는 정확한 데이터를 산출할 수 있다.

㉢ 광고를 통해 방문자의 수와, 구매한 방문자를 확인해서, 어떤 광고가 비용대비 매출 발생 기여도를 판단하여, 광고의 확대 또는 축소 등의 결정을 할 수 있다.

③ 실시간상담

㉠ 실시간으로 체류시간, 페이지이동, 키워드별 재 접속자의 대략적인 사이트 이용형태를 분석하여 전략적인 사이트 운영이 가능하다.

㉡ 홈페이지 접속자를 실시간으로 응대하여, 문의하는 고객의 궁금증을 신속히 답변해서 고객만족도뿐만 아니라 고객의 구매율을 상승시킬 수 있는 적극적인 마케팅이 가능하다.

④ 경쟁사이트 모니터링

㉠ 동종업계의 광고 노출 정보를 활용하여, 세부 키워드를 개발할 수 있다.

㉡ 세부 키워드를 다양하게 개발하여, 광고시 확장노출 광고비용보다 저렴한 기본노출 키워드 등록을 확대하고, 유입대비 광고비용을 30%이상 절약할 수 있다.

⑤ 키워드 팝업

㉠ 검색 키워드에 따라 팝업을 운영자가 원하는 이미지로 홈페이지 내에 노출 시킬 수 있다.

㉡ 키워드 접속자에 "시간, 위치, 노출페이지, 크기"에 따라 팝업이 노출된다.

㉢ 샘플이미지를 제공한다.

㉣ 노출할 키워드를 설정할 수 있다.

2) 뉴스캐스트

[그림 6-16] **뉴스캐스트 홈페이지**

뉴스캐스트의 기능 및 성공사례는 다음과 같다.

(1) 기본 언론홍보

뉴스캐스트는 150개의 언론사와 제휴하여 3,600개 기업의 홍보를 담당하고 있는 업계 1위의 기업이다.

기본 언론홍보의 성공사례로는 계란자조금관리위원회를 들 수 있다.

란산업 보호와 계란소비 촉진을 통해 계란 농가의 성장과 발전 도모를 목적으로 하는 계란자조금관리위원회에서 계란 소비를 장려하기 위한 계란 페스티벌 개최로 홍보 이슈를 발생했다. 행사가 가족 여행이 많은 여름휴가 기간에 있다는 점을 활용하여 여름 휴가 관련 이슈와 연결해 페스티벌에 많은 사람들의 관심을 유도할 수 있도록 보도자료를 작성했다. 이후 뉴스캐스트만의 독자적인 노하우로 보토자료 내용과 걸맞은 적합한 언론사 리스트업 후 보도자료 배포를 진행했다. 그 결과 4대 일간지를 포함한 총 16곳의 언론사에서 기사화되는 성공을 거뒀다.

[그림 6-17] **계란 페스티벌**

(2) NAVER 노출 언론홍보

NAVER 노출 언론홍보란, 보도된 뉴스기사가 포털 네이버에서 검색시 PC와 모바일(스마트폰, 태블릿PC)에 동시에 노출이 가능한 서비스이다. NAVER의 검색 포탈 점유율은 76%로 압도적 1위를 차지하고 있으며, 모바일을 통한 온라인 뉴스 소비는 꾸준히 증가하고 있다.

NAVER 노출 언론홍보의 성공사례로는 (주)성화를 들 수 있다. 겨울용 캠핑용품을 최대 50%까지 할인 판매하는 이벤트를 실시하였는데, 크리스마스 시즌과 계절이슈에 맞추어 겨울 캠핑용품을 할인하고 있다는 이벤트 기사 작성 및 릴리즈를 실행하였다. 그 결과 다수의 언론사를 통해 보도 되었고, 핵심 키워드인 '겨울 캠핑'과 주요 캠핑 키워드 검색 시 포털 네이버의 PC와 모바일에서 동시에 최상위 노출이 되었다.

(3) NAVER 노출 메이저 언론홍보

NAVER 노출 메이저 언론홍보란, 기업의 홍보 이슈가 메이저 언론사 위주로 보도되는 것을 보장하며, 특히 포탈 네이버에서 검색시 노출이 가능한 서비스이다.

NAVER 노출 메이저 언론홍보의 성공사례로는 떡보의 하루/ 빙수야(디저트카페)를 들 수 있다. 최근 전문빙수 업체가 급증하는 가운데 대형 브랜드들 사이에서 하나의 브랜드로 입지를 굳히고자, 타 업체의 메뉴들과 차별화 된 신 메뉴를 부각하여 홍보하고자 하였다. 수많은 빙수 브랜드들 사이에서 소비자들에게 어필 하기 위해 메뉴의 차별성을 중점 공략하고 신뢰도 높은 메이저 언론사 네트워크를 통해 보도자료 릴리즈가 필요하다고 판단하였다. 그 결과 메뉴의 차별성을 강조한 보도자료가 기자들에게 어필되며 다양한 언론사들을 통해 기사화 되었다. 특히, 조선일보, 매일경제, 한국경제 등 4대 일간지 및 2대 경제지를 포함하여 주요 메이저 언론사를 통해 보도가 됨과 동시에 국내 포털 1위인 네이버에서 다양한 키워드로 상위노출 되었다. 이것은 검색 점유율과 신뢰도 두가지를 동시에 공략하여 소비자들에게 성공적으로 기업 브랜드를 각인시킨 홍보케이스이다.

(4) NAVER 노출 동영상 언론홍보

NAVER 노출 동영상 언론홍보란, 기업의 홍보 동영상이 보도자료와 함께 동영상 뉴스로서 보도되는 것을 보장하는 서비스로서, 특히 네이버에서 검색시 노출이 가능한 서비스이다. 동영상기사는 텍스트, 이미지보다 주목도가 높으며 글로 표현하기 힘든 메시지를 효과적으로 대중들에게 전달할 수 있다. 기업 홍보 영상, 제품 소개 영상, 행사 리뷰 영상, 인터뷰 영상 등 다양한 영상을 활용할 수 있다.

NAVER 노출 동영상 언론홍보의 성공사례로는 클럽비발디를 들 수 있다. 수상 레포츠 전문 기업 클럽비발디에서 여름 휴가 시즌을 맞이하여 다양한 수상 레저 활동을 즐길 수 있는 특색을 전달할 홍보 니즈가 발생하였다. 그래서 영상에 익숙한 젊은 타겟층에 맞춰 생동감 있는 수상 레포츠 동영상을 활용하여 뉴스기사를 릴리즈하고, 젊은층에게 신뢰감있는 정보 전달과 함께 시각적인 메시

지를 전달하였다. 그 결과 뉴시스, 이뉴스투데이, 이데일리, 이버즈 등 다양한 매체를 통해 클럽비발디만의 여름 레포츠 상품을 알렸으며, 동영상 삽입으로 수상레포츠를 생생하게 전달하는데 성공하였다.

뉴스캐스트는 이외에도 조회수 보장 언론홍보, CEO 인터뷰 언론홍보, 기자간담회 서비스, 통합마케팅 패키지, 여성 타겟 통합마케팅 패키지 등 많은 기능과 성공사례들이 있다.

3) 후이즈

㈜후이즈는 1999년 국내 최초 도메인 등록 서비스를 시작으로 호스팅, IDC, e메일솔루션, 쇼핑몰구축솔루션, 그룹웨어 등 인터넷 비즈니스에 필요한 인프라 서비스를 제공하고 있으며, 오랜 기간 축적된 경험과 기술력을 바탕으로 50만 기업에 도메인을 비롯한 다양한 비즈니스 솔루션을 제공하고 있다. 또한 일본 현지법인 '후이즈 재팬'으로 해외시장에 진출하는 등 글로벌 사업 역량을 갖추며 성장하고 있다.

[그림 6-18] 후이즈 홈페이지

(1) 후이즈마케팅 서비스

후이즈마케팅은 마케팅 전문가들이 함께하는 마케팅센터이다. 단순한 광고대행에 그치지 않고 고객의 업종, 시장현황, 광고예산 등을 종합적으로 분석하여 각각의 고객에 맞는 최적의 전략을 제시하고 온,오프라인을 아우르는 마케팅 전략을 기획, 집행한다.

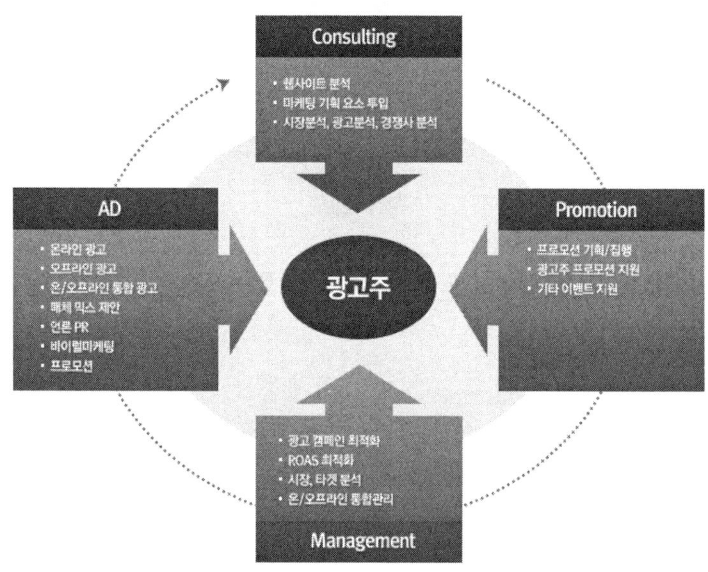

[그림 6-19] **후이즈 마케팅 서비스**

(2) 후이즈통합마케팅

후이즈 마케팅 센터는 검색광고, 쇼핑광고 등 온라인 광고는 물론 바이럴마케팅, 언론홍보, 오프라인 광고 등 다양한 광고 영역을 통해 최적의 마케팅 효과를 지향하는 통합마케팅 솔루션을 제공한다.

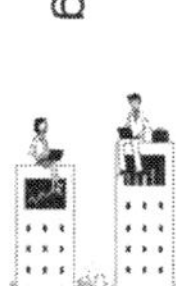

[그림 6-20] **후이즈 통합마케팅**

(3) 쇼핑몰 고객을 위한 후이즈통합마케팅

후이즈마케팅센터의 쇼핑몰 전문 마케터가 쇼핑광고 입점부터 광고까지 최적의 통합 마케팅을 컨설팅 한다.

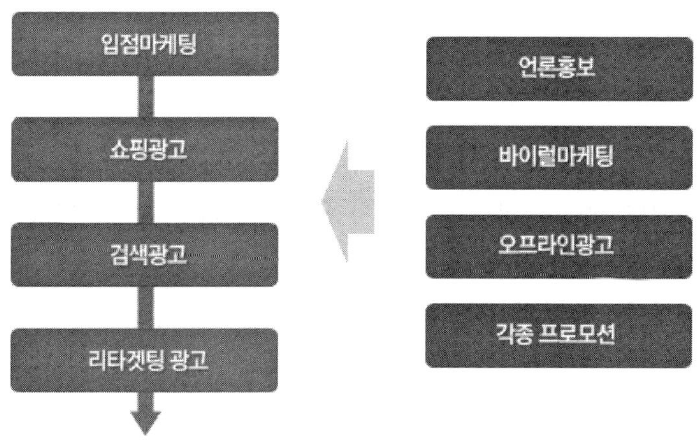

[그림 6-21] **쇼핑몰 고객을 위한 후이즈통합마케팅**

2. 해외 인터넷마케팅 사이트

1) 글로임

[그림 6-22] **글로임 홈페이지**

주식회사 글로임은 수출을 희망하는 중소기업의 해외 진출을 위한 온라인 해외 마케팅 전문업체이며, 검색엔진최적화(SEO), 해외광고(CPC), 소셜미디어마케팅(SMO), 보도자료 배포(e-PR) 서비스를 제공한다.

(1) 검색엔진최적화(SEO; Search Engine Optimization)

유명 검색사이트에 홈페이지 및 모바일 웹페이지가 상위에 랭크 될 수 있도록 적용하는 기술을 말한다.

검색엔진최적화 서비스 특징은 다음과 같다.

① 다국어 검색 키워드 대응

영어, 중국어, 일본어 등 다양한 다국어 키워드로 해외 검색엔진 대응이 가능하다.

② 전 세계 검색엔진 대응

구글(전 세계), 야후(일본, 대만, 홍콩 등), 바이두(중국), Yandex(러시아) 등

전 세계 검색엔진 대응이 가능하다

③ **소셜미디어최적화(SMO)**

페이스북, 트위터, 구글플러스, 링크드인, 플리커, YouTube 등 다양한 소셜미디어를 최적화하고 홈페이지와 연동한다.

④ **모바일을 위한 최적화**

데스크톱과 모바일용 페이지를 구분하여 정확히 검색사이트에 색인되도록 하며 사용자 접속 환경에 따라 알맞은 페이지가 보여지도록 한다.

⑤ **구글애널릭틱스 및 웹마스터도구 활용**

검색엔진최적화 효과를 실시간으로 확인할 수 있는 구글 애널릭틱스와 웹마스터도구를 연동한다.

검색엔진최적화 주요서비스는 다음과 같다.

① **명확하고 독창적인 타이틀의 사용**

페이지의 콘텐츠를 정확하게 설명하고 페이지마다 고유한 title 태그를 작성한다. 또한 간결하면서 페이지 내용을 포함한 제목을 작성한다.

② **desciption 메타 태그 최적화**

페이지의 내용을 정확하게 요약한 각 페이지마다 내용에 맞는 고유한 desciption을 작성한다.

③ **페이지의 URL 구조 개선**

URL에 단어를 사용하고 단순 디렉토리 구조를 만들고 특정 문서에 도달하기 위한 한 가지 형태의 URL을 제공한다.

④ **사이트의 구조 개선**

자연스러운 계층 구조를 만들기, 이동 경로를 위해 텍스트 링크를 사용, 사이트에 HTML 사이트맵과 XML사이트맵 파일 사용, 유용한 404 페이지 사용으로 사이트 내에서 이동하기 쉬운 구조로 개선한다.

⑤ **사이트의 콘텐츠 최적화**

읽기 편안한 내용 및 구성, 주제에서 벗어나지 않게 구성, 새롭고 고유한 콘텐츠 작성, 검색엔진을 위한 것이 아닌 사용자를 위한 콘텐츠 작성으로 우수한 품질의 콘텐츠가 제작되도록 고객사에 제안하여 보완해 나간다.

⑥ **앵커 텍스트 최적화**

앵커 텍스트는 사용자가 링크 결과로 볼 수 있는 클릭 가능한 텍스트이며 앵커텍스트의 최적화로 사용자와 검색 엔진에게 링크하려는 페이지에 대하여 알려준다.

⑦ **이미지 및 제목 태그 최적화**

간결하면서도 설명적인 이미지 파일 이름과 alt 텍스트를 활용하고, 적절한 제목 태그를 활용하여 중요한 부분을 강조한다.

⑧ **robots.txt 활용**

검색에 노출이 필요하지 않은 부분을 robots.txt로 제어하며 구글웹마스터 도구와 연동하여 관리한다.

(2) 글로벌마케팅

영어권, 중국, 일본으로의 광고 진행을 원하시는 고객님께 각 국가에 최적화된 광고 상품과 마케팅을 제안한다. 각 국가 주요 포털의 키워드 광고부터 바이럴 마케팅까지 다양한 마케팅 수단을 제공하며, 실제 해외 광고 효과를 분석하고 고객에 적합한 마케팅 방향에 대하여 프로세스를 수립하는 등 해외 맞춤 컨설팅 서비스를 제공하고 있다.

(3) 다국어홈페이지제작

다국어홈페이지제작의 서비스 특징은 다음과 같다.

① **검색엔진 최적화(SEO)**

Google, Yahoo, bing, baidu 등 국외 검색 사이트에 잘 노출될 수 있도록 검색엔진 최적화를 적용한다.

② 다양한 해외 마케팅 기업

인터넷 국외 마케팅 방법의 기술이 있다. 국외 검색사이트 및 글로벌 마켓플레이스에 기업 블로그를 함께 제작하여 검색효과를 높이고 있다.

③ 템플릿 NO! 맞춤형 디자인

이미 만들어 놓은 템플릿이나 저가형 홈페이지가 아닌 철저한 기획으로 기업에 맞는 디자인 콘셉트 및 콘텐츠 구성을 제안하여 맞춤형 제작을 지원한다.

④ 웹 표준화

국외의 다양한 웹 브라우저와 기기로 접속하더라도 홈페이지가 이상 없이 구현되도록 웹 표준화 코딩을 적용한다. W3C 웹 표준화 인증을 진행한다.

⑤ 웹 접근성

홈페이지 제작 시 웹 접근성을 준수하여 제작한다. 2013년 모든 법인으로 확대된 [장애인차별금지 및 권리구제 등에 관한 법률] 시행령으로 웹 접근성은 선택이 아닌 필수사항이 되었다.

⑥ flash대체 기술

용량이 크고 아이패드, 아이폰에서 보이지 않는 flash는 사용하지 않고, flash를 대체할 수 있는 HTML5, CSS3, jQuery 기술을 활용한다.

다국어홈페이지제작의 주요 서비스는 다음과 같다.

① SEO 홈페이지

SEO(Search Engine Optimization)는 세계 유명 검색사이트의 검색엔진에 최적화되도록 적용하는 기술이다. 구글, 야후, MSN 검색로봇(Spider)이 쉽게 인식할 수 있는 웹 표준과 검색엔진 최적화를 고려하여 제작한다.

② 기획

기초 수집된 자료를 기획하여 방문 및 내방으로 최소 2회 이상의 대면 회의를 통해 진행한다.

③ 프로그램

회원관리, 게시판, 자료실, 제품관리, 온라인상담, 주문/견적 등 고객이 원하는 프로그램을 구축한다.

④ 해외 마케팅

구글, 글로벌 마켓플레이스에 등록되어 있다.

⑤ e-카달로그

보유하고 있는 카탈로그를 e-book형태로 변환하여 준다.

⑥ SEO 사이트관리 페이지

사이트 관리자 권한을 제공하므로, 사이트 관리가 쉽고 간단하다.

2) 엠포털

중국 전문마케팅 대행사로서 중국 진출을 위한 다양한 마케팅을 직접 기획하고 현지 마케팅사와의 제휴를 통해 고객사가 효과적으로 마케팅을 진행한다.

[그림 6-23] 엠포털 홈페이지

Internet Marketing

(1) 중국 마케팅

중국 마케팅의 유형은 다음과 같다.

① 중국에 최적화된 맞춤 마케팅

네이버처럼 온라인을 묶어주는 확고한 마케팅 채널이 존재하지 않는 중국의 독특한 온라인 생태계에 맞추어 각각의 타겟 및 상품(브랜드)에 맞춘 맞춤 마케팅을 진행한다.

② 중국에 맞춘 감성 마케팅

중국인의 시각에 맞춘 바이럴마케팅을 진행하여 마케팅효과를 더욱 극적으로 높여 주며, 스토리텔링을 통한 마케팅으로 예상고객층에게 쉽게 기억하고 오래 기억할 수 있도록 마케팅을 진행한다.

③ 다양한 채널을 통한 통합 마케팅

키워드 마케팅 하나만의 채널이 아닌, 포털, 바이럴, 서포터즈, 오픈마켓 입점, 가격비교 사이트, SNS를 통한 통합 마케팅을 진행하여 많은 예상고객층에게 상품 및 브랜드 정보가 노출되도록 마케팅을 진행한다.

(2) 중국 검색 광고

바이두 키워드 광고는 중국 온·오프라인 광고 매체 중에 가장 효율적이고 대중적인 광고이다. 중국 온라인 광고 비용은 한국 대비 결코 저렴하다고 할 수 없으나, 검색 광고의 광고단가(CPC)는 아직까지는 다른 광고 매체에 비해 경쟁력이 있으며, 관리 능력에 따라 충분히 효율적인 운용이 가능한 광고시스템을 제공한다.

바이두 광고의 특징은 다음과 같다.

① 키워드 광고(CPC)

검색 고객에게만 노출이 되는 정확한 타겟팅 광고로 비용대비 최대효과를 내며 검색시 바이두 최상단에 노출함으로 광고효과의 극대화가 된다.

② 브랜드 광고

키워드 검색 시 브랜드에 대한 다양한 정보전달로 브랜드의 가치제고를 한다. "브랜드명, 로고, 브랜드설명, 관련링크, 이미지배너"의 형태로 노출한다.

③ 제휴 네트워크 광고

바이두 제휴사에 브랜드의 카테고리에 맞춰 다양한 형태(이미지, 플래쉬, 팝업 등)로 타겟 마케팅을 진행한다.

④ 바이두 검색엔진 최적화(SEO)

바이두 검색엔진에 최적화하여 콘텐츠 및 홈페이지(쇼핑몰)를 노출하며, 공략 키워드 선정 후 다양한 최적화 작업을 진행한다.

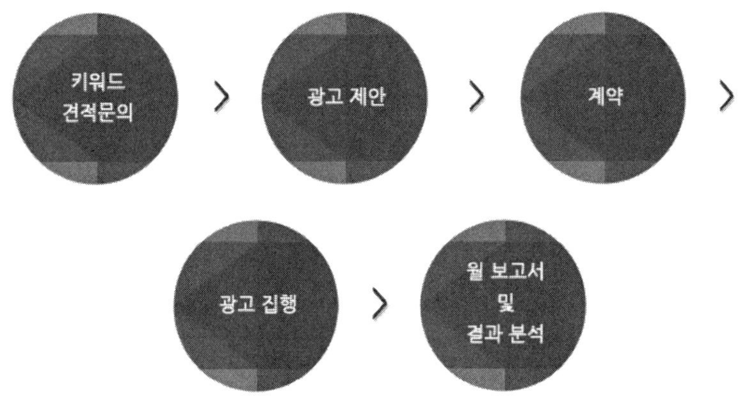

[그림 6-24] **키워드광고 진행 프로세스**

Internet Marketing

INTERNETMARKETING

제 7 장 인터넷마케팅의 효과 측정

제 1 절 인터넷마케팅의 온라인 측정

1. 인터넷마케팅의 효과 측정

인터넷마케팅 효과측정이란 자사의 웹 운영 또는 인터넷 광고를 통해 얼마나 많은 트래픽이 유발되었는지, 소비자가 어떠한 경로를 통해 어떠한 페이지에 관심을 보였으며, 어떤 유형의 배너광고가 보다 많은 인터넷 사용자에게 소구하는지 또는 주기적으로 특정 사이트를 방문하는 이용자는 어떤 특성을 지니고 있는지 등에 관한 자료들을 모으는 것이다.

기업이 인터넷을 마케팅 매체로서 활용하는데 인터넷을 다른 매체와 구별되게 하는 가장 큰 특징은 측정 가능성(measurability)이다.

마케터는 사용자들의 클릭(click)의 수, 페이지뷰(page view)의 양, 구매상황 등을 실시간(real time)으로 추적할 수 있으므로 고객을 개별적으로 분석하여 1 : 1(One to One) 마케팅을 구현할 수 있다.

인터넷에서의 측정은 마케터 및 광고 에이전트(agent)들의 업무방식에 다음과 같은 효과를 줄 것이다.

첫째, 초기에 마케팅의 영향 정도를 평가할 수 있다.

대규모의 영업이나 광고캠페인에 대한 투자가 이루어지기 전에 효과적이 되도록 의사결정을 바꾸게 하여 마케팅 업무를 수행하는데 있어서 유연성을 제공한다.

둘째, 보다 정확한 측정은 마케팅 투자비용에 대한 그 효과를 알 수 있게 해 준다.

즉 효과를 나타내는 마케팅과 그렇지 못한 마케팅을 쉽게 구별해 줄 수 있게 하며 또한 그렇게 된 이유를 알 수 있게 한다.

마케팅 방법에 있어서도 광고주들은 사용자들의 반응에 따라 좋은 방향으로 갱신하게 된다.

1) 온라인 측정 방법

(1) 웹 로그 파일 파일

방문자가 웹 서버에 접속할 때 생성되는 파일이다. 웹 서버는 웹 서비스에 대한 요청과 제공에 대한 기록을 모두 로그 파일이라는 파일에 저장한다.

따라서 로그 파일을 읽어보면 누가, 언제, 어디서, 무엇을 요청했고 가져갔는지를 알 수 있으며, 웹 서버에 얼마나 많은 사람이 언제 어디에서 왔으며, 무엇을 제일 좋아하고 싫어하는지 등을 읽어낼 수 있다.

이러한 로그 파일은 웹 서버가 지정하는 곳에 위치하며 웹 서버 관리자가 웹 서버를 설치할 때 로그 파일의 위치와 기록 방법 등을 지정하게 되어있다.

따라서 고객의 사이트에 접속한 후부터 접속을 종료할 때까지 시스템 상으로 고객이 어떠한 행동을 했는지 알 수 있다.

(2) 로그의 종류

① 액세스 로그(Access Log)

가장 기본적으로 이용되는 웹 로그로서 누가, 언제, 왜 웹사이트에 방문했는지 등의 자료를 제공한다.

웹 사이트에 접속한 방문자가 각 파일들을 요청한 목록을 기록해 놓은 것을 의미한다.

② 레퍼럴 로그(Referer Log)

방문자가 어떤 웹사이트를 경유하여 자사의 홈페이지를 방문하였는지, 어떤 검색 엔진으로부터 어떠한 키워드를 통해 자사의 홈페이지를 발견하고 방문을 하게 되었는지를 알게 된다.

따라서 기업은 다른 웹사이트의 링크를 활성화시키거나 자사의 홈페이지의 키워드 배치를 조정하여 방문 효과를 높일 수 있다.

③ 에이전트 로그(Agent Log)

웹 사이트에 접속한 방문자의 웹브라우저의 종류, 이름, 버전, OS, 화면 해상도 등의 컴퓨터 환경정보를 제공한다.

④ 에러 로그(Error Log)

요청한 홈페이지가 없거나 링크가 잘못되는 등의 오류가 있을 때 생기는 파일이다.

인터넷마케팅 관리자는 이러한 에러 로그를 참조하여 링크 상황이나 CGI 프로그램의 오류 등을 고쳐 고객들의 화면 인터페이스를 개선할 수 있다.

⑤ 쿠키(Cookies)

방문자의 웹사이트 이동 경로 등에 대한 저보를 저장해 놓은 작언 텍스트 파일이다.

(3) 웹 로그 분석을 통한 인터넷마케팅의 효과 측정 방법

① 히트수(hits)

히트수는 웹사이트 분석(Traffic) 산출 기준으로 방문자가 해당 사이트에 접속하는 횟수를 말하는 것으로 한 페이지를 전송할 때 그 안에 포함된 그래픽, HTML, 텍스트 블록 등의 모든 파일이 피트로 계산된다.

하지만 홈페이지를 한 번 방문하여도 여러 번의 히트수로 기록될 수 있으며, 그 페이지가 가지고 있는 파일 수에 따라 편차가 크게 나기 때문에 이러한 히트의 수치는 유의적인 정보를 제공하지 못한다.

② 페이지뷰(page view)

페이지뷰는 하나의 HTML 문서를 보는 것을 말한다. 배너 광고가 포함되어 있는 웹페이지가 사용자에게 전송된 수를 기록하는 방법으로 배너 광고가 포함된 페이지가 한 번 전송되면 일단 광고가 사용자에게 노출된 것으로 간주해 효과적으로 측정할 수 있는 장점을 가진다.

광고 측정에서는 이러한 페이지뷰를 임프레션(Impression)이라는 단위로 기록하고 있다.

페이지뷰는 현재 웹 사이트를 평가할 수 있는 단위기준으로 가장 많이 사용되고 있다.

③ 체류시간(duration time)

체류시간은 인터넷의 쌍방향적 속성을 근거로 하는 독특한 효과 측정 방법으로 한 방문자가 특정 웹 페이지에 얼마나 오래 머물렀는가를 시간을 기준으로 기록하는 것을 말한다.

체류시간이 길다는 것은 그 페이지에 대한 관심이 많다는 것을 의미한다고 생각할 수 있기 때문에 콘텐츠 분석과 관리 등에 효과적으로 이용될 수 있다.

그러나 인터넷 이용자들이 여러 개의 브라우저를 동시에 띄워놓은 상태에서 작업을 하는 경우가 많기 때문에 이의 정확한 계측을 위해서는 아직 많은 기술적 해결 과제가 있는 것으로 지적된다.

④ 세션(session)

세션은 한 방문자가 특정 웹 사이트에 접속해서 일련의 페이지들을 연속적으로 본 후 다른 사이트로 이동하는 과정을 하나의 방문으로 기록하는 것을 말한다.

일단 사용자가 일정 기간이 지난 후에 다시 해당 웹사이트에 접속하면 이는 또 다른 방문(Visit)으로 추가된다.

세션(Session)은 히트(Hits)와는 달리 한 사용자에 의한 일련의 페이지 접속 과정을 하나의 개념으로 처리함으로써 실제 사용자 수에 관계없이 접속 숫자가 부풀려지지는 등의 폐단을 방지한다.

또한 앞서와 같은 이유로 실제 방문자 수의 파악이 불가능한 경우 비교적 정확한 사용자 현황을 추산할 수 있다는 장점이 있다.

⑤ 방문자 수(visitor)

방문자 수는 실제로 일정 웹 사이트에 한 번 이상 접속한 사용자 수를 파악하는 방법으로 방문자의 증가추이 및 충성고객 등을 파악하는 데 있어 중요한 요소이며, 히트(Hits) 보다는 더욱 정확한 효과 산출 결과를 나타낸다.

쿠키(Cookie)나 사용자 등록(user registration)을 통해 방문자의 방문 경로 및 웹 사이트 방문 행태를 분석함으로써 얻어진 정보는 웹 사이트의 콘텐츠 관리 및 전략수립에 이용된다.

그러나 쿠키의 경우 보완이나 프라이버시 문제에 봉착할 수 있으며, 사용자 등록의 경우 허위 정보의 유입이나 정보 누출들의 이유로 인한 한계가 있다.

⑥ 클릭수(Clicks)

클릭수(Click)나 체류 시간(Duration Time)과 같은 기준은 인터넷의 쌍방향적 속성을 근거로 하는 독특한 방식을 채택함으로써 차세대 인터넷 광고의 기준으로 제시되고 있다.

먼저 클릭수(Clicks)는 사용자들이 실제로 일정 웹사이트의 배너 광고를 클릭한 수를 자동적으로 웹 서버(Web Server)에 기록하여 이를 기준으로 인터넷 광고 효과를 측정하는 방법이다.

⑦ 거래 수(Transaction Count)

인터넷을 통하여 발생한 실제 거래 수를 측정하는 방법이다.

이 방법은 실제 인터넷 상거래를 한 회사에서 매달 혹은 분기별, 연도별로, 일반 거래 시와 마찬가지로 인터넷 상거래 내역을 따로 뽑아 관리하기 위해 사용한다.

거래가 발생한 숫자뿐만 아니라 이로 인해 발생한 총 영업 거래 매출 등 다양한 영업 내역을 측정하여 관리할 수 있다.

⑧ 임프레션(impression)

배너 광고에 노출된 횟수를 의미하며, 꼭 그 배너광고를 보았다는 것을 의미하지는 않는다. 소비자들이 해당 배너 광고가 있는 페이지를 방문한 횟수를 나타낼 뿐이다.

제 2 절 인터넷마케팅의 성과 측정

매출액의 증가 정도, 신규 고객수의 증가 정도, 비용절감 등과 같은 전통적인 마케팅 척도들을 통해서 인터넷마케팅 효과를 파악할 수 있다.

오프라인 측정법들은 동일한 기업의 인터넷마케팅 효과를 측정한다는 점에서 온라인 측정법들과 중복되는 부분이기도 하다.

오프라인 상에서 효과를 측정하기 위해서 고객들에게 '어떤 경로를 통해 자사 웹 사이트를 방문하고 전화하였는지, 자사 웹에서 잘하고 있는 점 및 개선 사항은 무엇인지?'를 직접 질문해야 한다.

그러나 많은 고객들이 그러한 질문을 받는 것을 귀찮게 생각하여 질문을 피하려고 회사와의 접촉을 꺼리는 경향이 있다.

이를 최소화하기 위해서는 고객들과의 접촉 지점에 있는 모든 직원들에게 고객 응대 기술을 교육할 필요가 있다.

웹 사이트의 이용도를 알아내는 다른 방법으로는 웹 사이트 전용 전화번호를 정하고, 그 번호로 주문을 하거나 문의를 해오는 고객은 웹을 이용한다고 집계하는 방법이다.

오프라인 상의 이러한 방법들을 온라인 방법들과 유기적으로 연계하여 효과 측정 고정을 진행해 나가야 함은 당연하다.

1. 웹 촉진 성과 측정

인터넷마케팅 촉진 수단은 곧 배너광고라는 잘못된 인식 때문에 흔히들 온라인 촉진 효과를 측정한다고 하면 배너광고의 클릭률을 보는 것을 떠올린다.

그러나 인터넷 촉진 수단에는 배너광고 외에도 많은 방법들이 있으며, 이러한 촉진 방법들이 구체적으로 회사에 얼마나 많은 기여를 했는지를 다양한 기준으로 측정해야 한다.

인지 효율성의 경우에는 전통적으로 광고효과를 측정하는 post-testing 방법을 이용하여 배너광고나 웹 사이트를 얼마나 많은 사람들이 기억하고 있는지를 평가한다. 이 방법은 회상과 재인 테스트(recall and recognition)로 이루어져 있다.

웹 사이트의 콘텐츠와 디자인이 고객에게 얼마나 효과적으로 메지시를 전달하고 있는지 여부는 접촉 효율성 및 구매 효율성과 연결되다. 고객이 원하는 정보를 풍부하게 제공하며, 찾기 편리하게 구성된 사이트는 고객들이 지속적으로 방문하여 이용을 할 것이며, 이것이 나아가 구매로 연결되기 때문이다.

이처럼 광고 효과 측정 시스템을 통하여 광고가 어느 정도 효율적으로 목적을 달성하고 있는지를 노출효과와 커뮤니케이션 효과, 그리고 매출효과 등으로 구분하여 측정함으로써, 그로부터 전략적인 시사점을 도출할 수 있다.

2. 효과측정을 위한 마케팅 조사

마케팅 조사는 온라인상에서 이루어지는 회사의 제품 및 서비스에 대한 커뮤니케이션 효과를 알아보기 위해 인터뷰, 설문지, 초점집단면접 등의 방법을 이용하여 실시된다. 이러한 방법들은 온·오프라인을 이용하여 수행할 수 있다.

오프라인 조사 방법은 설문조사에 기반한 마케팅 조사의 전통적인 방법을 이용하는 것으로, 사람들의 선호, 태도 또는 구매행동에 관한 기술 정보를 얻기 위한 1차 자료로 수집된다.

온라인 조사를 위해서는 웹 사이트를 적극적으로 사용하는 사용자들을 대상으로 해야 하는데, 이러한 사람들과 접촉할 수 있는 장소가 바로 인터넷이다.

현재에는 많은 인터넷 조사 기관들이 온라인상으로 패널을 구성하여 다양한 주제에 관한 조사를 실시하고 있으며, 이 중 온라인 초점집단면접과 온라인 설문지가 많이 사용된다.

3. 마케팅 성과 측정의 장애요인[1)]

마케팅 성과 측정의 현실적인 장애요인 중 가장 대표적인 것은 성과 측정의 결과를 믿기 어렵다는 것이다. 통신사, 카드 등 일부 산업을 제외하고는 대부분의 기업이 분석 데이터가 부족하며 다음과 같은 문제점이 있다.

첫째, 수치의 신뢰성에 대한 의문이다.

마케팅 성과 측정은 성과 및 제반 마케팅 비용을 재무 수치로 환산하는 작업이며, 마케팅 성과 측정의 필요성은 이미 오래 전부터 이야기되어 왔다. 문제는 '그럼 이것을 어떻게 해야 하는가'라는 것이다. 많은 부분이 측정에 사용되는 다양한 수치들이 정확하지 않다는 것과 관련이 있다.

예를 들어 광고 마케팅이 고객의 구매에서 수익으로 전환되는 과정에서 그 인과 관계를 명확하게 밝히기는 어렵다. 10초 분량의 TV광고를 본 시청자의 몇 퍼센트(%)가 실제 물건 구매로 연결되는 지를 정확하게 알아내는 것은 결코 단순한 작업이 아니다. 반대로 매장에서 물건을 구입한 소비자가 어떤 광고의 영향을 받았는지 구분해 내는 것도 쉽지 않다. 주변 친구의 추천, TV 광고, 우연한 매장 방문 등 최종적인 제품 구입에 영향을 주는 변수는 단지 한 가지로만 설명되지는 않기 때문이다.

실제로 마케팅 성과 측정에는 표준화 작업 및 다양한 가정이 동원된다. 상대적으로 거래 데이터 확보가 용이한 인터넷 팝업 광고의 경우에도, 해당 광고를 클릭한 소비자 가운데 최종적인 구매자로 이어지는 과정까지 다양한 가정, 추정이 수반될 수밖에 없다. 불특정 대중을 대상으로 하는 TV, 라디오 광고 등 매스 마케팅의 경우 불신감은 더욱 커지며, 마케팅 실무자는 당연한 의문에 빠진다.

'이렇게 어렵게 도출된 숫자들의 조합이 과연 정확한 판단에 도움을 줄 수 있을까'개념적으로 당연히 필요한 작업이란 것을 인정하지만 측정수치에 대한 불신이 현실에서 커다란 걸림돌이 되는 것이다.

둘째, 불충분한 분석 데이터의 한계이다.

마케팅 투자수익률(ROI : Return On Investment)의 측정에는 투입되는 데

1) 김상일, 마케팅 성과 측정의 장애물 뛰어넘기, LG 주간경제.

이터가 있어야 하며, 데이터 유형은 크게 수익 데이터, 투자 데이터, 고객 거래 데이터 등으로 구분할 수 있다. 이 가운데 투자 데이터는 해당 마케팅 활동에 투입되는 광고료, 프로그램 제작비, 인건비 등 직접 추적이 가능한 경우가 많기 때문에 비교적 어렵지 않게 얻어낼 수 있다. 다소 어려운 부분이 있다면 임대료 등 간접비, 투자 효과가 장기에 걸치는 비용의 기간별 배분, 복수 마케팅 캠페인 비용의 배분 등을 들 수 있다. 하지만 이 부분도 활동 기준 원가 배분(ABC : Activity Based Costing) 등의 인과 분석을 통해 해당 비용을 이끌어 낼 수 있다.

수익 및 고객 관련 데이터의 부족은 항상 문제이다. 예를 들어 특정 기간의 광고 방송 후, 매출은 30%가 증가하고 TV 광고의 시청율은 20%로 나타났다면, 30%의 매출증가가 20%의 시청자 때문이었는지 두 가지로 생각해 보아야 한다.

먼저 하나는 다양한 채널에서 다양한 마케팅 활동이 진행된다는 점이다. 보통 라디오 광고, TV광고, 인터넷 광고, 기타 판촉 활동 등이 동시 다발적으로 진행된다. 그렇다면 과연 매출 30%의 증가를 어떤 광고에 배분해야 할지 고민이 필요하다.

두 번째로는 마케팅 효과의 시차이다. 보통 마케팅 성과 측정 이론서들은 하나의 마케팅 활동의 효과가 장기간에 걸쳐 영향을 주는 것으로 본다. 1년 전에 기업 홍보에 활용된 PR 광고의 효과를 2~3년간으로 확대하여 측정하기도 한다. 이 경우, 해당 제품의 매출 증대가 단순히 직접적인 관련이 있는 마케팅 활동의 결과라고만 보기는 어렵다.

셋째, 도입 초기의 무리한 기대 수준이다.

마케팅 성과 측정은 회사 내 다양한 마케팅 활동의 출발점으로 꼭 필요하지만 도입 초기의 과도한 기대가 장애 요인이 되는 경우도 있다. 「마케팅 ROI(2004)」의 저자인 렌스콜드(James D. Lenskold)는 마케팅 성과 측정이 궁극적으로는 고객관계관리(CRM), 사업전략으로까지 연결될 수 있다고 보고 있다.

수많은 마케팅 프로그램 간의 성과 비교가 가능하다면 회사의 마케팅 전략 수정도 가능하며, 시간이 경과하면서 고객, 거래 데이터가 쌓여간다면 고객의 로열티나 마케팅 활동 반응 정도를 구분하여 정교한 CRM 활동도 가능하다. 장기적으로는 마케팅 성과 분석을 통해 회사의 사업 포트폴리오 조정도 가능하게 된다.

마케팅 성과 평가에 투입되는 다양한 변수들이 확장되면서, 전사 자원의 관리

수준도 점차 효율적으로 진보할 수 있다. TV 광고의 투자금액을 단순히 광고 수주비로 판단하는 것보다는 인건비, 제반 간접비 등이 반영되면서 자산 관리는 체계적으로 이루어질 것이다.

하지만 도입 초기부터 지나친 장밋빛 그림만을 생각한다면, 당장의 한 걸음이 무의미해 보일 우려가 있다. 또한 기본 데이터도 불충분하고, 다양한 추정이 불가피한 상황에서는 더 말할 나위가 없다.

4. 마케팅 성과 측정의 장애요인 해결 방안2)

성과 측정을 하려는 이유를 분명하게 하고, 의도한 목적을 달성할 수 있다면 현실적인 장애 요인들이 있다고 해서 마케팅 성과 측정이 제공할 수 있는 가치가 꼭 제한적이지는 않다. 마케팅 성과 측정의 장애요인을 개선하기 위해서는 다음과 같이 해야 한다.

첫째, 큰 그림보다는 당장의 효과에 집중해야 한다.

마케팅 성과측정 역시 모든 기업의 활동처럼 투자 대비 성과를 고려한 현실적인 접근이 필요하다. 여기에 초기부터 너무 복잡한 방법론은 적당하지 않으며 당장에 실행할 수 있는 과제에 착수하는 일이 더 가치가 있을 수 있다. 처음부터 모든 마케팅 활동을 측정하려는 무리수, 지나치게 큰 그림을 그리려는 시도는 경계해야 한다.

보통 마케팅 성과 측정을 떠올리면 신문/잡지 등의 매체 광고, TV/라디오 광고, 버스/지하철의 옥외 광고 등을 생각하게 된다. 물론 이러한 작업이 불가능한 영역은 아니다. 하지만 모든 경영 활동은 투자 대비 성과의 효율성을 무시할 수 없는 일이다. 성과 측정을 위해 방대한 서베이, 시장조사, 추정 작업 등이 들어가는 반면 결과적으로 나오는 성과물이 믿을만하지 못하다면 분명 잘못된 측정 활동이다.

실제 미국의 시어즈(Sears) 백화점에서 TV 광고, 뉴욕 타임즈 기사 광고 등 대중 매체 광고 효과측정에 수개월의 노력을 경주한 니콜슨(TomNicholson)은

2) 김상일, 마케팅 성과 측정의 장애물 뛰어넘기, LG 주간경제.

“가능은 하다. 하지만 모든 투자에 이렇게 광범위한 분석을 하는 것은 비효율적이다”고 한다. 기업의 마케팅 활동은 매우 다양하다. 거리에서의 전단지 배포에서부터 복잡하게는 다양한 이벤트 활동까지 그 모양도 다양하다. 큰돈이 들지 않는 이메일 광고에서 초당 수천 만원의 TV 광고까지 투자 규모도 천차만별이다. 하지만 마케팅성과 측정도 하나의 투자 활동이므로 초기에는 투자의 결과가 분명한 영역에 집중하는 것이 바람직하다.

둘째, 정확성보다 표준화에 초점을 맞춰라

정확성에 앞서 표준화를 중요하게 생각할 필요가 있다. 수치의 신뢰성에 대한 의문은 마케팅 성과 측정에서 끊임없이 논란이 될 것이다. 하지만 몇 가지 이유로 표준화의 논리는 정확성의 요구에 앞서야한다.

마케팅 성과 측정의 목적은 산출된 결과를 다양한 의사결정에 활용하기 위한 것이다. 다종 상이한 마케팅 프로그램 간에 표준화된 측정 도구의 사용이 중요해진다. TV 광고는 시청률로 측정하고, 패밀리 레스토랑 할인 쿠폰은 회수율로 측정하는 경우를 보자. 이렇게 되면 양자 프로그램 간의비교는 불가능하며, 일관된 마케팅 의사 결정을 지원하기도 어렵다. 실무에서 요구하는 마케팅 ROI의 핵심은 정확성보다 표준화에 있다. 계산의 결과가 반드시 100% 정확해야 한다는 요구는 어쩌면 과도한 수치에 대한 집착일 수 있다. 한 해 300억원의 광고, 판촉비가 사용되는 회사에서 TV 대비 판촉투자비의 비율을 1:2로 할지, 2:1로 할지는 상당히 중요한 문제이다. 이러한 문제를 해결하기 위해 충분한 정도라면 굳이 100% 정확하지 않다 하여 문제될 것은 없다. 의사결정의 오차 범위 내에서 양자 투자안 간의 합리적인 비교, 판단이 가능한 수준이면 충분하다.

표준화 작업은 투입 변수, 계산 방식의 재정의, 다양한 추정 및 가정들간의 일관성 등을 포함한다. 마케팅 성과측정을 도입하려는 기업들이 상당한 공을 들여야 하는 부분이기도 하다. 개별 프로그램 측정의 정확도를 5% 올리는데 들이는 노력보다 표준화에 기울이는 고민들은 분명, 마케팅 성과 측정에 보다 효율적일 것이다.

셋째, 의사 결정에 도움이 되는 부분에 집중해야 한다.

가치를 창출하지 못하는 경영 활동은 무의미하며, 마케팅 성과 측정 역시 여기

서 자유로울 수는 없다. 나아가 마케팅 성과 측정에 숨어있는 두 가지 기본 원리를 염두에 둔다면 기여할 수 있는 영역은 더욱 확대될 수 있다.첫 번째 원리는 마케팅 성과 측정이 합리적 의사결정을 위한 통일된 잣대로서 기능해야 한다는 것이다. 기존에 성과 측정의 수단인 TV 시청률, 고객 반응률, 소비자 만족도 등은 통일된 잣대로서의 기능이부족하다. 측정 단위가 다른 상이한 수치들 간에 동일한 잣대로 볼 수 없는 탓이다. TV 시청률 20%와 고객 반응률 30% 중에 어떤 대안이 더 투자 가치가 있는지 답을 줄 수 없는 일이다.

동일한 TV 시청률 수치 간에도 의사 결정의 혼돈은 여전하다. 시어즈(Sears) 백화점에서 비슷한 시청률의 두 개 광고에 대한ROI의 차이가 2배에 이르는 것을 발견하였다. 시청률에 비례하여 광고 비용을 지불한 광고주는 과연 합리적 지출을 한 것일까. 나아가 마케팅 성과 측정에 대표적인 지표가 '절대 금액' 이 아닌 '비율 지표' 인 ROI가 사용되는 이유도 투자대비 효과를 한눈에 볼 수 있다는 점에서의 사결정에 보다 효과적이기 때문이다.

두 번째 숨은 원리는 마케팅 활동의 단계별 세분화 작업에서 발견된다. 기업에서 시행한 마케팅프로그램은 궁극적으로 해당 기업의 수익 증대로 이어진다. 단순하게 생각하는 경우 마케팅을 위해 투자된 비용과 매출 손익간의 ROI만을 볼 수도 있다. 하지만 여기서 그친다면 마케팅 성과 측정이 주는 세분화 작업의 진면목을 놓치게 된다.

세분화는 마케팅 활동을 보다 구체적으로 보는 작업이다. 마케팅 투자와 매출 측정 두 단계를 '광고노출 → 대안 탐색 → 후보 제품으로 인지 → 구매 → 재구매를 통한 충성도 제고 → 주변에 추천 → 매출 손익 '의7개 과정으로 구분할 수 있다. 이렇게 되하면 단계별 효과가 구별된 정보를 산출할 수 있고 어디가 문제고, 어디에 더 투자를 증대시켜야 할지를 구체적으로 짚어줄 수 있다. 결국 보다 효과적인 기업 자원의 활용이 가능해진다.

제3절 인터넷마케팅의 SNS 활용

SNS(Social Networking Service)란 온라인상에서 다양한 사람과 관계를 맺을 수 있는 서비스를 말하며 페이스북, 트위터 등이 대표적이다. 즉, SNS마케팅은 이러한 SNS를 기반으로 한 마케팅을 의미한다. 대중들의 의사 결정에 가장 영향력인 높은 매체로서 커뮤니티와 소셜미디어의 비중이 날로 커지고 있다. 미국에서는 2007년 11월부터 SNS 사용시간이 이메일 사용 시간을 추월하였으며, 2009년 7월부터는 SNS 사용자의 수가 이메일 사용자의 수를 상회하였다.

PR전문 미디어 사이트 'THEPR'에 의하면 전체소비자 중 90% 가까이가 블로그나 커뮤니티와 같은 소셜미디어를 통해 브랜드, 제품에 대한 인지도, 서비스, 호감도에 영향을 받고 있다고 한다. 소셜미디어는 소비자로 하여금 생산자나 운영자의 일방적인 광고가 아닌 소비자가 직접 활동하는 공간에서 '나와 같은 사람이, 나와 소통을 통해' 발생하는 다양한 메시지로 인식하여 의사결정에 가장 큰 영향력을 발휘하는 매체이다.

SNS 마케팅 기법은 대체로 세 가지를 들 수 있다[3]. 첫 번째는 '목표 수용자(Target Audience)'를 설정하여 그런 소비자를 대상으로 정확한 광고 및 홍보 전략을 수립하는 것이다. 페이스북이나 링크트인(LinkedIn) 등에서 보듯, SNS는 매스미디어 수용자의 경우와 달리 비교적 정확한 정보 프로파일을 제공한다. 두 번째는 소비자의 상품 관련 행동, 즉 COBRA(Consumer's Online Brand Related Activities)를 활용하는 것이다. 페이스북의 '좋아요(like)' 버튼과 같이 특정 상품이 게시되었을 때 그 선호를 직접적으로 확인할 수 있다. 특정 브랜드의 이미지를 페이스북에 올리는 경우 이 이용자는 특정 브랜드 제품에 대한 긍정적 태도를 갖고 있는 잠재적 소비자이며 실제 구매 행동을 할 가능성도 높다. 세 번째는 이른바 '전자적 입소문', 즉 eWOM(electronic word of mouth) 전략이다. SNS와 같은 온라인 공간에서 벌어지는 소비자들 사이의 상호작용 과정 중에 긍정적으로 평가되어 추천되는 상품은 구체적인 소비 행동으로 귀결될 가

3) 네이버 지식백과, 마케팅 도구로서의 SNS.

능성이 높다.

SNS를 활용한 마케팅 및 홍보가 일반인의 주목을 끌게 된 것은 버락 오바마(Barack Obama)의 선거 캠페인이었다. 2008년 미국 대선은 SNS를 이용한 선거 캠페인의 전형적인 사례로 간주되며, 이를 계기로 SNS의 정치적 활용 가치에 대한 인식이 확산되기도 하였다. 당시 민주당 후보였던 버락 오바마(Barack Obama)는 트위터, 유튜브, 마이스페이스, 페이스북을 이용해 소셜 네트워크의 활용으로 새로운 형태의 차별적인 캠페인을 전개하였다. 디지털 시대에 청년층이 가진 잠재력 속을 파고들어 SNS 사이트를 통해 추종자들에게 정보를 제공하고 그들에게 많은 인기와 지지를 이끌어 내었다. 오바마의 메시지는 나오는 즉시 홍보비용을 전혀 들이지 않고 2008년 당시 페이스북 회원 7천만 명에게 전송되었고, 그들은 또다시 그 내용을 다른 사람들에게 퍼뜨렸다. 그 결과 초선 상원의원이었던 오바마가 기득권을 가진 정치 스타들을 제치고 백악관에 입성하게 되었다.

1) SNS를 활용한 인터넷마케팅의 장단점

(1) 장점

① 고객과의 실시간 커뮤니케이션을 통한 이미지 제고

과거에는 기업이 소비자에게 일방적으로 메시지를 전달하는 폐쇄형 커뮤니케이션이었지만, SNS는 특성상 업체와 대화를 하는 실시간 커뮤니케이션으로서 신뢰감, 충성도, 친근감을 형성하고 업체 이미지를 젊고 빠른 이미지로 변화시킬 수 있다. 또한 SNS를 이용하면 모든 사람이 공유할 수 있어서 효율적이며, 고객이 기업 SNS에 글을 쓰면 관리자가 고객의 글에 실시간으로 답변을 해주는 등 고객의 요구를 파악하고 공감대를 형성 할 수 있다.

② 저비용 고효율의 마케팅 수단

SNS는 오프라인 광고와 달리 소자본 또는 무자본으로도 운영이 가능하다. SNS를 통해 지인에게 상품이나 업체를 쉽게 추천해 줄 수 있으며, 한 번의 클릭만으로 지인들에게 추천이 가능한 페이스북의 경우 업체의 홈페이지를 알려주는 방식보다 쉽고 빠르다. 또한 제품을 직접 경험한 고객들이 글을 남겨 다른 사

람들이 이를 신용하며 홍보효과가 극대화 된다.

③ 미래 지향적이며 향후 발전 가능성

SNS 사용자는 SNS의 가입만으로 각 홈페이지에 가입하지 않고서도 여러 업체의 접근이 효과적이고 용이하다. 현재 전 세계적으로 2014년 기준 13억명 이상이 페이스북을 사용하며, 스마트폰을 이용한 실시간 접속이 가능하여 이용자 수는 계속 증가할 전망이다.

(2) 단점

① 신규진입 업체의 경우 노출 제약

이름을 모르는 업체의 경우 현 시스템에서는 업체의 SNS 존재 여부를 알 수 없으며, 여러 사람이 SNS에 비슷한 이름으로 사이트를 만들기 때문에 기업에서 제작한 사이트가 어떤 것인지를 파악하는데 어려움이 있다.

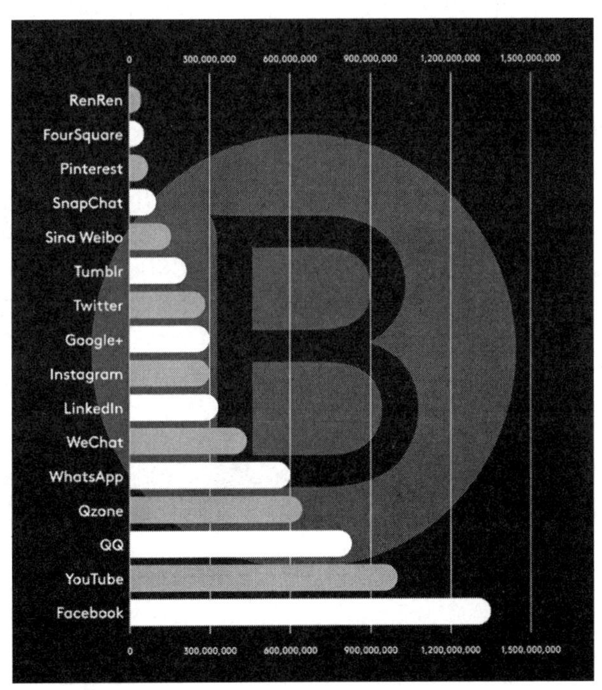

출처: SocialTimes

[그림 7-1] SNS 사용자 수 가장 많은 소셜미디어 서비스

② 실시간 확산으로 인한 소문 등 부정적 파급효과 우려

나쁜 사건이나 제품에 대한 불평 발생시 실시간으로 퍼져 나가며, 통제가 불가능하므로 SNS에 의한 이미지 실추 및 매출하락으로 이어질 수도 있다. 하지만 업체가 직접 소비자와 대화를 통해 해명을 하여 소문확산 방지에 기여할 수도 있다.

(3) SNS를 활용한 인터넷마케팅 사례

① BBQ의 꼬꼬컵

전라도 광주에서 BBQ매장을 운영하는 가맹점주가 전단지 광고를 활용하다가 블로그로 방향을 바꿔 마케팅을 하게 되었는데 그 결과 단체주문이 밀려들어오게 되었다. 가맹점주는 주변 초등학교에서 종종 간식으로 꼬꼬컵을 주문한다는 것을 알고 해당 초등학교 블로그에 학생들이 꼬꼬컵을 주문한 내용을 올리기 시작했다. 주변의 아는 사람이 주문하면 본인도 주문하려는 심리를 이용한 것인데, 그 후 단체 주문이 들어오기 시작했으며 심지어 꼬꼬컵 300개를 주문 받기도 하였다.

[그림 7-2] BBQ의 꼬꼬컵

② 이마트피자 vs 통큰치킨

비슷한 시기에 신세계 이마트의 이마트피자와 롯데마트의 통큰치킨이 런칭 되었으나 결과는 정반대로 귀결된 상황이 있었다. 이마트피자와 통큰치킨을 출시

한 이후 소비자들의 반응은 대기업에서 동네상권까지 넘보냐는 의견과 양질의 피자와 치킨을 저렴한 가격에 먹을 수 있다라는 의견으로 나뉘었다.

신제품이 출시된 후 두 업체는 신문에 pr 기사를 내보내고 매장에서는 시식을 하는 등의 형태로 광고와 프로모션을 진행하였다. 소비자들은 트위터를 통해 기업대표에게 질문을 하고 이에 대한 답변들은 리트윗을 통해 소비자들에게 회자되고 언론들은 취재 경쟁에 열을 올리게 되어 전국민들이 다 알게 되었다.

여기까지는 이마트피자나 통큰치킨이나 별반 차이 없이 진행 되었지만 SNS를 통한 커뮤니케이션의 과정에서 이 두상품의 운명은 나뉘어졌다.

이마트피자의 경우 신세계 정용진 부회장이 직접 트위터를 통해 양질의 제품을 저렴하게 먹을 수 있는 권리를 가지고 소비자들을 직접 설득하기 위해 노력했고, 그 결과 소비자들의 동의를 획득해 순조롭게 이마트피자가 안착하게 되었다.

하지만 통큰치킨은 정치권이나 관련기관들과의 소통에 더 중점을 두다보니 소비자와 커뮤니케이션을 해보지도 못하고 사라져 버리는 운명에 처하게 되었다. 물론 치킨이 피자보다는 더 많은 자영업자들이 존재하고 더 대중적인 제품이므로 반발도 훨씬 강했을 수도 있지만 만약 소비자들과 더 적극적으로 커뮤니케이션을 시도했다면 다른 결과가 나왔을지도 모른다.

반대로 신세계 이마트는 이마트 피자를 통해 SNS를 활용하여 소통하는 기업이미지를 갖게 되었고, 'SNS채널에서 소비자들과 커뮤니케이션 할 수 있는 정용진 부회장'을 만들 수 있었다.

[그림 7-3] **이마트피자와 통큰치킨**

제 8 장 인터넷마케팅의 단계별 소비자의 행동

제 1 절 소비자 행동의 이해

1. 인터넷마케팅에서의 소비자

인터넷은 소비자의 생활에 큰 변화를 야기 시키고 있다. 기업에 있어서 소비자 행동의 연구는 소비자의 의사결정에 대한 이해를 돕고, 이를 통해 효과적인 마케팅 전략을 수립할 수 있도록 도와준다.

인터넷은 소비자의 특성과 의사결정과정에 영향을 미칠 뿐 아니라 소비자의 반응에도 직접적인 영향을 준다. 이에 따라 기업은 새로운 관점에서 마케팅 전략을 수립해야 한다.

1) 인터넷마케팅에서의 소비자의 의의와 특성

(1) 의의

인터넷마케팅에서의 소비자란 정보기술의 발달이 가져온 고도로 진보된 경영환경 하에 능동적인 입장에서 다양한 수단과 통제권을 이용하여 과거에 비해 훨씬 다양해지고 차별화된 개인 및 조직의 욕구충족을 위해 소비행위를 하는 주체이다.

즉, 개인 혹은 조직의 욕구를 더욱 촉진시킬 목적으로 인터넷을 사용하는 소비

자를 의미한다.

소비자는 수많은 정보와 제품, 서비스로의 접근력과 교섭력 및 더 많은 선택의 폭을 갖게 되었고, 과거에 비해 물리적 제약이 거의 없는 상황 하에서 행동할 수 있게 되었다.

이것은 소비자들이 과거보다는 더 많은 통제력을 확보하였다는 것을 의미한다.

(2) 소비자의 특성

소비자는 시간 부족과 주의의 결여, 신뢰의 부재라는 환경적 변화로 말미암아 개별적(individualistic)이고, 고관여 상태의 독립적이며, 정보지향적인 성향을 지니며, 진품성(authenticity)을 추구하게 되었다.

① 소비자의 켄타우로스

오늘날 우리는 온라인과 오프라인을 자유스럽게 오가며 자신에게 가장 적합한 채널에서 소비활동을 하는 켄타우로스 소비자 시대에 진입하였다.

소비자들은 온라인과 오프라인의 적절한 조합을 통해 빠르게 전개되는 새로운 기술들에 적절히 발맞추어 나가는 한편, 때로는 예측 불가능한 인간의 속성을 갖고 있기도 한다.

즉 인터넷이 세상을 바꾸어 감으로써 현실에서 소비자가 근본적인 변화를 경험하고는 있지만 완전히 변하지는 않고 있다. 오늘날의 소비자는 여전히 과거 전통적 소비자의 습성과 구매패턴을 가지고 있는 것이다.

결론적으로 소비자들은 온라인과 오프라인, 현재와 전통, 예측 가능한 측면과 불가능한 측면을 동시에 보유하고 있는 복합적인 존재라고 할 수 있다.

따라서 인터넷 시대의 소비자들은 환경에 의해 획기적으로 변화할 가능성도 가지고 있지만, 동시에 변하지 않는 인간의 행동 양식도 가지고 있다는 것이다.

② 신 희소성의 등장

과거의 소비자가 제품 및 서비스 선택 폭에서의 제한, 금전적 결핍, 이용 가능성의 제한이라는 세 가지 측면에서 희소성을 경험했다고 한다면, 현대의 신소비자는 시간, 주의, 신뢰 측면에서의 희소성에 직면하고 있다.

㉠ 시간부족

현대사회의 소비자들은 생활 속에서 시간의 불균형으로 고민하고 있다. 그 결과 어떤 수단으로든지 시간을 절약하려는 동기가 발생하게 되었다.

물론 예전에도 시간압력을 느끼며 살아왔지만 현재에는 그 대처 방법에 있어서 이를 통제하려는 욕구가 강하다고 할 수 있다.

시간 부족을 야기하는 주요 원인으로는 제한된 시간에 처리해야 할 업무 및 비관련 업무의 증대가 가장 크며, 이러한 현상은 수면 부족과 업무의 비효율성을 초래하였다.

또한 컴퓨터와 텔레커뮤니케이션의 발달로 인한 업무속도의 향상은 신속한 의사결정을 요구하였고, 이에 따라 처리해야 할 정보의 양이 방대해졌다.

그리고 고용보장의 개념이 사라짐과 동시에 많은 근로자들은 동료들과 직접적인 경쟁에 직면하게 되고, 이는 결국 직장에서 초과 근무의 형태로 현대인의 시간 압박을 초래하였다.

아울러 핵가족이나 독신 생활자의 경우 가정 내 업무분담이 불가능하게 됨에 따라 처리해야 할 가정 내 활동도 많아지게 되었다.

㉡ 주의(attention)의 결핍

시간부족은 소비자로 하여금 주의의 결핍 현상을 야기하게 되었다. 그 결과 소비자들은 매우 단기적인 주의를 하게 되는 현상이 나타났다. 정보의 홍수는 소비자로 하여금 다량의 정보를 접하게 하는 동시에 일부 정보만을 선별적으로 받아들이는 결과를 낳게 되었다.

이에 따라 기업은 기존의 커뮤니케이션 수단들을 적용하기 어렵게 되었고, 소비자 설득의 수단은 더욱 다양하게 되었다.

그래서 기업은 최근 소비자들의 제한된 주의를 유도하기 위해 언어적인 요소보다는 비언어적이고 이미지 중심의 광고의 형태로 새롭고 놀라운 감정을 유발시키는 광고를 고안하고 있다.

㉢ 신뢰의 결핍

과거 소비자들에 비하여 현재의 소비자들은 대인적 관계는 물론 기업이 제공하는 광고나 상품정보 그리고 제조업자, 공급사들에 대한 신뢰도가 현저히 낮다.

미국의 한 연구에 의하면 열 명중 아홉 명은 배우자를 신뢰하고, 열 명중 여덟 명은 자녀를 신뢰하며, 1/3이하만이 소매상이나 제조업자을 신뢰한다고 하였다.

그리고 정부나 광고주들을 신뢰하는 사람들은 전체의 총 14% 밖에 안된다는 것이다.

높은 기대와 즉각적인 만족을 추구하는 소비자에게 있어서 제품과 서비스의 불만족 현상이 일어나는 것은 드문 일이 아니다.

소비자는 지속적으로 최적의 제품과 서비스를 탐색하기 때문에 기업으로서는 제품 및 기업에 대한 소비자의 지속적이고 강한 충성도를 유지하기 어렵게 되었다.

③ 관여도

소비자의 구매과정에 있어 주요한 단계에는 탐색단계, 취득단계, 소비단계의 과정이다. 탐색단계란 구매하려는 제품의 탐색과 평가단계로서 실제 매장에서 제품을 탐색하는 것에서 인터넷을 검색하는 것까지 그 방법이 다양하다.

취득단계는 제품과 서비스의 소유권을 취득하는 단계로서 이 단계에서 제품의 질이나 가격 등에 기초하여 품목들을 비교하거나 판매 담당직원과의 대화, 제품이 자신의 목적에 적합한지를 판단하기 위한 시용 구매 등이 포함된다.

소비단계는 취득한 제품과 서비스의 사용행위를 의미한다. 여기서 탐색단계는 소비자의 정보처리과정 차원으로 볼 수 있고 취득과 소비단계는 결과 차원으로 간주할 수 있다.

소비자의 경우 조사 및 탐색과정에서 높은 관여수준을 보인다. 관여도란 개인의 인지 또는 지각하는 중요성의 정도 혹은 특정한 상황에서 자극에 의해 환기되는 관심의 정도이다.

소비자는 구매나 사용으로부터의 혜택을 극대화하고 위험을 최소화하는 방향으로 행동하게 되는데 최근 소비자의 경우 앞서 언급한 여러 가지 희소성과 정보기술이 가져온 정보의 활용 등으로 혜택을 극대화하고 위험을 최소화하려는 동기가 더욱 강해지고 이는 곧 높은 관여수준으로 나타나게 된다.

㉠ 시간절약을 위한 관여도의 증대

소비자의 관여도가 시간부족 때문에 증대되는 이유는 두 가지 관점에서 볼 수 있다.

첫째는 단기적인 측면으로, 제한된 시간 내에 합리적인 구매를 하기 위해서 제품의 탐색과 구매과정에 깊이 관여하게 되는 것이다.

둘째는 장기적인 측면으로, 높은 관여도가 궁극적으로 소비자의 욕구를 정확히 반영하게 되기 때문이다.

즉 한번 구매로 만족하지 못한 제품을 얻게 되었을 때의 반품 및 심리적 불편함에 초래되는 시간이 결국 추가적인 시간 압박을 야기할 수 있기 때문에 소비자는 처음부터 신중한 구매를 통해 만족을 얻으려는 경향을 보이게 된다.

ⓛ 보상의 증대를 위한 관여도의 증대

시간과 주의의 부족으로 소비자는 기업이 제공하는 각종 메시지에 대해 인색하게 되었다.

기업이 소비자의 관여도를 증진시키기 위해 사용하는 수단 중의 하나가 무료배달 서비스이며, 소비자는 이 서비스가 제공되는 제품과 서비스의 취득을 위해 고관여 된다는 것이다.

초기 인터넷 확산의 결정적인 역할을 한 무료서비스는 인터넷 소비자의 대부분이 초기 수용자였던 시장을 급속히 성장키면서 소비자의 인터넷 사용 및 전자상거래에 대한 높은 관심을 불러 일으켰다.

ⓒ 구매의 즐거움을 위한 관여도의 증대

구매의 즐거움에 기인한 관여도의 증대는 시간 절약과 무료보상의 증대에 따른 2차적인 관여도이다.

정보기술을 활용하여 소비자는 제품과 기업에 대해 쉽고 신속하게 알 수 있게 되었다.

이러한 정보는 소비자의 관여도를 증대시키는 요소로 작용한다. 물론 과거에도 책이나 잡지, TV 등을 통해 제품 정보나 기업정보를 쉽게 접할 수 있었으나 인터넷이 가져온 광범위한 정보 제공력으로 인해 소비자들은 더 깊은 수준의 제품, 서비스의 탐색이나 평가가 가능하게 되었다.

2. 소비자 행동의 이해

일반적으로 소비자 행동은 소비자가 자신의 욕구충족에 합당한 제품이나 서비스를 탐색, 구매, 사용, 평가, 처분하는 과정을 말한다. 즉, 소비자 행동은 소비자가 소비와 관련된 항목들에 시간, 돈, 노력 등의 자원을 어떻게 배분하기로 결정하였는가에 관련된 것으로서 소비자에게 의미 있는 대상물의 교환을 용이하게 하여 완성시키는 행위라 할 수 있다. 소비자 행동의 형태로는 특정 브랜드에 대한 선호, 태도변화, 광고에 대한 소비자의 반응, 특정 서비스의 사용, 정보탐색, 투표행위, 구전, 구매 후의 만족 등 다양하게 나타난다.

3. 소비자 행동의 요소

인터넷의 등장은 소비자들의 내적요소 뿐만 아니라 외적 요소에도 많은 영향을 주었다. 인터넷의 환경 하에서 이러한 기존의 외부환경요인도 그 내용면에서는 많은 변화가 이루어지고 있다.

1) 문화적 요소

① 문화

목표 고객인 인터넷 사용자가 어느 지역, 국가 어느 계층이냐에 따라 제품과 서비스를 선택하는 행동이 달라지게 되며, 일반적으로 세련된 생활, 현대적 편리성과 높은 교양과 깊은 지식, 신념, 행동, 가치, 태도 등을 포함한다.

현재 HTML이라는 전 세계 공통의 언어 그리고 공간적 제약이 없게 해주는 인터넷의 개방성은 기존의 다양하게 존재했던 문화를 전 세계적으로 공통적인 '인터넷 문화'로 통합 시켰다.

그러나 이러한 인터넷 문화도 기존의 전형적 문화가 어떤 색채를 띠는가에 따라 약간의 차이를 보이고 있다는 점을 유의해야 한다.

② 사회계층

사회계층은 소득과 소유물, 직업, 교육수준, 사교활동, 개인적 성취정도, 가치

관 등에 의해 구분되며, 계층마다 독특한 신념과 행동의 체계가 있다. 또한 계층간 순위관계가 존재하며, 시간에 따라 순위가 변동된다.

2) 문화적 요소

① 준거집단

준거집단(reference group)은 개인의 행동에 직접적 또는 간접적으로 영향을 미치는 사람들로서 개인이 어떻게 생각하고 행동하는가에 대한 가치관과 태도에 영향을 미친다.

준거집단의 사회적 파워에는 준거적(reference) 파워, 정보적(information) 파워, 합법적(legitimate) 파워, 전문적(expert) 파워, 보상적(reward) 파워의 다섯 가지가 있다.

인터넷 환경 하에서는 과거보다 준거적 파워, 정보적 파워, 전문적 파워가 더욱 중요해지고 있다고 볼 수 있다.

② 비교집단

특정 소비자가 일상생활을 하면서 모델로 삼고 수시로 비교를 하는 집단이나 구성원을 비교집단이라고 한다.

비교집단은 자신과 같은 계층일 수도 있고, 자신보다 상류층일 수 있으며, 연예인이나 스포츠 선수와 같은 유명인 일수도 있다.

③ 가족

가족의 구매행동을 보려면 가족구성원이 구매과정에 참여하는 상황을 알아야 한다. 구성원 상호간에 구매결정권을 나누고, 가정에서 중요한 상품구매 시에는 가족공동의사결정에 따르며 부부는 공동의사 결정, 자치적 결정, 아내지배적 결정, 남편 지배적 결정 등이 있다.

3) 개인적 요소

① 라이프스타일

라이프스타일은 사람들이 살아가는 방식으로 생활의 유형, 양식 또는 방법으

로서 사람들이 어떻게 자신의 시간을 활용하는가 하는 '활동', 자신의 주위 환경에서 중요하게 생각하고 있는 것은 무엇인가에 하는 '관심', 그리고 자신과 주위 세계에 대해 어떻게 생각하고 있는가 하는 '의견'의 총체로 나타난다. 한 사회의 라이프스타일의 유형을 파악하면 각 유형별로 나타나는 소비 행동의 특징과 이들을 구성하고 있는 인구 통계학적 특성을 알아내어 이에 맞는 마케팅 전략을 수립할 수 있다.

② 연령과 성별

인터넷 사용자를 분류하는 가장 고전적이면서도 무시할 수 없는 분류 항목이다. 인터넷 사용자에 대한 조사는 시간이 지날수록 연령과 성별에 대한 차별화된 현상이 두드러지게 나타나고 있다.

특히 오프라인보다 온라인에서 연령에 따른 세대차가 심하게 나타난다. 남녀 인터넷 사용자의 성비율은 거의 같지만 이용 패턴은 큰 차이를 보이고 있다.

③ 직업, 학력, 소득

직업, 학력, 소득수준은 과거에 비해 점점 그 차이가 크게 나타나지 않는 영역이지만, 특정 행동에서 영향을 준다.

다양한 제품에 대해 소비자가 스스로 검색을 하여 노력할수록 보다 싼 제품을 구할 수 있는 현재의 온라인 전자상거래 시장에서는 똑똑하고 정보가 많거나 관련 직업을 가진 소비자가 득을 보는 경우가 많다.

소득에 관해서는 인터넷 초기에 고소득 사용자층이 주류를 이루다 점차 저소득층으로 확산 되고 있는 추세이나 인터넷 시장이 세분화됨에 따라 소득 수준에 따른 구매 및 탐색에 대한 소비자 행동양식도 차이가 나타나고 있다.

4) 심리적 요소

① 지각

사물, 사건, 관계를 감각기관을 통해 받아들여 해석하고, 조직하고, 자기의 경험으로부터 의미를 추출해내는 심리적 과정이다.

② 동기

인간의 모든 행동에 바탕이 되는 것이 욕구이고, 인간의 활성화 된 욕구가 동기이다.

③ 학습

이전의 경험 결과로 인간의 지각과 행동 변화에 영향을 준다.

④ 신념과 태도

소비자의 태도는 구매행동에 큰 영향을 미친다.

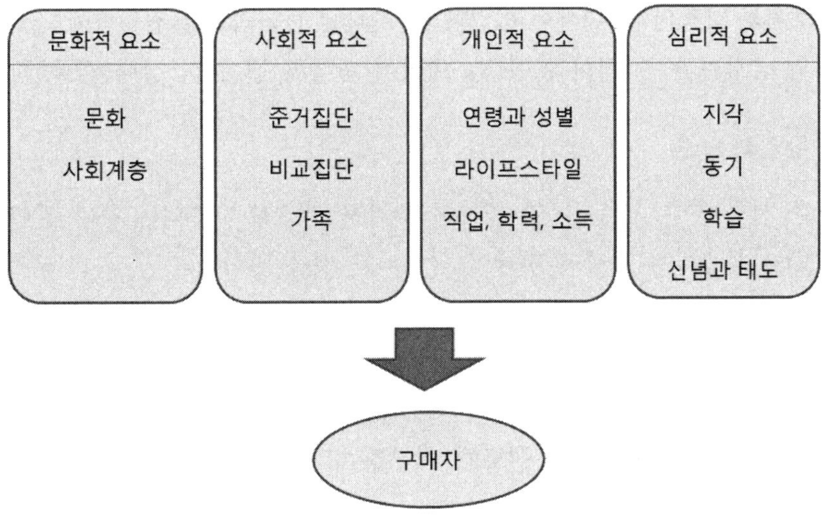

[그림 8-1] **소비자 행동에 영향을 미치는 요소**

4. 소비자 정보처리 과정

소비자가 정보에 노출되어 주의를 기울이고 내용을 이해하면서 긍정 또는 부정적 태도가 형성되는 과정을 정보처리 과정이라고 한다.

[그림 8-2] **소비자 정보처리 과정**

1) 자극

자극은 정보이다.

2) 노출

정보처리과정은 소비자가 마케팅 정보에 노출되는 것으로부터 시작된다. 노출은 정보처리 과정의 첫 단계이며, 개인이 자극에 물리적으로 접근하여 개인의 다섯 개의 감각기관 중 하나 혹은 그 이상이 활성화 될 준비 상태를 말한다.

① 우연적 노출

TV를 시청하거나 신문을 읽다가 여러 가지 광고에 노출되는 것과 같이 자신의 의도와 상관없이 오감에 자극이 감지되는 것을 말한다.

② 의도적 노출

특정 목적을 가지고 의도적으로 어떤 자극에 노출시키는 것을 말한다. 문제 인식 시 우선적으로 그 문제와 관련된 정보를 장기기억에서 인출한다.

③ 선택적 노출

무관심, 불필요 자극의 노출을 주의 집중 이전 단계에서 제거하고 필요 정보에는 노출되는 것을 말한다. ex) Zapping[1].

3) 주의

노출된 특정 정보에 대해 필요한 정보를 선택하고 집중하는 것을 말한다.

---

1) TV를 보다가 원치 않는 광고가 나오면 채널을 돌리지만 원하는 광고가 나오면 계속 보는 행동을 말한다.

(1) 소비자 관여도에 따른 주의 정도

① 고관여 상태의 주의란 평상시 높게 관여되어 있거나 상황적으로 높게 관여된 제품군과 관련된 정보에 노출되면 주의도 높아지는 상태를 의미한다. 고관여 상태의 주의 유형에는 강화된 주의[2)]와 자발적 주의[3)]가 있다.
② 저관여 상태의 주의란 반복적 노출로 인해 일부 정보가 '인지적 구조'에 자리 잡게 되어 기억으로부터 회상(내적 탐색)되는 상태를 의미한다.
③ 인지적 구조(관련 개념들의 연결체)
④ 광고가 잘 만들어지면 광고 자체를 즐기기 위해 주의를 기울여 광고 관여도 높아진다.
⑤ 비자발적 주의

(2) 주의에 대한 개인적 요인의 영향

선택적 주의는 자신의 욕구 충족 또는 가치실현과 관련 있는 것으로 생각하는 대상에 주의를 기울이는 것이다. 영향 요인으로는 관여도, 욕구, 동기, 기존의 신념과 태도, 적응, 감정적 상태가 있다.

(3) 주의에 대한 자극적 요인의 영향

주의를 기울이게 자극물을 만드는 방법이다. 개인과의 관련성이 높고, 즐거움을 제공하고, 특이하게 제시하며, 호기심을 유발한다.

4) 지각

지각이란 유입된 정보를 처리하는 일련의 과정으로 그 내용을 주관적인 기준으로 조직화하고 해석하며 이해하는 과정이다.

① 지각적 조직화

정보처리대상의 여러 요소들을 하나로 통합하여 지각하는 매커니즘이며, 통합

2) 문제해결을 위해 정보를 수집하는 과정에서 우연히 관련 광고에 노출되어 주의 수준이 높아지는 것을 의미한다.
3) 소비자가 적극적 또는 능동적으로 관련 정보를 찾아 그 정보에 주의를 기울이는 것을 의미한다.

의 원리를 보면 완결,[4] 단순화,[5] 집단화,[6] 배경,[7] 형상[8]이 있다.

② 지각적 해석

통합 조직된 지각대상에 주관적으로 의미를 부여하는 것으로서 지각적 범주화[9]와 지각적 추론[10]의 두 가지 기본원리가 적용된다. 지각의 영향요인으로는 동기, 기대, 지식, 기술요인, 과거의 경험, 정신적 준비상태, 기분 및 사회 윤리적 요인이 있다.

5) 해석

자극에 주의를 기울이고 조직화한 후 해석하는 과정을 거치며, 자극을 자신의 경험, 욕구 등에 따라 적절하게 재가공하는 과정이다.

① 지각의 범주화

유입되는 정보를 기억 속의 기존 스키마[11]에 따라 분류하고 이해하는 것이다.

② 지각적 추론

한 대상을 평가할 때 그 자체를 가지고 평가하기보다 다른 단서를 이용하여 추론하는 방식이다. 예를 들면 원산지효과 또는 후광효과 등이 있다.

③ 지각적 조직화

정보처리 대상의 여러 요소들을 통합하는 매커니즘이며, 조직화의 원리로는

---

4) 자극이 불완전할 때 불완전한 부분을 채워서 완전한 전체로서 지각하는 경향이다.
5) 자극의 요소들을 통합하여 가급적 난순한 형태로 이해하는 경향이다.
6) 근접성, 유사성, 연속성이 있다.
7) 자극에서 덜 두드러지게 지각되는 부분이다.
8) 자극에서 보다 두드러지게 지각되는 부분이다.
9) 자극에 노출된 소비자가 각종 정보를 자신의 지식구조와 관련시킴으로써 자신의 방식으로 이해하는 것이다.
10) 한 대상을 평가할 때 직접적인 평가를 하지 않고 다른 것들로부터 추리하여 이해하는 것이다.
11) 일반화·체계화·추상화된 지식구조물을 말한다.

단순화, 완결, 집단화, 근접성, 유사성, 형상과 배경이 있다.

6) 태도

한번 태도를 형성하면 지속적으로 호의적 또는 비호의적으로 대상에 대한 일관된 반응을 보이는 학습된 경향이다. 소비자가 제품에 관한 정보를 얻는 시점부터 구매행동에 이르기까지 매우 중요한 역할을 한다.

7) 의사결정

제2절 소비자 구매의사결정 단계

1. 소비자 행동분석의 의의

성공적인 마케팅전략의 수립을 위해서는 마케터가 "소비자 관점"에서 생각하고 행동해야 한다. 하지만 마케터가 기업이 아닌 소비자의 관점에 선다는 것은 쉬운 일이 아니며, 대부분의 마케터들은 자신들이 판단한 자사제품의 강점을 잠재적으로 머릿속에 간직한 채 소비자를 정확히 파악하지 못해 실수를 범하게 된다. 소비자를 정확히 이해하지 못한 제품개발은 실패 가능성이 높아지며, 커뮤니케이션 메시지 개발의 실패와 함께 전반적인 마케팅전략의 비효율적인 수행이 되고 만다.

2. 관여도

관여도란 소비자가 특정 상황에서 자극에 의하여 유발되어 인지되고 지각된 개인적인 중요성, 개인의 관련성, 관심도의 수준으로 마케팅에서는 상품에 대한

소비자의 태도의 수준을 의미합니다. 관여도는 소비자의 구매의사결정이나 정보처리과정에 커다란 영향을 미친다. 관여도는 상대적인 개념으로서 개인 및 관심마다 다르고, 가격 및 제품마다 다르며, 상황에 따라 달라진다.

관여도가 높을 때 소비자는 제품정보를 충분히 탐색하여 사용에 따른 혜택을 극대화하고 위험을 최소화할 의도로 많은 노력을 하고 선택한다. 따라서 더 많은 정보검색과 정보에 대한 분석을 통해 다양한 대안들을 고려하게 되며 구매의사결정에 더 많은 시간과 노력을 투자하여 신중하게 된다.

짧은 시간 안에 이루어진다. 일반적으로 저관여 상품은 개별 소비자가 해당 상품에 대한 경험이나 지식이 있거나, 주의의 수준이 낮아 구매와 사용에 따른 위험이 적은 경우에 해당합니다.

그러나 실질적으로 관여도를 결정하는 변수는 재무적 위험[12)]이며, 이는 소비자의 소득수준을 제품가격과 함께 고려한 개념이다.

[표 8-1] **관여도의 영향**

영 향	내 용
문제해결과정	고관여의 소비자는 전 구매결정과정을 거치고, 저관여의 소비자는 일부를 생략한 후 필요에 의해 선택한다.
정보처리 (대상, 양, 방법)	고관여의 경우 처리하는 정보의 양이 많고, 체계적이며, 핵심속성에 관련된 정보처리가 이루어지고, 저관여는 이와 반대 양상을 보인다.
평가 및 선택방법	고관여시에는 체계적인 평가와 선택이, 저관여시에는 편법에 의한 선택이 이루어진다.
구매 후 행동	고관여의 소비자는 갈등경험을 하고 그것을 위한 사후적 정보탐색을 할 가능성과, 사호태도의 강도가 높고, 저관여의 소비자는 이와 반대 양상을 보인다.

12) 어떤 투자안으로 부터 얻어지게 될 결과에 대해 불확실성이 존재함으로써 발생하는 변동성으로 정의된다.

[표 8-2] 관여도의 결정요인

요 인	내 용
개인적 요인	사람의 가치관, 추구하는 목표에 따라 관여도가 달라진다.
제품 요인	금전적, 사회적, 기능적, 심리적, 물리적 구매위험의 정도에 따라 관여도가 달라진다.
상황적 요인	사용목적 및 구매목적, 사용상황 및 구매상황에 따라 관여도가 달라진다.

3. 인터넷마케팅에서 소비자 구매의사 결정 과정

인터넷마케팅 환경에서 소비자의 행동은 전통적 마케팅 환경에서의 소비자의 행동을 대체하지 않으며 공존한다는 시각이 중요하다.

현재 기업이 벌이는 마케팅의 단계별에 따라 전통적 마케팅 환경에서의 소비자 행동이 어느 정도 줄어들었으며, 네트워크를 통해 시장에 영향력을 끼치는 새로운 행동 형태가 나타났다는 사실에 집중할 필요가 있다.

현재 소비자는 요구사항을 제시하고, 물건 받는 방법을 지정하며, 정보와 광고를 받을지를 스스로 지정한다.

하지만 전통적 환경과 새로운 환경은 혼합되어 있기 때문에 기업은 자신들의 기술과 역량을 대부분 견지하면서도 마케팅보다 훨씬 빠르게 변화하는 시장과 고객을 위해 감지하고 반응하는 마케팅 사고방식이 강조되고 있다.

소비자들은 일반적으로 문제의 인식과 활성화, 정보 탐색, 대안 평가, 구매결정, 구매 후 평가의 5단계를 거쳐서 구매를 하며, 인터넷에서도 마찬가지로 일반적 구매의사결정 모델을 따라서 구매가 일어난다.

다만 인터넷의 특성상 정보탐색과 대안 평가의 과정이 신속하게 이루어질 수 있으며, 구매의사결정에 필요한 다양한 지원을 제공함으로써 판단의 객관성과 부족한 정보로 인해 발생하는 문제점을 최소화시킬 수 있다는 차이가 있다.

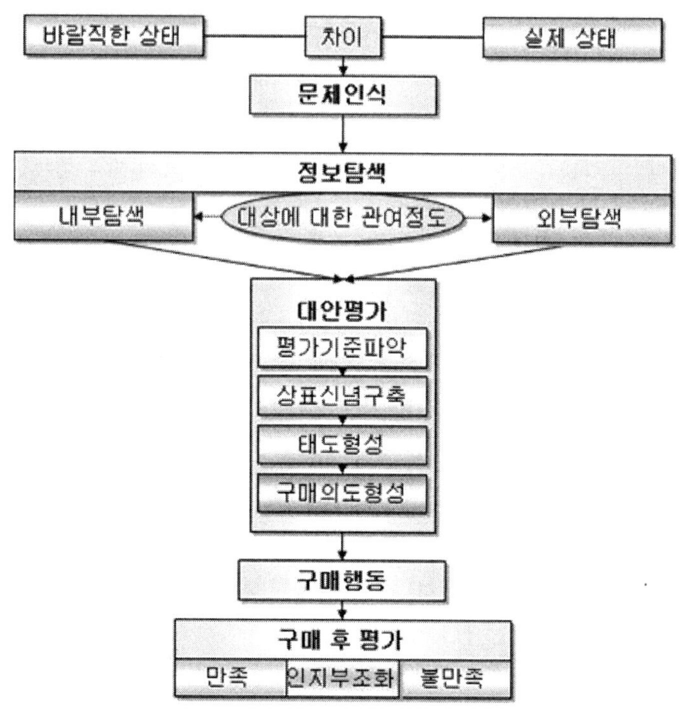

[그림 8-3] **소비자 구매의사 결정 과정**

(1) 문제 인식

문제 인식은 소비자의 실제 상태(actual state)와 바람직한 상태(desired state)간의 차이에 따라 그 크기가 달라진다.

즉, 문제 인식은 소비자의 현재 상태와 이상적 상태간의 불일치 정도에 의존하게 되는데, 이러한 불일치 정도가 특정 수준(threshold)을 초과할 때 문제 인식이 일어나게 된다.

인터넷 사용자들은 특정 관심 영역의 정보를 찾으려고 인터넷의 검색 엔진을 활용하여 정보를 탐색하는 과정에서 사용자들의 욕구를 불러일으키거나 창출하는 특정 자극을 만날 수도 있다.

그러므로 마케팅 관리자는 온라인 광고와 검색엔진의 추천리스트 순위, 자사 사이트의 적합한 구성 등을 잘 관리해야 한다.

(2) 정보 탐색

정보 탐색(information search)이란 소비자가 제품 및 서비스에 대해 더 많은 것을 알고자 하는 의도적 노력이라고 할 수 있다.

소비자는 욕구 충족 방법에 관한 정보를 수집하려고 하며, 정보 수집을 통해서 제품과 서비스의 특성을 파악할 수 있으며, 이를 통해서 구매 결정과 관련된 불확실성을 감소시키고 올바른 결정을 할 수 있다.

소비자는 인터넷을 이용하여 특정 제품에 대한 가격뿐만 아니라 서비스, 품질, 배달 방법 등 다양한 측면을 보다 빠르고 정확하게 탐색할 수 있다.

(3) 대안 평가

대안의 평가는 최종적으로 도출된 고려상표군(consideration set)에 속한 각 선택대안을 평가하고 소비자의 욕구에 충족되는 특정 대안을 선택하는 과정으로 정의할 수 있다.

인터넷 환경 하의 대안 평가는 오프라인 상에서는 얻기 어려웠던 신뢰할 수 있는 내재적 정보를 더 쉽게 얻을 수 있기 때문에 평가기준에 있어서 브랜드나 원산지와 같은 주변 단서보다는 제품의 품질이나 구체적 속성과 관련된 내재적 속성들의 중요성이 더 높아진다.

대안의 평가 시 사용하는 전략에 있어서는 보상적 전략을 더 많이 사용하게 된다.

그 이유는 온라인 환경 하에 존재하는 쇼핑에이전트를 사용하면 많은 시간을 투입하지 않고도 여러 가지 대안을 종합적으로 고려하는 보상적 전략을 보다 쉽게 사용할 수 있기 때문이다.

(4) 구매의사결정

대안을 평가한 후 소비자들은 자신의 욕구를 가장 잘 해소해 줄 것으로 믿는 제품에 대해 구매의도를 형성한다.

소비자가 실제로 제품의 구매를 할 때에는 상표의 선택, 구매 시기, 구매량의 결정, 대금 지불 방법 등의 의사결정이 필요하다.

구매의사결정은 소비자의 심리적, 경제적, 시간적 요인들 등에 의해 결정되는

데, 소비자가 느끼는 구매에 따르는 지각된 위험(perceived risks)이 가장 중요한 요인이다.

지각된 위험이란 구매의 결과와 구매의 불확실성의 함수이다.

결과(consequence) 요인에는 제품의 구매로 인한 재무적 위험, 사회적 위험, 심리적 위험, 기능적 위험 등이 있다.

불확실성(uncertainty) 요인은 결과가 발생할 확률을 말한다.

따라서 마케팅 관리자들은 인터넷을 통해 소비자들의 지각된 위험을 감소시키기 위한 방안을 모색해야 한다.

(5) 구매 후 평가

소비자들이 제품을 구매를 하고 나면 자신의 구매에 대한 만족/불만족을 경험하게 된다. 만족/불만족(satisfaction/dissatisfaction)은 소비자가 구매 이전에 제품에 대해 가졌던 기대 이상인지 아닌지에 따라서 결정된다.

소비자가 불만족을 경험하게 되면 좋은 경험을 했을 때에 비해서 그들의 나쁜 경험을 두 배의 사람들에게 얘기한다고 알려져 있다.

인터넷은 소비자 개인에게 자신의 의사를 보다 적극적으로 표현할 수 있는 기회를 제공하여 구전(word of mouth)효과를 증폭시키기 때문에 인터넷에서의 소비자의 불평행동관리는 오프라인에서의 불평행동관리보다 세심하게 이루어져야 한다. 불만족한 고객은 자신이 속한 커뮤니티의 사람들에게 그 사실을 알리거나, 보다 적극적으로 안티 사이트를 구축하는 등의 활동으로 수많은 사람들에게 자신의 경험을 전할 수 있으며, 결국 기업 이미지에 손상을 가져올 수 있다. 그러므로 마케팅 관리자들은 이메일이나 웹 페이지의 고객 의견란을 통해 들어 온 소비자의 피드백을 통해 소비자들의 반응에 신속하고, 효율적으로 응답을 해야 한다.

[표 8-3] **전통적 마케팅환경과 인터넷마케팅환경의 고객행동단계**

	전통적 마케팅환경 고객행동	인터넷마케팅환경 고객행동
1단계 (홍보)	- TV, 라디오, 신문 광고 등	- TV, 라디오, 신문 광고 - PPC광고, 제휴광고, 메일광고

2단계 (방문)	- 매장에 방문하여 견본상품을 살핌 - 판매원의 판매과정과 문의가 중요함	- 인터넷 쇼핑몰을 방문하여 상품을 살피며, 사용후기와 만족을 중요시함 - 가격비교사이트와 관련사이트를 통해 정보를 검색함
3단계 (구매)	- 매장에서 상품을 현금 또는 카드로 결제함	- 온라인 쇼핑몰에서 카드나 스마트 카드 등으로 결제함
4단계 (사용)	- 사용 후 문제는 AS 센터에서 해결함	- 사용 후 문제는 AS 센터에서 해결하며, 사용관련 내용을 홈페이지를 통해 문의함
5단계 (요원화, 악마화)	- 만족된 경험의 결과는 재구매와 입소문 확산자 역할에 한정됨 - 최악의 경험시에는 소비자 센터를 통해 항의함	- 만족된 경험의 결과는 긍정적 사용후기와 만족도로 표시하고, 커뮤니티와 블로그 등을 통해 긍정적 시장 입소문 활동을 함 - 최악의 경험시에는 부정적 사용후기와 만족도를 표시하고, 커뮤니티와 블로그를 통해 부정적 입소문 활동을 함

제 3 절 소비자 행동 분석 사례

'고객만족', '고객감동' 등 요즘 많이 접할 수 있는 단어들이다. 많은 기업들이 고객만족, 고객감동을 내세우며 소비자의 마음을 사로잡으려 하고 소비자를 만족, 감동시키기 위한 제품을 개발하려고 노력한다. 성공적인 마케팅전략의 수립을 위해서는 마케터가 "소비자 관점"에서 생각하고 행동해야 한다.

1. Apple

Apple의 충성고객만큼 강한 충성도를 불러 일으키는 브랜드는 거의 없을 것이다. 그들이 소유하고 있는 제품이 iPod, iPhone, Mac컴퓨터 등 어떤 것이든 상관없이 Apple 충성고객의 브랜드에 대한 헌신은 확고하며, 대부분의 Apple 고객들은 어느 정도의 충성도를 갖는다. Mac 열성고객들은 Apple 창업자 Steve Jobs를 기술에서의 Walt Disney로 생각한다. 한 산업분석가는 'iPhone은 하나의 기계가 아니라 동료신자들로 구성된 신성한 공동체'라고 말했다.

Apple 구매자로 하여금 무엇이 당신들을 하여금 이렇게 충성도를 불러일으키느냐고 묻는다면, 그들은 Apple 제품의 성능이 우수하거나 많은 기능을 갖고 있다거나 사용하기 쉽다고 말한다. 하지만 Apple 구매자의 행동은 더 깊은 곳에 그 뿌리를 갖고 있다.

Apple은 고객을 이해하는 데 최우선 순위를 둔다. Apple은 Apple 구매자에게 있어 소비자행동에 대한 깊은 이해 덕택으로, Apple 브랜드는 핵심고객의 마음속에 강한 충성도를 형성한다. 그 결과 소비자의 Apple에 대한 사랑은 놀라운 매출과 이익을 올리게 되었다.

[그림 8-4] 아이폰 판매 현장

2. cafe빙수야[13)]

빙수 전문점을 방문할 때마다 무엇을 먹을까 고민이 되는 것이 사실이다. 하지만 'cafe빙수야'에서 새롭게 선보인 '빙수들의수다(이하 빙수다)'를 선택한다면 더 이상 망설일 필요가 없다.

㈜떡보의 하루에서 론칭한 'cafe빙수야(카페빙수야)'에서는 지난 14일 자사의 베스트 메뉴를 한 번에 맛볼 수 있는 빙수 메뉴를 업계 최초로 선보였다.

'빙수다'는 cafe빙수다의 최고 인기메뉴인 '인절미빙수야'를 비롯해 우유로 만든 눈꽃얼음에 100% 국산 팥을 올린 '밀크빙수야', 달콤상큼한 블루베리를 듬뿍 얹은 '블루베리빙수야', 향긋한 망고가 가득한 '망고빙수야' 등 총 4가지 빙수가 물방울 모양 그릇들에 각각 담겨 나온다.

각각의 그릇에 나눠 담아 여러 명이 먹어도 빙수가 섞이지 않고 마지막까지 깔끔하게 먹을 수 있다. 베스트 빙수 메뉴를 모두 맛보면서, 착한 가격으로 주머니 걱정까지 덜 수 있어 경제적이다.

[그림 8-5] cafe빙수야

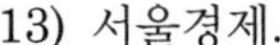

13) 서울경제.

cafe빙수야 관계자는 "다양한 빙수를 한 번에 맛보고 싶다는 고객들의 꾸준한 요구에 부응하기 위해 베스트셀링 메뉴만을 골라 함께 제공하는 '빙수들의 수다'를 출시하게 됐다"며 "대표적인 빙수전문 브랜드로서 앞으로도 색다르게 즐길 수 있는 다양한 메뉴와 프리미엄급 빙수를 지속적으로 선보일 예정"이라고 전했다.

3. 종이기저귀 회사14)

한 종이기저귀 회사의 일화이다. 다른 경쟁회사에는 좋은 재질의 커버, 최고의 기술진, 좋은 소재 등을 내세워 엄청난 개발비와 광고활동을 투입하고 있었다. 그러나 이 회사는 소비자들이 과연 아기 기저귀를 언제 어떻게 사용하고 어떤 문제점이 있는가에 대해 관심을 가지려 했다.

아기와 함께 외출한 엄마, 그런데 레스토랑에 도착하자 아기가 울기 시작한다. 엄마는 황급히 아이를 데리고 화장실로 간다. 세면대 위에 아기를 눕혀놓고는 핸드백에서 화장지를 찾아 오물을 닦아낸다. 아이는 누워서 버둥거리며 울어 제친다. 새로운 기저귀를 꺼내 포장을 뜯고 벌리고 끼우고 닫고 한다.

소비자의 행동을 관찰하기 위해 장치해둔 카메라가 줌인 해 들어가 보니 엄마의 이마에 땀이 송글송글 맺혀 흘러내리고 엄마는 울고 싶은 표정이다.

그들은 거기에서 착안했다.

다른 회사의 '무슨 기능의 좋은 기저귀'라는 것보다 '원터치 방식으로 갈아주기 쉬운 기저귀'라는 것이 주부들에게 더 필요한 것이라고, 한 손으로는 아기를 잡고 다른 한 손으로는 갈아 끼우더라도 한 번에 쉽게 열리게 했다. 또한 새 기저귀 포장 위에 오물을 닦을 수 있도록 티슈 몇 장을 붙여 놓았나. 주부들의 시간과 수고가 크게 줄어들었고 제품은 순식간에 팔려나갔다.

소비자가 우리 제품을 사용하면서 어떠한 불편이 있는지를 관찰함으로써 영감과 통찰이 나온 것이다.

14) 이진선 블로그(blog.naver.com/PostView.nhn?blogId=pcjinsun&logNo=30129227055)

4. 에이스 침대[15)]

침대를 사고 싶어 하는 소비자는 가구 대리점을 부지런히 돌아다닌다. 침대는 대부분 에이스 침대가 좋다고 생각하지만 집안의 다른 가구 디자인과 세트로 맞춰 구입해야 한다는 의식이 늘어갔다.

에이스 침대의 인지도와 선호도는 높은데 구매에 대한 확신과 행동단계에 문제가 있는 것이다. 제품과 브랜드에 대한 확신을 심어주고 구매행동으로 이어주는 노력이 필요했다. 아울러 소비자들의 의식을 바꿔주기 위해 새로운 의제를 설정할 단계라고 보았다.

결국 '가구와 침대를 분리하자, 침대는 디자인으로 보지 말고 기능적으로 보게 하자. 침대는 침대이고 가구는 가구이다'라는 전략이 전개되었고 이를 압축하는 슬로건으로 '침대는 가구가 아닙니다' 라는 캠페인이 나왔다. 소비자 구매행동의 단계를 예리하게 관찰하여 얻은 결과이다.

[그림 8-6] 에이스 침대 TV 광고

Internet Marketing

15) 이진선 블로그(blog.naver.com/PostView.nhn?blogId=pcjinsun&logNo=30129227055)

제 9 장 글로벌 마케팅

제 1 절 글로벌 마케팅의 이해

1. 글로벌 마케팅의 의의

글로벌마케팅은 국경을 넘어 기업이 자국의 제품을 외국의 여러 국가에 판매하거나 외국의 제품을 수입하여 국내시장에 마케팅을 하는 것 또는 2개국 이상의 소비자나 이용자를 향한 기업의 재화나 서비스의 흐름을 통제하는 기업 활동을 말한다. 글로벌마케팅은 상품수출을 중심으로 하는 수출마케팅은 물론, 외국기업에 특허권·상표 및 기술적 지식 등의 사용을 허가해 주는 사용허가계약(licensing arrangement) 또는 외국에서의 자사제품의 생산판매체계를 확립하는 활동도 포함된다.

미국마케팅협회(AMA)의 정의에 따르면 '글로벌마케팅이란 개인 및 조직의 필요와 욕구를 충족시키는 교환을 위하여 기업이 해외시장에 개입하고 아이디어, 재화, 용역의 개념, 가격, 판매촉진 및 유통을 다국적으로 계획하고 수행하는 과정'이다. 즉, 국경이라는 경계를 의식하지 않고 전 세계를 대상으로 하여 마케팅 활동을 하는 것이며, 결국 세계의 베스트 존(Best Zone)을 항상 추구하는 마케팅이다.

세계의 베스트 존을 추구하는 마케팅은 가격이나 품질, 납품 루트 등을 종합적

으로 평가한 후 가장 유리한 나라로부터 구입하여 노동의 질과 비용, 생산 설비 등을 감안하여 가장 생산성이 높은 나라에서 제품을 만들고, 소득이나 소비 성향 등에서 가장 판매 성과가 높은 나라에서 제품을 시장화 하는 패턴을 행하는 마케팅을 가리킨다. 결국 자국이나 타국이라는 개념을 버리고 세계 전체를 하나의 글로벌 마켓으로 취급하는 마케팅을 글로벌 마케팅이라고 한다.

[표 9-1] **국내마케팅과 글로벌마케팅의 차이**

	국내마케팅	글로벌마케팅		
		수출마케팅	현지마케팅 (다국적마케팅)	글로벌마케팅
경영자 사고	국내시장중심	본국지향	현지시장지향	세계시장지향
마케팅전략	국내마케팅전략	수출마케팅전략	현지시장	세계시장
세계관	국내시장	국내시장의 연장	현지시장	세계시장
주요자산	본국위치	핵심능력 집중	분권화, 현지화	전세계배치
경쟁우위		가격경쟁력, 납기준수, 안정적 품질	현지시장에 대한 유연성, 적응능력	세계적 통합, 조정능력

글로벌마케팅의 명칭은 여러 가지로 사용되고 있다.

수출마케팅(export marketing), 해외마케팅(foreign marketing), 다국적 마케팅(multinational marketing), 글로벌 마케팅(global marketing)등이 대표적으로 사용되고 있다.

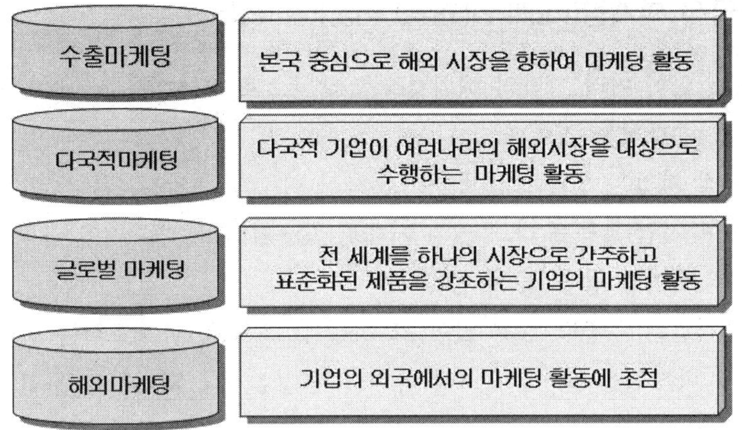

[그림 9-1] **글로벌마케팅의 명칭 차이**

1) 수출 마케팅(export marketing)

무역마케팅이라고도 하며, 본국이 중심이 되어 해외 시장을 향하여 마케팅 활동을 수행하는 것으로 재화 및 용역의 국제간 이동과 관련된 마케팅활동이다. 수출마케팅은 표적시장의 이해와 모든 마케팅도구의 적용 마케팅조사의 사용과 시장잠재력의 확인 마케팅믹스의 요소에 관한 결정 조직, 계획수립 및 통제에 관한 것을 필요로 한다.

수출마케팅을 보다 효과적으로 적용하기 위해서는 목적시장에 있는 현지 고객의 욕구가 무엇인지를 파악하여 그들의 욕구를 최대한 만족시켜 줄 수 있는 마케팅 전략을 수립하여야 한다.

이렇게 수립된 마케팅전략을 실행함으로써 기존 거래선의 지속적인 거래유지와 새로운 거래선을 창출시킴으로서 이익을 극대화시키는 것이 수출마케팅의 목적이다.

수출마케팅의 목표는 높은 시장점유율을 목표로 하는 것과 시장점유율보다는 내실을 기하는 이익률 확보를 목표로 하는 것으로 나눌 수 있다.

어떤 수출마케팅 전략을 선택할 지는 수출업체의 경영전략과 경영방침에 따라 결정되며, 보통 수출 초기 단계에는 시장점유율을 확보가 이익률의 확보보다는 우선하는 것이 일반적이다.

2) 다국적 마케팅(multinational marketing)

다국적 기업이 여러 나라의 해외시장을 대상으로 각 해외시장 내에서 현지 마케팅활동을 수행하는 것이다.

즉 다국적 기업은 모국에 존재하는 본사가 다수의 해외지사를 두고 전 세계를 상대로 하여 기업 활동을 하고 있는 거대기업을 말하며, 대표적인 다국적 기업은 코카콜라나 버거킹 등을 들 수 있다.

다국적 기업은 수출만 하고 있던 그 나라에 그 상품을 제조하는 공장을 설치하고, 현재 마케팅을 실시함으로써 유리한 산업입지를 획득하여 무역의 제한사항을 극복하고 이익의 극대화를 추구한다.

[그림 9-2] **코카콜라**

[그림 9-3] **버거킹**

3) 글로벌 마케팅(global marketing)

본국시장과 외국시장의 구별이 없이 전 세계를 하나의 시장으로 보고 마케팅 활동을 전개하는 형태로서 모기업이 태동했던 본국의 개념이 사라진 다국적 기업의 유형이다.

글로벌마케팅은 전 세계를 하나의 단일된 또는 몇 개의 표준화된 시장으로 인정하여 완전한 일관성과 저비용으로 운영하며, 전 세계에 동일제품을 동일한 방법으로 제조·판매한다.

그러한 제품으로는 고급기술(high-tech)및 고감도(high-touch)의 제품들이라고 할 수 있다.

글로벌 기업은 기업활동에 필요한 가장 최선의 기능이나 시장을 확보하기 위해 세계 어느 곳에서든지 기업활동을 하여 이익을 추구한다. 대표적인 글로벌 기업으로는 월마트 등을 들 수 있다.

[그림 9-4] **월마트**

4) 해외마케팅(foreign marketing)

기술제휴나 합작투자 등을 통하여 주로 해외에서의 현지생산, 또는 현지판매에 관련된 해외사업활동 등에 관한 마케팅을 말한다.

현지의 마케팅환경을 면밀히 분석하여 적합한 마케팅전략을 수립하고 집행하는 것이다.

제2절 글로벌 마케팅의 성격

글로벌 마케팅이 국내 마케팅과 구별할 수 있는 성격적 특징으로는 외국환경, 국제이전 그리고 다수국가시장 등에서 살펴 볼 수 있다.

1. 외국환경

마케팅이란 기업의 자원을 환경에 맞추어 집중시키고, 표적시장을 포착하여 주어진 기회에 집중시키는 과정을 취급한다고 할 수 있다.

기업은 이 과정에서 내적·외적 환경을 고려하는데, 특히 고객, 경쟁, 정부 등에 초점을 맞추고 제품, 가격, 유통, 촉진 및 마케팅조사 등의 마케팅활동을 통하여 기업이 설정한 목표를 달성한다.

외국환경은 국내환경과는 달리 여러 가지 정보가 부족하며, 그에 따르는 불확실성이 증대되며, 기업이 통제 불가능한 여러 개별 국가의 환경이라는 차원을 추가한 것이다.

이에 따라서 외국환경은 기업에게 기회와 위협을 줌으로 이를 잘 분석·평가하고 적절히 대응하여야 한다. 물론 이때 분석할 수 있는 정보가 필요하다.

국제적인 환경에 대한 정보를 평가하는 기준으로는 정보의 질, 의사결정자의 욕구에의 적합성, 정보의 비용 등을 들 수 있다.

2. 국제이전

글로벌 마케팅은 재화, 용역, 자본, 기술, 인력 등의 생산요소, 마케팅전략 및 프로그램, 그리고 마케팅기법과 시스템의 국제이전과정을 수행한다.

국제기업이 국제이전에 있어서 우선적으로 넘어야 할 것은 해당국의 규제와 개입, 관세 및 비관세 장벽, 직접세 및 간접세, 여러 형태의 공정거래법과 독점

규제법, 정부의 여러 가지 허가제도, 정부의 독점사업과 입찰 등에 있어서의 자격제한 등이다. 글로벌 마케팅 관리자는 상대국의 규제에 잘 대처할 수 있어야 한다.

3. 다수국가 시장

기업은 다양한 국가 환경 속에서 마케팅 활동을 수행한다. 각 국가는 언어, 생활습관, 가치관, 종교의식, 예술, 사회규범 등이 매우 다르다.

또한 화폐, 경제발전단계, 공업화의 수준, 국민소득, 소비수준과 기대하는 상품의질 등이 다양함을 알 수 있다.

마케팅 관리자는 각 국가시장의 기회와 위협을 비교·분석하여 범세계적인 관점에서 효율적으로 자원을 배분하고 전략을 수립해야 하며 해외에 있는 자사 간에 이해가 상충되지 않도록 조정하고 간섭해야 한다.

기업이 국제 시장에서 이질적인 기업 환경을 극복하고 적응하기 위해서는 글로벌 전략적인 관점에 초점을 맞추어야 한다.

환경공간의 차이를 중심으로 구별해 본 국내마케팅과 글로벌마케팅의 특성은 국경을 초월한 마케팅활동, 해외시장에서의 이질적인 기업 환경, 글로벌 전략의 구축 등이라 할 수 있다.

제 3 절 해외시장 진출

국내 기업들이 해외시장에 진출하는 동기는 획일적으로 단정하기 어렵지만 대체로 기업이 가지고 있는 기술, 경영, 시장개척, 자금조달 등의 우위성을 기초로 하여 매출확대, 정부규제의 강화, 해외시장에서 무역장벽의 감소, 그리고 시장의 글로벌화 등 기업의 해외진출을 통해 이용확보의 유리한 입장을 유지하려는데

있다고 볼 수 있다.

1. 매출확대

기업이 해외시장 진출을 하려고 하는 요인 중 하나는 제품이 국내시장에서 포화기에 도달했거나 생산능력의 과잉으로 인해 재고의 증가나 매출에 따른 이익의 감소가 발생할 우려가 있을 경우 등 국내에서는 더 이상 많은 매출을 올리지 못한다고 판단했을 때 매출확대를 위해서 해외시장에 눈을 돌릴 수밖에 없다.

예를 들어 우리나라의 국내 조미료 시장을 선도하여 왔던 (주)대상의 미원(Miwon)은 1970년대 접어들면서 국내시장에서 경쟁업체인 제일제당과 치열한 경쟁을 벌이고 있었다.

또한 전량 수입에 의존하던 조미료의 주원료인 당밀(Molasses)의 국제가격이 폭등하기 시작함으로써 일본과 영국의 대기업들이 전 세계적으로 거의 독점하고 있던 당밀시장에서 물량확보에 많은 어려움을 겪고 있었다.

이와 같은 내외적인 환경변화에 따라 주원료인 당밀의 안정적인 확보와 해외시장 개척, 장기적으로는 원료 거점을 중심으로 세계 MSG 시장에서 경쟁력을 제고시키고 기업의 국제화를 도모할 목적으로 해외진출 전략을 고려하게 되었으며, 1970년 3월에 해외조사단을 동남아 현지에 파견하였다.

이러한 노력으로 80년대 접어들면서 인도네시아 조미료시장은 대상, 아지노모토, 사사가 삼분하게 되었고, 80년대 후반부부터 현재에 이르기까지 대상은 높은 시장점유율을 기록하고 있다.

2. 정부규제의 강화

세제, 판매권 등 정부규제의 강화로 인한 자국 국내시장에서 탈피하여 해외시장 진출에로의 전략을 세우는 것이다.

3. 해외시장에서 무역장벽의 감소

무역장벽은 국가 간의 자유무역을 제약하는 인위적 조치로서 세계의 많은 나라들은 오랫동안 자국의 산업을 보호하고, 교역조건을 유리하게 하고, 고용을 증대하고 국제수지를 개선하기 위한 차원에서 관세·할당제·환제한 등 강한 보호정책을 유지하였다.

한 나라가 무역장벽을 높이면 상대국도 이에 대응, 보복책으로 장벽을 높이게 된다. 이에 우리기업은 해외의 무역장벽을 피하기 위해서 현지시장으로 진출을 한다. 그러나 최근에는 해외 기업을 유치하기 위한 전략으로 무역장벽을 완화하고 있기도 하다.

4. 시장의 글로벌화

세계가 교통, 통신, 커뮤니케이션 수단의 발달로 인하여 심리적으로나 물질적으로 거리가 매우 좁아지고 있어서 마케팅 관리자는 경쟁, 마케팅, 생산 등 모든 여건과 활동을 전 세계적인 차원에서 고려하며 분석하고 있다.

시장이 글로벌화 된 요인으로는 국가간 1인당 소득수준의 격차가 좁혀지고 생활패턴 및 소비자 기호가 동질화되는 국가간 수렴 현상, 국가 간의 경제적 장벽의 완화와 국가간 협조, 기술혁신이 가속화되며 규모의 경제를 위한 계속적인 노력, 세계 무역량이 지속적으로 증가하면서 서로 다른 국가에 있는 경쟁자들 간의 경쟁관계 치열 등을 들 수 있다.

그러므로 마케팅관리자는 동질화된 세계 소비자들의 기호에 따른 세계적 상표를 개발하여 그 이미지를 구축함으로써 동일한 제품군에서 최고의 경쟁우위를 확보하는 전략을 구사하여야 한다.

이러한 기업의 해외진출 동기를 전략적 동기와 방어적 동기로도 나누어 볼 수 있다.

전략적 동기에는 이윤추구동기, 독특한 제품이나 기술적 우위, 세제상의 혜택, 규모의 경제, 국제 경영 활동에 대한 경영자의 열정 등이 있다.

방어적 동기에는 경쟁압력, 국내 판매의 감소, 과잉생산, 과잉생산 능력, 국내

시장의 포화, 고객 및 현지시장에 대한 친밀감 등이 있다.

5. 해외시장 진출방법

기업이 해외시장에 진출하는 방법에는 기본적으로 점진주의적 해외시장 진출하는 방법과 하청형태의 해외시장 진출하는 방법이 있다.

일반적으로 많은 국가들이 점진주의 형태이며 이것은 국내시장에서 시작하여 해외시장에 진출하는 형태이다. 하청형태는 국내 시장과는 무관하게 외국 기업이나 해외 바이어에 의한 하청수출 형태이다.

기업이 특정 해외시장에 진출하는데 있어서 진출기업이 해외시장의 개입정도에 수출, 라이센싱(licensing), 해외직접투자 등의 방법으로 구분할 수 있다.

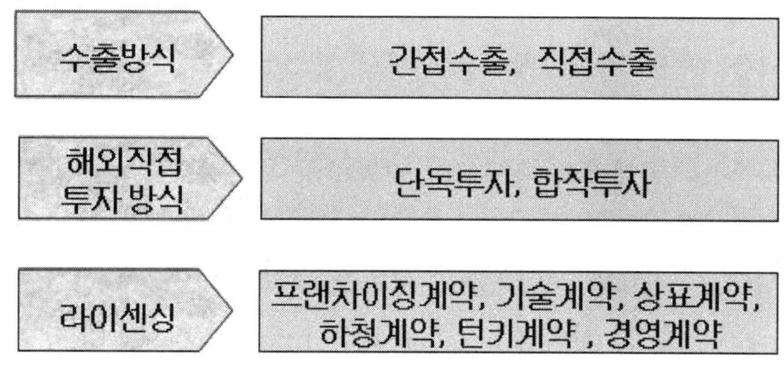

[그림 9-5] **해외시장의 개입정도에 따른 구분**

1) 수출

수출에 의한 해외진출은 기업이 자국에서 제품을 생산하여 해외에 수출하는 방식을 의미한다. 기업이 무역을 하는 이유는 다음과 같다.

첫째, 국내 판매보다는 해외 판매에서 보다 큰 이익증대를 가져올 수 있고, 산출량을 증가시킴으로써 규모의 경제효과, 원가를 절감할 수 있다.

둘째, 수출은 세계자원의 효율적 배분에 의한 국민 복지향상을 도모한다.

셋째, 제품수명주기에 따라 특정국가에서 고객들을 잃을 때 나타나는 기업 손

익의 위험을 수출을 통해서 분산하며, 각국의 다양한 고객을 창출할 수 있다.

넷째, 지역집중을 통한 규모의 경제 달성할 수 있으며, 각 국가마다 수출촉진 정책을 수행하여 각종 세제나 금융, 제도상의 수혜를 받는것이 가능하다.

다섯째, 자동차, 조선산업 등과 같은 제품특유의 시설(product-specific capacity)의 유휴에 대해 수출을 통해서 해결할 수 있다.

이와 같은 동기에서의 수출은 간접수출, 직접수출 그리고 현지마케팅의 형태로 나눌 수 있다.

(1) 간접수출

간접수출(indirect export)은 수출업자(export management company), 수출대리점(export commision house), 수출조합(export association), 수출중개인(export broker)등을 통하여 수출함으로써, 수출국의 제조업자가 직접 수출업무를 이행하지 않고 국내에 있는 중간수출업자를 통해 해외에 수출하는 형태이다.

이러한 간접수출방식은 해외시장에 대한 관여 정도가 낮은 기업에 적합하며, 기업은 마케팅에는 거의 관여하지 않고 생산에만 전념하게 된다.

수출의 주요 동기가 국내의 과잉생산물을 처리하거나 국내사업의 부수적인 활동으로 추진되는 경우 수출대행업자를 통한 간접수출이 적절하다.

또한 해외시장 확대에 전념할 여력이 없으며, 수출조직을 신설하고 시장을 테스트하고자 하는 기업이 적절히 사용할 수 있는 방법이다.

간접수출은 기업들이 고정자본을 투자할 필요가 없고 해외사업을 운영하는데 드는 비용이나 위험 역시 크지 않다는 점에서 효과적인 수단이 될 수 있지만 브랜드 구축이 어렵다는 단점이 있다.

(2) 직접수출

직접수출(direct export)은 본사의 수출전담부서나 계열무역회사를 통해 수출관련 제반업무와 기능을 위임하지 않고, 제조업자가 직접 해외시장에 있는 수입업자나 대리점(agent), 유통업자(distributor), 판매자회사(sales subsidiary), 소비자(consumer)에게 판매활동을 벌여서 수출하는 방법이다.

직접수출은 기업 내에 수출업무를 담당하는 부서 또는 인원을 두고 해외시장

조사와 해 외고객의 접촉, 수출가격의 결정, 유통경로의 선정 등과 같은 글로벌 마케팅 기능뿐만 아니라 수출에 필요한 제반 절차 및 서류작성 등의 업무를 독자적으로 수행하는 것을 의미한다.

직접수출을 하기 위해서는 수출입업무에 대한 지식과 해외마케팅 활동 수행 능력을 가진 인력자원이 필수적이며, 현지판매법인은 현지상관습에 따라 현지딜러와의 신용거래가 가능하므로 딜러에 대한 신용 조사와 외상 매출금관리가 필요하다.

또한 전국적인 애프터서비스망을 갖추는 것이 필요해지므로, 장기적으로 경쟁력 있는 제품이 있어야만 현지마케팅에 대한 장기적 투자가 가능하다.

직접수출은 간접수출에 비해 기업의 마케팅활동이 훨씬 더 발전된 단계이며, 중간 마진을 배제하고 운용하기에 통제의 범위도 넓고 독자적인 기획기능도 포함 시킬 수 있다.

그러나 해외 시장이란 익숙하지 않은 시장조건을 고려할 때 위험에 대한 노출도가 높으므로 대규모 시장에는 직접수출을 이용하고 소규모 시장에는 간접수출을 이용하는 등 직접수출과 간접수출은 상호 보완적으로 이용할 수 있어야 한다.

우리나라의 경우 대부분 대기업들은 직접수출방법이며, 해외시장경험과 실무지식이 보편화되면서 중소규모 제조업체들도 상당수 직접수출 수행 중이다.

(3) 현지마케팅

현지마케팅이란 특정한 현지 시장을 대상으로 현지법인을 세워서 현지 유통경로에 깊이 개입하는 형태를 뜻한다.

본사의 입장에서 현지법인에 의한 수출이지만, 현지법인의 입장에서 현지의 수입상이나 도매상의 위치에서 마케팅을 하기 때문에 수출이라고 볼 수가 없다.

6. 라이센싱에 의한 해외시장 진출

라이센싱은 라이센서(licensor)와 라이센시(licensee)난에 라이센싱 계약을 체결하고, 이 계약하에서 라이센서가 자사가 보유하고 있는 특허(patent), 기업비결(trade secret), 노하우(know-how), 등록상표(trade-mark), 지식(knowledge),

기술공정(technical process)등의 상업적 자산권을 사용할 수 있는 권리를 라이센시에게 제공하고 이에 대한 일정한 대가를 받기로 하는 계약이며, 이것은 상품거래나 자본투자를 수반하지 않는다는 점에서 수출과 직접투자와는 구별된다.

라이센서는 라이센시로부터 자기가 원하는 수준의 제품을 공급받기 위해 단순히 특허나 노하우 등의 상업적 자산권을 이전하는 데 그치지 않고 라이센시에게 상당한 정도의 기술도 지원해주는 것이 일반적이다.

이때 기술을 어느 정도로 지원해줄 것인가 하는 것은 관련 기술 및 공정의 복잡성 정도 그리고 기술, 경영, 마케팅 등과 관련된 라이센시의 능력에 따라 좌우된다. 라이센싱은 해외시장 침투에 그 기본 목적이 있으며, 라이센싱의 동기는 보통 경제적·전략적·법적 동기로 나눌 수가 있다.

1) 경제적 동기

경쟁자가 곧 기술개발을 할 가능성이 크거나, 해외시장의 수요가 따로 해외생산을 할 만큼 크지 않거나, 해외의 모든 곳에 생산공장을 갖출 수가 없을 때 라이센싱을 택하게 된다.

그 이유는 직접투자에 따른 자본비용, 설비운영, 재고에 대한 위험을 피하고 현지시장에의 적용에 필요한 비용을 현지기업에 넘기는 것이 효과적이기 때문이다.

2) 전략적 동기

다각화된 기업은 지속적으로 제품을 재평가하고 변화시켜야 하는데, 이때에 전략적 가치가 떨어져 개발에 큰 의미를 부여치 않아야 된다고 판단된 제품이나 기술은 다른 기업에게 이전을 취하게 된다.

3) 정치적·법적 동기

관세, 쿼터 등의 수입 장벽을 피하여 라이센싱을 택할 수도 있다.

현지 정부는 기술을 획득하는 수단으로 직접투자보다 라이센싱을 선호하기도 한다. 또한 재산수용과 같은 위험도 회피할 수가 있다.

라이센싱은 거래대상이 되는 지식의 형태에 따라서 다음과 같이 구별할 수가 있다.

4) 기술계약(technology licensing)

기술계약은 기술제공기업이 생산이나 제품에 관련된 노하우를 제공하고, 거기에 대한 대가를 지급 받는 계약이다.

기술계약은 계약된 기간만 유효하므로 계약기간이 지나면 그 이후에 기술도입을 하는 기업은 경쟁사가 된다.

따라서 기술계약에 있어서 기술제공기업은 시장에 개입정도가 한시적이고 간접적인 것이다.

5) 상표계약(brand licensing)

상표계약은 상표를 사용하는 권리를 팔고 그 대가를 지급 받는 계약의 형태이며, 일반적으로 기술계약과 함께 이루어지는 경우가 많다.

상표계약은 기술 계약과는 다르게 계약기간이 종결이 되면 더 이상 상표를 사용할 수 없게 되므로 상표 소유자에게는 수입원이 되며 시장도 잠식당하지 않는 계약이다.

6) 프랜차이징(franchising) 계약

프랜차이징(franchising)이란 브랜드뿐만 아니라 마케팅믹스의 활동까지 모든 것을 전수하기로 하는 계약으로서 프랜차이저(franchisor : 영업본부)가 프랜차이지(franchisee : 가맹회사)에게 상표의 사용권을 허가해 주고 사업체의 조직과 경영방법의 이전을 통해 계속적으로 운영을 지원해주고 그 대가로 가맹점들로부터 수수료, 로열티 등을 받는 것을 의미한다. 이는 제조회사가 중심이 되어서 도매상이나 소매상을 단일 마케팅믹스 아래 통합하는 강력한 계약방식이다.

프랜차이징은 정치적인 위험이 없이 적은 자본으로 해외시장에서의 신속한 확산, 독특한 이미지로 표준화된 마케팅으로 시장침투를 용이하게 할 수 있다는 장점이 있으나, 한 기업의 이윤을 다른 나라 기업의 경쟁력 강화를 위해 사용할 수 없으며, 지리적으로 멀리 떨어져 있기 때문에 품질의 통제가 어렵다.

또한 소비자가 생각한 상품의 품질에 부합되지 못하는 경우 다른 프랜차이즈에도 타격을 입게 된다.

7) 하청계약

하청계약은 라이센싱과 직접투자의 절충형이라고 할 수 있다.

국제기업이 해외의 독립된 제조업체로부터 제품을 조달하면서 그 제품을 현지 시장이나 제3국에 판매하게 된다.

하청계약은 자본과 경영이 적게 소요되며, 신속한 해외시장진입에 있으나 적합한 현지 제조업자를 찾기가 힘들고, 그 제조업자로부터 원하는 제품의 질을 받기 위해서는 기술지원이 필요하다는 단점이 있다.

8) 턴키 프로젝트(turn-key-project)

턴키 프로젝트(turn-key-project)는 턴키운영(turnkey operation) 또는 플랜트 수출(plant export)이라고도 하는데 이것은 생산설비를 건설하고 설비가 가동되어 생산이 개시될 수 있는 시점에서 소유권을 넘겨주는 계약형태이다.

턴키 계약을 위한 협상은 각 프로젝트마다 각기 상이한 특성을 지니고 있어서 매우 복잡하고 기간과 비용이 많이 들며 법적인 문제도 생각해야 한다.

계획상에 주의할 점은 프로젝트상의 공장과 설비에 관한 양측의 의무와 책임조항, 불가항력과 계약위반의 의미, 그에 따른 법적 결과와 논쟁의 해결절차 등이다. 턴키운영은 건설 및 엔지니어링 능력이 부족한 개발도상국을 대상으로 많이 이용되고 있으며, 기술적 노하우와 같은 자산으로부터 큰 경제적 수익을 얻을 수 있다.

하지만 나중에 큰 시장이 될 경우 불리하므로 장기적 이윤을 기대하기 힘들며, 새로운 경쟁자를 만들게 된다. 또한 턴키수출의 경우 그 속에 기술이 포함되어 수출되므로 기술이 경쟁력의 원천이 되는 경우 경쟁력을 상실할 수도 있다.

9) 경영계약

국제경영계약이란 해외기업의 운영을 관리할 수 있는 권리를 계약하는 경우이다. 경영계약은 리스크가 낮은 진입방법이지만 수입은 계약기간 동안으로 제한하고, 해외시장에 영구적인 교두보를 확실하게 구축하지 못하며, 미래의 경쟁자를 양성한다는 단점이 있다.

7. 해외직접투자

해외직접투자란 해외시장을 진입하는 가장 적극적인 형태로서 경영에의 참여나 경영권의 지배나 기술제휴를 목적으로 외국에 법인을 세우거나, 기존법인의 주식을 취득하거나, 해외기업에 대한 지분참여와 장기자금 대부 형태 등의 해외사업이다.

해외직접투자의 동기는 다음과 같다.

(1) 자원조달 : 원재료 확보 및 자원의 안정적 공급 가능

(2) 비용절감 : 저임금 노동력의 이용, 재료구매비의 절감, 운송비 절감

(3) 시장확보 : 기존시장의 유지 및 확장

(4) 기술확보 : 노하우와 기술의 확보 및 축적

(5) 입지유인 : 수용국의 각종 혜택, 낮은 조세부담, 높은 국가이미지

(6) 기타 : 사업다각화, 과점적 경쟁행동, 환율위험예방 등

해외직접투자에는 합작투자와 단독투자가 있다.

단독투자란 100% 자기 자본으로 투자하여 현지법인을 통한 모든 경영권을 지배하는 경우를 의미한다.

일반적으로 단독투자는 기업이 완벽한 종속관계를 통한 강력한 독점적 우위를 소유하고 있거나 또는 제품이나 기술에 대해 본사의 강력한 통제가 필요한 경우 그리고 제품 생산과정에서 모 기업이 자회사에게 원자재를 공급한다든지 또는 그 반대의 관계가 성립하는 경우 등에 주로 선호된다.

그러나 단독투자는 위험을 단독으로 부담해야하며, 현지시장 정보수집을 위한 비용이 증가하는 단점이 있다.

합작투자(joint venture)는 해외기업과 공동으로 자본을 투자하여 현시 국에 법인을 설립하여 운영하는 방법이다.

합작투자는 합작에 참여하는 기업들이 소유권과 기업의 경영을 분담하며, 자본 및 기술 등 상대방 기업이 소유하고 있는 강점을 이용하고 위험을 분담할 수 있다는 점에서 상호 이익적인 해외투자방식이라고 할 수 있다.

합작투자는 현지시장정보에의 접근이 용이하므로 현지시장 정보수집을 위한 비용이 절감되며, 현지소비자의 신뢰도가 증진되므로 위험이 축소된다.

하지만 경영권 분쟁 등 갈등의 소지가 있고, 불완전한 통제라는 단점이 있다.

해외직접투자는 무엇을 기준으로 하느냐에 따라 다양한 형태로 구분될 수 있는데, 전략적 동기를 중심으로 한 해외직접투자의 유형을 살펴보면 다음과 같다.

1) 자원지향형투자(raw material seeker)

자원지향형투자는 도입국에서 생산되는 원유·광물과 같은 지하자원, 산림자원, 수산자원 등의 원료를 확보하기 위한 목적으로 특정 다국적기업이 현지 국에 해외직접투자를 하는 경우를 의미한다.

이러한 자원지향형투자는 단순히 자원의 개발에만 그치는 것이 아니라 개발·정제·마케팅이 수직적으로 통합(vertically integrate)되는 경우가 많으며 막대한 자본투입, 높은 위험부담과 함께 투자의 장기 회임성을 특징으로 한다.

2) 시장지향형투자(market seeker)

시장지향형 해외직접투자는 도입국의 국내시장을 확보함으로써 현재 또는 장래의 판로를 확보함을 목적으로 해외에 투자하는 경우를 의미한다.

이러한 형태의 해외직접투자는 수출을 통한 해외진출이 많은 비용을 유발하거나 현지 국 정부가 높은 수준의 관세 및 비관세장벽을 구축하여 규제를 가하는 경우에 이용된다.

해외 직접투자는 현지시장 또는 지역시장의 규모가 크고 성장가능성이 높다고 판단될 때 시행되며, 이는 반드시 제조업에만 국한되는 것이 아니라 소매업·은행업·보험·여행업 등 서비스산업에서도 쉽게 찾아 볼 수 있다.

3) 생산효율지향형투자(production-efficiency seeker)

생산효율지향형투자는 생산성에 비해 생산요소의 가격이 상대적으로 저렴한 지역에 투자를 하여 생산 활동을 전개하는 것을 의미한다.

다국적기업의 경우에는 각 부품을 전세계 여러 지역 가운데서 가장 효율적으로 생산할 수 있는 지역에서 생산한 다음에 이것을 또 다른 지역에서 조립하고, 또 가장 효율적인 지역에서 보관하고 유통시킴으로써 최소의 생산비와 유통비로 전 세계 시장에 자사의 제품을 가장 효율적으로 공급하고자 한다.

4) 지식지향형투자(knowledge seeker)

지식지향형투자는 선진국의 기술이나 경영 노하우를 습득하기 위해 선진국에 투자하는 경우이다.

해외직접투자는 고급 기술 인력이 위치하고 있는 지역에 현지법인을 설립하여 현지의 우수한 두뇌를 활용하고 지식을 습득함으로써 선진기술과 경영기법에 보다 더 효율적으로 접근하기 위한 것이다.

[표 9-2] **글로벌 마켓 장·단점**

	선진국 마켓	중간소득국가 마켓	개발도상국 마켓	최빈국 마켓
장 점	최대시장 안정적인 시장	시장공략이 쉬움 시장이 비교적 큼	시장공략 쉬움 시장이 급신장	의외의 고수익
단 점	경쟁이 치열	경쟁이 비교적 치열	시장이 작음 변화가 많음	시장이 매우 작음

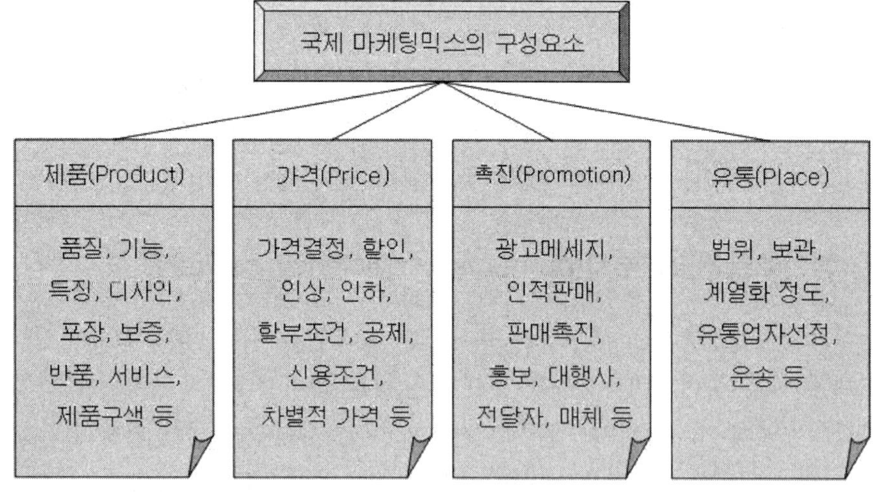

[그림 9-6] **국제 마케팅믹스의 구성요소**

첫째, 제품계획

제품계획이란 진출하는 국가의 소비자의 욕구와 상품 수명 주기를 고려하여 상품의 품질, 내용, 디자인 특성 등을 고객의 입장에서 연구하고 검토한 후 목표 시장, 시기, 가격을 적정하게 계획하고 결정하는 것을 뜻한다.

제품계획은 마케팅믹스 요소 중에서 마케팅 프로그램의 출발점이라고 할 수 있는 가장 기본이 되는데 이는 고객 지향적인 관점에서 수립되어야 하며, 어떠한 제품을 생산·판매할 것이냐에 따라서 가격결정, 유통경로, 판매촉진 등의 마케팅 믹스 구성요소별 전략이 결정된다.

해외시장에 대한 제품정책은 국내에서 공급되는 제품의 변경여부에 따라서 세 가지로 나눌 수가 있다.

(1) 표준제품정책

국내에서 기업이 생산하고 있는 표준화된 제품과 촉진을 세계시장에 그대로 공급하는 정책이다.

(2) 제품변경정책

현지소비자들의 욕구나 기호나 선호도를 고려하여 현지사정에 맞게 기존 제품의 특징, 디자인, 품질, 포장 등을 수정하는 정책이다. 예를 들어 자동차의 경우 운전석을 왼쪽에서 오른쪽으로 변경하는 것을 들 수 있다.

(3) 제품개발정책

기존제품을 변경하지 않고 현지시장에 맞게 새로운 제품을 개발하여 시장을 개척하는 정책으로 해외시장의 욕구에 보다 잘 맞는 제품을 개발하는 전략이다.

제품개발정책은 기존제품의 개선과 함께 제품 수명주기를 연장시키는 중요한 수단이 된다.

둘째, 가격정책

글로벌마케팅에서 가격정책이란 차별가격정책을 뜻한다. 차별가격정책은 동일 종류의 상품의 매가를 일정한 기준에 의하여 차별하는 가격정책으로서 해외 시

장 진출을 위한 사전 비용과 상품 이동에 따른 추가 비용(관세, 운송비, 수입업자 마진 등), 위험 등을 고려하여 국제가격 전략을 수립해야 한다.

따라서 국제기업은 원가 및 탄력적 이폭 가산법, 원가 가산법, 증분가격결정법 등의 사항에 유의하여 국가에 따라 제품가격을 어떻게 책정해야 할 것인가에 대하여 의사결정을 해야 한다.

① 상품의 최종 가격을 동일한 제품가격으로 각국에 판매한다.

하지만 이 방법은 국가에 따라 물가와 소득 수준을 고려하지 못한 방법이므로 일반적으로 후진국에 대해서는 가격을 너무 높게 책정하는가 하면 선진국에 대해서는 너무 낮게 책정하는 경향이 있다.

② 진출한 국가의 현지에서 상품을 생산할 경우 현지 생산 원가를 기준으로 가격을 책정하는 가격전략이다.

이는 해외시장에 대해 제품원가에 대한 동일한 마진을 적용하므로 일정한 마진율을 보장하지만 시장 가격과 유리되는 단점이 있다.

③ 상품의 생산 원가에 상관없이 국가별 고객지향의 가격결정이다.

이는 각 국가의 소비자 지불능력에 따라 제품가격을 다르게 책정하는 것이다. 이 방법은 탄력적으로 적응할 수는 있으나 가격 수준이 너무 낮으면 수익성이 없게 되어 진출하기 어렵다는 단점이 있다.

셋째, 촉진정책

촉진정책(promotion strategy)이란 국내기업이 해외시장기회를 보다 효과적으로 활용하기 위하여 현지시장의 여건과 고객의 상황에 따라 해외고객의 수요를 환기하고 자극함으로써 판매촉진을 하도록 하는 의사결정과 활동을 뜻한다.

촉진은 진출국의 언어, 문화 등을 고려하여야 하는 가장 복잡한 과정으로, 광고 매체, 판촉 등을 이용할 때 그 나라의 규정이나 습관, 그리고 금기 사항 등을 잘 파악해야 하며, 그 후 범세계적 규모의 촉진믹스 결정, 광고매체와 촉진매체의 선정 등을 해야 한다.

해외 현지시장에서 광고의 중요성이 점점 커지는데, 특히 현지 고객에게 브랜

드를 인지시키고 나아가서 차별화를 시키기 위해서는 광고가 필수적인 수단이 되고 있다. 이때는 광고·촉진 캠페인을 현지시장에 맞도록 수정하는 커뮤니케이션 적응전략과 제품, 커뮤니케이션 모두를 현지시장에 맞도록 적응시키는 제품 촉진 동시적인 전략으로 분류하여 고려하여야 한다.

넷째, 유통경로

마케팅관리자는 해외시장기회를 이익화하기 위해서 자사의 제품이 현지국내에서 유통되어 최종사용자에게 제품이 도달될 때까지의 전체 유통경로를 다른 마케팅믹스전략과 함께 수립해야 한다.

유통전략(distribution channel strategy)이란 재화와 용역이 올바른 상태로 알맞은 시간에 원하는 장소로 요구되는 양만큼 소비자에게 전달하는 데 필요한 기업의 의사결정 및 행동을 말한다.

유통전략을 설계하기 위해서는 각국 시장의 소비자특성, 제품특성, 각국 시장의 마케팅구조, 경쟁적 특성, 기업자체의 특성 등을 고려하여야 하며, 그런 다음 경제적 기준, 통제기준, 적용성 기준 등을 기업의 장기 목표와 부합하도록 조정하여야 한다.

국제적인 유통은 국내 유통과 비교해 볼 때 그 비용이 상당히 크기 때문에 유통에서의 이점이 곧바로 해외 진출의 동기가 되기도 한다.

적절한 해외시장진출 방법이 결정되면 마케팅관리자는 현지 유통전략을 설정하여야 하는데, 먼저 마케팅 및 전체 유통경로의 구축에 관한 전반적 전략의 개발과 개입의 정도에 대한 기본적 의사결정을 행한 다음 판매하려는 해외시장국의 유통패턴을 조사하여야 한다.

예를 들어 상품의 생산에서부터 진출하는 국가의 최종 소비자에게까지 이르는 모든 경로를 직접 관리한다면 철저한 유통 구조의 파악으로 인한 많은 비용이 소모될 것이고, 현지의 중간상을 통하여 상품을 유통한다면 도매상과 소매상의 선정에 있어서 그 상품이나 그 나라 소비 습관에 알맞은 규모의 도매상과 소매상을 선별해야 할 것이다.

그 후 본사와 거래국들 사이를 연결하는 현실적인 유통경로 계획을 수립하고 활용하며, 이러한 유통경로로 기구를 계속 관리하고 통제하여야 한다.

물적 유통 기능의 주문처리를 온라인 상에서 체계적으로 처리할 수 있도록 SCM(Supply chain management; 공급사슬관리)이 등장하였다. SCM은 다양한 유통구조, 다양한 제품 및 서비스, 다양한 고객을 대상으로 하는 인터넷마케팅의 전후방 운송관리, 주문관리, 재고관리에 효율성을 제고할 수 있는 온라인 시스템이다. 이는 제품개발에서부터 최종 판매에 이르는 과정에 관련된 모든 업체들이 정보를 공유하고 협력하여 시장 변화에 바로 대응할 수 있는 체제를 구축하는 전략이다.

SCM은 오프라인의 재고관리의 문제점인 채찍효과[1]를 해결할 수 있다. 채찍효과를 통제하기 위해서는 기업 간 가격, 재고, 수송 정책을 협의하여 조정하고, 공급경로 상에 있는 업체 간의 수요변동 및 예측, 소비패턴, 가격동향 등의 정보를 공유해야 한다. 또한, 리드타임 단축 및 비용 절감 등의 성과 개선 활동을 하여야 한다.

---

1) 오프라인에서의 공급 경로가 길면 불필요한 재고가 누적되어 막대한 비용이 발생하게 되는 현상이다. 각 업체가 수요 예측을 독자적으로 행하고, 업체들이 주문 즉시 발주가 아니라 여러 주문을 모아 일괄 발주를 행하는 경우 또는 가격 정책으로 주문량이 변동하거나 부족할 것에 대비한 가수요가 발생하는 데에 기인하는 경우에 채찍효과가 나타난다.

무역용어정리

A

Abandonment(위부) : 추정전손이 발생한 경우 피보험자가 보험금을 타기위하여 보험자에게 보험목적물에 대한 일체의 모든 권리를 포기하고 양도하는 행위. 남아있는 물건의 소유권 및 제3자에 대한 구상권을 보험자에게 양도하는 것을 의미.

Acceptance(승낙) : 피청약자가 청약자에게 청약의 내용에 대하여 무조건 수락하고 계약을 성립시키겠다는 의사표시.

Accepting Bank(인수은행) : 기한부신용장(usance L/C)에 의거하여 발행된 기한부 어음을 인수하는 은행.

Acceptance L/C(인수신용장) : 신용장에 의해 발행된 어음이 기한부인, 기한부신용장(usance L/C)을 의미. 수출상은 기한부어음을 운송서류 매입은행으로부터 어음할인을 받아 수출대금을 회수.

Accountee(대금결제인) : Accountee라는 말은 대금을 최종적으로 결제 하는 자, 즉 환어음을 최종적으로 결제하는 사람으로 수입상을 뜻한다. Applicant와 수화인(consignee) 과 같이 사용.

Acknowledging(주문승낙) : 수입업자가 주문(order) 하고 수출업자가 승낙하는 것 (sales note-sales contract)

Actual Total Loss(현실전손) : 보험목적물의 전부가 멸실되거나 손상을 입었을 경우의 손실.

Ad Valorem Duties(종가세) : 수출입물품의 가격이 관세의 과세표준이 되는 관세이며, 우리나라의 세율결정방법은 종가세가 거의 대부분을 차지.

Additional Clause(**부보위험담보조건**)

- TPND : Theft, Pilferage, Non- Delivery(도난, 발화, 불착손위험담보)
- RFWD : Rain and/or Fresh Water(우·담수위험담보)
- COOC : (Contact with Oil and /or Other cargo(유류나 기타 화물접촉위험담보)
- JWOB : Jettison &washing Over-Board(투하 갑판위 파도위험조건)
- Denting & Bending(구손, 곡손 위험담보)
- S & H : Sweat & Heating(간습손, 열손위험담보)
- Leakage/Shortage(누손, 중량부족위험담보) 등

ADR(Alternative Dispute Resolution ; **소송외 분쟁해결제도**) : 분쟁당사자들이 자신들의 분쟁을 자체적으로 해결함으로써 쌍방 모두 승리하는 win-win outcome에 그 목표를 두는 분쟁해결제도.

Advising Bank(**통지은행**) : 발행은행의 요청으로 신용장을 통지하는 은행.

Airway Bills(**항공화물운송장**) : 항공회사가 화주로부터 물건을 정히 인수받았다는 영수증으로 Master AWB(항공사 발행 화물상환증)와 House AWB(혼재화물운송장)가 있다.

All Risks〈A/R〉(**전위험담보조건**)→ICC(A) : 런던보험자협회 구약관에 의하여 보험자의 면책위험을 제외하고는 해상에서 발생하는 모든 위험에 대하여 보험자가 담보해주는 보상조건.

Applicant(**발행신청인**) : 신용장에 발행신청인으로 명시된 당사자(party)

Applicant for the Credit(**신용장발행신청인 ; 개설의뢰인**) : 당사자의 매매계약에 근거하여 자신의 거래은행에 신용장을 발행해줄 것을 요청한 당사자로서 수입상이 이에 해당한다.

Apron(**안벽**) : 선석에 접한 부분에 일정한 폭으로 나란히 있는 하역작업을 위한 공간.

Arbitration Clause(**중재조항**) : 계약 성립 후 발생할지도 모르는 분쟁을 소송에 의하여 해결하기보다는 Arbitration(중재)에 의하여 해결하고자 계약서의 한 조항으로 삽입하는 중재계약방식.

Automatic Approval Item〈A/A Item〉(**자동승인품목**) : 수출입공고에 열거되어 있지 않는 품목으로 수출입이 자유로운 품목.

B2B(기업간 거래) : VAN이나 네트워크 상에서 주로 EDI를 사용하여 기업간의 거래를 하는 것이며, 기업의 활동 중 구매, 판매, 금융, 물류, 무역 등의 기업간의 업무처리를 인터넷을 통해 기술을 지원하며 구매자와 판매자가 모두 기업인 경우를 의미.

B2C(기업 대 소비자 간 거래) : B2C는 웹기술의 보급과 함께 급성장하는 분야이며 인터넷 상에서 공급자와 실소비자 간에 행해지는 전자소매를 일컫는 말이다.

Back to Back Credit(구상무역신용장 또는 동시개설신용장) : 구상무역, 특히 물물교환 무역방식에서 이용되는 신용장으로 수출상과 수입상이 동시에 신용장을 발행하는 신용장. 구상무역에 이용되는 신용장은 Escrow Credit(기탁신용장)와 Tomas Credit가 있다.

Banker's Usance : 기한부신용장에서 수출상이 발행한 기한부어음금액을 은행이 할인 매입하고, 기한부어음 만기일까지 수입상이 대금결제를 유예하는 것을 말한다. 이때 이자는 은행에 귀속된다.

Bareboat Charter(나용선계약) : 선박만을 빌려 운송하는 용선운송형태로 용선자가 선박 이외에 선장, 선원, 장비 및 소모품에 대한 모든 책임을 진다. 재용선(subcharter)이 가능한 용선운송형태.

Banking Day(은행영업일) : UCP 600에 따라 업무가 이행되어지는 장소에서 은행이 정상적으로 영업을 하는 일자.

Beneficiary(수익자) : 신용장이 발행되어 수혜받은 자.

Berth(선석) : 선박이 접안하여 화물 하역작업을 할 수 있게 만들어진 접안장소로서 보통 선박 한 척을 직접 정박시키는 설비가 있다.

Berth Term(정기선조건 : Liner Term) : 화물을 선박에 적재할 때나 양륙할 때나 모두 선주가 부담하는 조건이다. 이것은 정기선에 의해 개품운송의 경우에는 이 조건을 원칙으로 한다.

Bill of Exchange or Draft(환어음) : 채권자(수출상)가 채무자(수입상 또는 신용장 발행신청인)를 지급인으로 하여 환어음소지자에게 무조건 지급을 위탁하는 위탁증권을 의미.

Blank Endorsed(백지배서) : 유통성 있는 선화증권과 보험증권 이면에 양도할 목적으로 무기명 배서하는 것. 피배서인이 누구라고 기재하지 않고 배서인이 서명만 한다.

Bill of Lading(선화증권) : 선박회사가 물건을 정히 인수받았다는 영수증임과 동시에 도착지에서 선화증권과 교환으로 화물을 내주겠다는 화물상환증이다.

Bona Fide Holder(정당한 혹은 선의의 소지자) : 실제 유통되고 있는 증권 자체에 하자가 있는 것을 모르는 표면상 완전하고 정상적인 증권으로 간주하고 취득한 소지인을 말한다. 수취인(payee) 이 이에 해당한다.

Bonded Area(보세구역) : 수입품을 관세의 부과가 미루어진 상태로 놓아둘 수 있는 지역으로서, 세관장이 지정하거나 특허한다.

Bonded Shed(보세장치장) : 통관절차를 밟기까지 임시로 물품을 보관하여 두는 보세구역으로서 Bonded Storage라고도 한다.

Bonded Transportation(보세운송) : 보세운송에 놓여있는 외국화물을 국내에서 운송하는 제도.

Bulk Cargo(살화물) : 포장을 하지 않은 상태로 운송하는 화물로서 주로 원자재가 이에 해당되며, 부정기선 화물의 대부분이 이에 속한다. 이의 반대개념은 일반화물(general cargo)이다.

Buyer's Market(매입주시장) : 상품의 공급과잉으로 인해 물품의 매매가 비교적 Buyer의 의도대로 할 수 있는 시황을 말한다. 이와 상대되는 말은 판매주시장(seller's market)이다.

Buying Office(물류무역대리업) : 외국수입업자의 위임을 받아 국내에서 수출물품 구매행위를 업으로 하는 자(한국외국기업협회에서 신고)

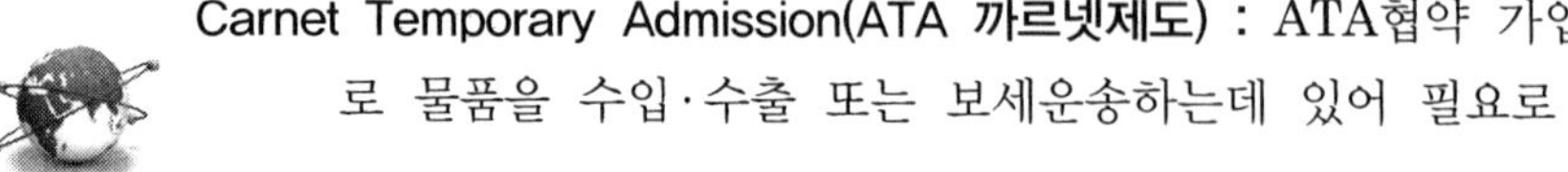

C

Cable Credit(전신신용장) : 신용장의 발행통지를 전신으로 하는 신용장(Full Cable Credit와 Shot Cable Credit)

Carnet Temporary Admission(ATA 까르넷제도) : ATA협약 가입국 간에 일시적으로 물품을 수입·수출 또는 보세운송하는데 있어 필요로 하는 복잡한 통관

서류(예 : 면장, 송장, 승인서 등)나 담보금 대신으로 이행하는 증서로서 이를 이용하여 통관절차를 간소화하고 서로 편리하게 하는 제도.

Cargo Insurance(**적화보험**) : 선박에 적재된 화물을 대상으로 보험에 부보한 보험.

CAD(Cash Against Documents ; **서류인도결제방식**) : 선화증권(Bill of Landing) 등의 운송서류 및 기타 부속서류를 수입상에게 직접 또는 수입상의 대리점이나 거래은행에 제시하여 서류와 상환으로 현금이 지급되는 방식.

COD(Cash on Delivery ; **상품인도결제방식**) : 수입물품이 목적지에 도착하면 수입상이 직접 상품과 상환으로 현금이 지급되는 방식.

C/O(Certificate of Origin ; **원산지 증명서**) : 물품이 제조된 나라를 증명하는 서류로서 우리나라의 경우에는 상공회의소에서 발급하는 원산지증명서와 시·도지사가 발급하는 UNCTAD의 일반특혜관세 원산지증명서가 있다.

CFS(Container Freight Station) : 컨테이너 한 개를 채울 수 없는 LCL화물을 건네주거나 받아 보관하고, 컨테이너에 넣거나(적입, stuffing) 끄집어내는(unstuffing, devanning)작업을 하는 장소.

Charter(**용선**) : 선원이 승선한 선박을 빌리는 것을 말한다. 용선은 부정기적으로 운항하므로 부정기선(tramper)이라고도 부른다.

Charter Party B/L(**용선계약선화증권**) : 화주가 대량화물을 운송하기 위해 특정 항로 또는 일정기간동안 부정기선을 용선하는 경우, 화주와 선박회사 사이에 체결된 용선계약(charter party) 에 의하여 발행되는 선화증권을 말한다. 이는 신용장상에 별도의 명시가 없는 한 은행에서 수리가 거절된다.

Check Price : 우리나라의 경우는 수출가격이 너무 낮은 것을 막기 위한 Floor Price와 수입가격이 너무 높은 것을 막기 위한 Ceiling Price를 총칭하여 Check Price라고 한다.

CIF(Cost, Insurance and Freignt ; **운임·보험료 포함 인도조건**) : CFR조건에 적화보험료만을 추가한 것 이외에는 본질적으로 CFR조건과 같다. 따라서 매도인이 목적항까지 보험부보 의무와 보험료 부담을 진다.

CIF & C(CIF and Commission ; **운임·보험료 및 수수료 포함 인도조건**) : CIF 가격조건은 CIF계약을 기본으로 하여 수수료(commission), 외환비용(exchange), 이자(interest) 등을 포함하여 가격을 제시하는 변형 등이 있는데, 이들 중 수수료가 포함된 가격조건을 말한다.

CIP(Carriage and Insurance Paid to ; 운송비·보험료 지급인도 조건) : 매도인이 목적지까지 운송비와 보험료를 지급해야 하며 적화보험에 부보할 의무가 있다.

Circular Letter(거래권유장) : 거래개시를 희망하고 미지의 거래처로 보내서 자사를 소개하거나 거래관계를 맺자고 권유하는 서한이다.

CISG(United Nations Convention Contracts for the International Sales or Goods 1980 ; 국제물품매매에 관한 UN협약) : 유엔의 국제무역법위원회에 의하여 성안되고, 1980년 3월 비엔나에서 개최된 유엔 외교회의에서 만장일치 통과되어 1988년 1월 1일 부로 발효된 국제물품 매매법의 통일을 위한 국제협약을 말한다. 일명 Vienna협약.

Claim(클레임)

- 무역거래에서 클레임이란, 당사자 간의 매매계약에서 일방이 그 계약을 위반함으로써 계약의 다른 당사자가 그것으로 인하여 입는 손해의 배상을 청구하는 것을 말한다.
  이 경우 피해자를 「Claimant」라고 하며 가해자를 「Claimee」라고 한다.
- 보험용어로는 보험금을 말한다.

Clean B/L(무결함선화증권) : Clean B/L의 FoulB/L 반대용어, 선화증권 상에 포장이나 물품 또는 수량 등에 대하여 특정의 단서, 부기조항, 유보사항 등과 같은 하자사항이 기재되지 않은 선화증권.

Clean Credit(무담보신용장) : 신용장에 의하여 발행되는 환어음에 운송서류가 첨부되지 아니하고 대금지급을 확약하는 신용장. 일반적으로 보증신용장이 여기에 해당한다.

Clean Nego : 매입은행이 수출상이 발행한 화환어음을 신용장조건과 일치하여 어음대금을 결제하는 것을 말한다.

Client/Serve(클라이언트/서버) : 클라이언트/서버는 두 개의 컴퓨터 프로그램 사이에 이루어지는 역할 관계를 나타내는 것으로 클라이언트는 다른 프로그램에게 서비스를 요청하는 프로그램이며, 서버는 그 용청에 대해 응답을 해주는 프로그램이다.

Collecting Bank(추심은행) : D/P, D/A 거래에서 수출지의 추심의뢰은행(remitting bank)으로부터 선적서류와 환어음을 최초로 받은 수입지의 은행.

Combined Transport(복합운송) : 특정 화물을 육상·해상·항공운송 중에서 두 가

지 이상의 상이한 운송수단을 이용하여 출발지에서 최종목적지까지 일관적으로 운반되는 운송형태.

CTD(Combined Transport Documents ; **복합운송증권**) : 화물의 인수지로부터 목적지까지 해상·육상·항공 중 적어도 둘 이상의 다른 운송수단을 이용하여 행해지는 운송인수에 대하여 복합운송인(Combined Transport Operator ; CTO)이 전구간의 운송에 대하여 책임을 지고 발행되는 서류.

Commercial Credit(**상업신용장**) : 무역거래에 따라 대금결제를 목적으로 발행되는 신용장을 포괄하여 상업신용장이라 하며, 운송서류와 교환으로 대금을 지급하는 화환신용장(documentary credit)이 대부분이다.

Commercial Invoice(**상업송장**) : 수출상이 수입상 앞으로 보내는 선적화물명세서, 물품가격계산서 및 물품대금청구서.

Compensation Trade(**구상무역**) : 연계무역(counter trade)방식 중 하나로, 수출업 물품대금의 전부 또는 일부를 그에 상응하는 수입 또는 수출로 상계하는 무역.

Compensatory Duty(**상계관세**) : 탄력관세의 일종으로 자국에서 수출품에 대하여 보조금이나 장려금을 지원하여 주거나, 특별하게 정부로부터 보너스식으로 혜택을 부여받은 상품을 수입할 경우, 수입국에서 자국의 당해 국내 산업을 보호할 목적으로 부과하는 관세.

Conciliation(**조정**) : 무역거래에서 발생하는 클레임의 해결 방법 중의 하나로서 당사자 간의 원만한 합의가 이루어지지 않을 경우 공정하고 전문적인 지식이 있는 제3자를 조정인으로 하여 이를 개입시켜 분쟁을 해결하는 방식.

Conditional Offer(**조건부청약**) : 청약자의 오퍼 내용에 조건이 달려 있는 오퍼. 즉, 이는 피청약자가 수락할 경우에도 청약자의 단서(예 : offer subject to our final confirmation 등)에 의해서 계약이 성립되기 때문에 엄격한 의미에서 청약의 유인에 해당된다고 볼 수 있다.

Confirmation(**확인**) : 신용장조건과 일치하는 제시에 대하여 인수·지급 또는 매입하기 위한 확인은행의 취소불능확약을 말한다.

Confirmed Credit(**확인신용장**) : 신용장 발행은행 이외의 제 3자의 은행이 수익자가 발행하는 어음의 지급·인수 또는 매입을 확인한 신용장.

Congestion Surcharge(**체선할증료**) : 해상 할증운임 중의 하나로, 특정 항구가 항만시설, 대량유입화물, 정세불안 등의 이유로 정박기간이 장시간 소요될 경

우, 이러한 체선상태를 대비하여 당해 항구로 선적되는 화물에 임시로 징수하는 할증료.

Consideration(약인) : 영·미법 상 계약의 중요한 요인으로서, 계약에 따른 약속에 대하여 교환되는 현재의 대가로서 제공되는 행위를 말한다. 즉, 금전·재산권의 양도, 행위의 금지 또는 행위 및 행위의 금지에 관한 법률관계의 변동 등을 말한다. 이는 해당 계약문서 상에 「In consideration of…」로 시작된다.

Consignee(수화인) : 「… made out to order of…」와 같이 신용장 문면 상에 지시식 선화증권의 발행을 요구하는 문구에서 order of 다음에 수화인의 이름이 명기되는데, 그가 곧 운송화물을 받아보는 사람 또는 신용장 발행은행이 되며 선화증권 상의 실질적인 소유권자.

Consignment Sale ; Sale on Consignment(위탁판매) : 위탁자(수출상 또는 제조업체)가 위탁판매계약에 근거하여, 수탁자에게 상품의 판매를 위탁하는 것.

Consolidation(혼재) : 화물을 수송하는 과정에서 수송의 한 단위를 채우지 못하는 소량화물을 모아 혼합적재함으로써 하나의 수송단위를 만드는 것을 의미.

Consolidator(혼재업자)

- 화물혼재업자 : 혼재화물에 대해서 LCL화물의 경우보다 저렴한 운임을 적용하고 그것을 메리트로 하여 집하와 운송취급업무를 영위하는 업자.
- 국제항공화물 혼재업자 : 항공화물의 운임률은 화물의 중량이 많을수록 저율이 되기 때문에 혼재업자는 개개의 송화인에 대해서는 항공회사가 공시하는 운임보다 싼 운임으로 운송을 청부하고, 항공회사에는 종합한 화물의 총중량에 따라 운임을 지급하고서 그 차액을 자기의 수익으로 삼는다.

  혼재업자는 스스로 송화인(수화인은 목적지의 혼재업자)으로서 항공회사와 운송계약을 체결하고 또 한편으로는 개개의 송화인에 대해서 자기 명의로 운송을 청부맡아 항공화물 운송장을 발행한다.

CTL(Constructive Total Loss ; 추정전손) : 해상손해 중 물적 손해에 해당되는 용어로서, 보험 목적물이 현실적으로는 전손되지는 않았으나 그 손해 정도가 심하여 원래 그 목적물이 가진 용도에 사용할 수 없게 되었을 때와 갖는 시가보다 클 때를 추정전손이라 한다. 한편, 추정전손으로 처리하기 위해서는 위부행위가 따라야 한다.

Consular Invoice(영사송장) : 통상 작성되는 상업송장 상에 수출국에 주재하는 수입국의 영사가 수출가격을 확인함으로써 관세포탈이나 외화도피를 방지할 목적으로 송장 상에 확인을 해주거나 사증(Visa)을 받은 송장을 말한다.

Container(컨테이너) : 물적 유통 부문에서의 포장 운송·하역·보관 등 육로·해로·공로상의 모든 과정에서 경제성·신속성 및 안전성을 최대한 충족시키고 화물의 수송도중 이적없이 일관수송을 실현시키는 운송용기.

CLP(Container Load Plan ; 컨테이너 적입도) : 컨테이너에 적입된 화물의 명세서. 화물이 화주, 점수인 또는 CFS operator에 의해 container에 적입되어, 이들에 의해 CLP가 작성되면 CY operator에 전해진다. 이는 유일하게 매 컨테이너마다 화물의 명세를 밝힌 중요한 서류이다.

CY(Container Yard ; 컨테이너 야적장) : 선박회사나 그 대리점이 화주에 의해 화물이 적입된 컨테이너를 선적하기 위하여 화주로부터 인수하거나 양륙된 컨테이너를 화물이 적입된 채로 화주에게 인도해 주기 위한 컨테이너 장치 및 수도장소.

Contract of Affreightment(운송계약) : 무역거래에 있어서 운송계약이란, 수출·입상인 화주가 선주로부터 선복(ship's space)을 빌리고 그 대가로 운임(freight)을 지급하기로 합의한 계약.

Contract Rate System(계약운임제) : 운임동맹이 화주들의 비동맹 이용 억제를 목적으로 만든 제도로서 일명 이중운임제라고 한다. 동맹선에 모든 화물을 신기로 서명한 소위 contract shipper/contractor에게는 일정액 또는 일정률로 할인된 계약운임을, 그리고 동맹과 계약치 않은 비계약 화주에게는 할인되지 않은 운임을 적용하는 제도.

Conventional Tariff(협정관세) : 외국과의 통상조약 또는 관세조약에 의하여 부과하는 관세를 말한다. 협정관세는 두 나라사이에 맺어지는 쌍무협정이 있고 EC지역의 공동관세와 같이 다수국 간에 맺어지는 협정도 있다.

COOC(Contact with Oil and/or Other Cargo ; 기름 및 타화물 접촉위험) : 협회적화약관(institute cargo clause)에 부보시, 부가적인 위험담보조건 중의 하나로서, 연료 또는 기름 등이나 타화물에 접촉되어 입게 되는 유손(oil damage)이나 파손 또는 오손되는 위험을 담보하는 추가약관.

Corres Charge(환거래수수료) : 발생은행이 신용장의 발행 등 해외에 있는 거래은행으로부터 각종 서비스를 제공받을 경우 그 대가로 지급하는 수수료를 말

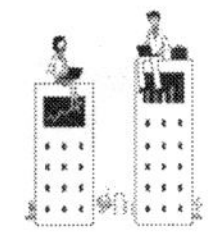

한다. 여기에는 통지수수료, 확인수수료, 상환수수료, 지급수수료 등이 있다.

Correspondent Agreement(**환거래계약**) : 외국환은행이 외국에 있는 타은행과 환거래의 서비스를 상호 교환하기로 한 약정을 말하며, 그러한 약정을 체결한 은행을 correspondent bank라 한다.

Counter Offer(**반대오퍼 ; 반대청약**) : 청약자의 청약에 대하여 피청약자가 오퍼의 조건 중에서 일부를 변경하는 등 새로운 조건을 요구해 오는 청약.

Counter Purchase(**대응구매**) : 연계무역의 한 형태로서, 두 개의 별도의 계약에 의해서 수출액의 일정비율에 상응하는 물품을 대응수입하는 방식의 거래이다. 대응구매도 구상무역과 마찬가지로 환거래가 발생하며, 대응수입의무가 제3국으로 전가될 수 있다.

Counter Sample(**역견품**) : 당사자 사이에 최초로 제시되는 견품을 원견품이라 하며, 원견품에 대하여 수정을 요구하게 되면, 이를 역견품이라 한다. 역견품은 원견품에 대한 새로운 견품이 되며 상대방이 이를 수락하면, 승인견품이 된다.

Counter Trade(**연계무역**) : 특정물품의 수출과 수입이 연계된 무역거래를 포괄적으로 총칭하여 연계무역이라 한다. 여기에는 물물교환, 구상무역, 대응구매, 산업협력 등 네 가지 형태로 구분된다.

Courier Receipt(**쿠리어 수령증**) : 서류 및 소형 또는 경량물품을 항공기를 이용해 문전에서 문전까지(door to door) 수취배달하여 주는 송배달업자의 수령증을 말한다. 이는 송배달업자가 수취에서 인도까지 총괄하여 책임을 진다.

Cover Note(**보험 승낙서**) : 보험계약자가 보험자(보험회사)를 통하지 않고 보험중개업자를 상대로 보험에 부보하였을 경우 중개업자가 증명하는 일종의 보험 부보각서.

CPT(Carriage Paid to ; **운송비지급 인도조건**) : 이 조건은 매도인이 목적지까지 운송비를 지급해야 한다. 물품에 대한 위험부담은 수출국에서 운송의 관리하에 물품이 인도된 때 매도인으로부터 매수인에게 이전된다.

CQD(Customary Quick Dispatch ; **관습적 조속하역**) : 정박기간(laydays)을 산정하는 조건이다. CQD는 당해 항구의 관습적 하역방법 및 하역능력에 따라 가능한 한 빨리 하역을 하는 것을 약정하는 조건으로 일정한 기한을 정하지 않는다.

Credit(**신용장**) : 신용장조건과 일치하는 제시에 대하여 인수·지급하는 발행은행의

취소불능 확약을 말한다.

CAF(Currency Adjustment Factor) : 통화의 가치변동에 따른 선사의 환차손을 보전하기 위해 화주에게 부담되는 할증료.

Current Account(**장부결제**) : 거래관계가 많은 거래선들 간에 매거래시마다 대금결제를 하려면 복잡하고 비용이 많이 들게 되므로, 물품대금을 결제하지 않고 이것을 장부상에 상쇄함으로써 일정기간에 한 번씩 그 차액만을 결제하는 방식을 말하며, 청산계정(open account)이라고도 불린다.

Customs Invoice(**세관송장**) : 수입지의 세관이 수입화물에 대한 과세가격의 기준결정, 외국수출상의 덤핑유무판정, 수입통계 등을 위하여 사용되는 송장.

CWO(Cash With Order ; **주문불**) : 수입상이 수출상에게 물품을 주문하면서 미리 대금으로 현금을 지급하는 선지급 결제방식.

Cypher Credit(**전신약어신용장**) : Cypher는 전신약어를 말한다. 신용장을 전신으로 발행할 경우 full cable 로 발행하면 시간과비용이 많이 소요되므로 환거래은행과 미리 교환한 전보암호를 통해 타전함으로써 통지은행은 이를 보통문으로 풀어서 수출상에게 통지하게 된다.

Cyber space(**가상공간**) : 컴퓨터를 중심으로 해서 통신망으로 연결되어 형성된 공간을 의미하며, 특히 인터넷이나 Pc통신 등과 같이 네트워크 통신망을 통해 정보를 공유하고 교환하는 컴퓨터 세계를 나타내는 용어로 사용된다.

D

D/A(Documents against Acceptance ; **인수인도조건**) : 수출상이 수입상과의 매매계약에 따라 물품을 자신의 책임 하에 선적하고, D/A 계약서에서 요구하는 운송서류에기한부환어음(usance bill)을 첨부하여 자신의 거래은행인 추심의뢰은행(remitting bank)에 추심을 의뢰하여 수입상의 거래은행인 추심은행(collecting bank)에 추심을 요청함으로써, 환어음의 지급인인 수입상으로 하여금 기한부어음의 인수를 맡아 만기에 대금결제를 약속받고 선적서류를 인도하는 조건의 결제방식.

DAP(Delivered at Place ; **도착장소인도**) : 매도인의 비용 : DAT + 지정목적지에

서 물건을 내리지 않은 채로 매수인의 임의처분하에 둘 때 매도인의 위험과 비용의 분기점은 종료되며, 도착한 운송수단은 선박이 될 수도 있고, 지정목적지는 항구가 될 수도 있다. "도착장소인도"란 물품이 지정목적지에서 도착운송수단에 실린 채 양화 준비 된 상태로 매수인의 처분 하에 놓이는 때에 매도인이 인도한 것으로 되는 것을 말한다. 매도인은 그러한 지정장소까지 물품을 운송하는 데 수반하는 모든 위험을 부담한다. 당사자들은 합의된 목적지 내의 지점을 가급적 명확하게 명시하는 것이 바람직하다. 그러한 지점까지의 위험은 매도인이 부담하기 때문이다. 매도인은 이러한 선택을 정확하게 만족하는 내용으로 운송계약을 체결하는 것이 좋다. 매도인이 그의 운송계약에 따라 목적지에서 양화에 관한 비용을 지출한 경우에, 당사자 간에 달리 합의되지 않았다면 매도인은 이를 매수인에게 구상할 수 없다. DAP에서 매도인은 해당되는 경우에 물품의 수출통관을 하여야 한다. 그러나 매도인은 물품을 수입통관하거나 수입관세를 부담하거나 수입통관절차를 수행할 의무가 없다. 당사자 간에 매도인이 물품을 수입통관하고 수입관세를 부담하며 수입통관절차를 수행하도록 원하는 때에는, DDP가 사용되어야 함.

DAT(Delivered at Terminal ; **도착터미널인도**) : 위험과 비용의 분기점이 같으며, 수출지의 터미널에서 물건을 내린 뒤 매수인의 임의처분상태로 두면 매도인의 위험과 비용의 분기점이 종료된다. 유일하게 매도인이 물건을 내리기(양하)까지 해야 할 의무가 있는 조건이며, DAT에서도 매도인은 자국을 출발할 때 수출통관을 하여야 하지만, 수출지에서 수입통관이나 관세를 부담하는 수입통관절차를 진행 할 의무는 없다. "도착터미널인도"란 물품이 도착운송수단으로부터 양화된 상태로 지정목적항이나 지정목적지의 지정터미널에서 매수인의 처분하에 놓이는 때에 매도인이 인도한 것으로 되는 것을 말한다. "터미널"은 부두, 창고, 컨테이너장치장(CY) 또는 도로·철도·항공화물의 터미널과 같은 장소를 포함하며, 지붕의 유무를 불문한다. 매도인은 시정목적항이나 지정목적지까지 물품을 운송하고 거기서 양화하는 데 수반하는 모든 위험을 부담 한다. 당사자들은 터미널 및, 가능하다면, 합의된 목적항이나 목적지의 터미널 내의 지점을 가급적 명확하게 명시하는 것이 바람직하다. 그러한 지점까지의 위험은 매도인이 부담하기 때문이다. 매도인은 이러한 선택을 정확하게 만족하는 내용으로 운송계약을 체결하는 것이 좋다. 더구나, 당사자들이 터미널에서 다른 장소까지 물품을 운송하고 취급하는 데 수반하는 위험과 비용을 매도인이 부담하도록 의도하는 때에는, DAP 또는 DDP가 사용되어야 한다. DAT에서 매도인은 해당되는 경우에

물품의 수출통관을 하여야 한다. 그러나 매도인은 물품을 수입통관하거나 수입관세를 부담하거나 수입통관절차를 수행할 의무가 없음.

DDP(Delivered Duty Paid ; **관세지급인도조건**) : DDP조건은 매도인이 수입통관절차까지 모두 마치고 수입국 내의 지정장소에서 계약물품을 매수인으로 하여금 임의 처분할 수 있도록 해 줄 때에 매도인의 인도책임이 종결되는 반입인도이다.

Dead Freight([**공적(부적)운임**] ; **부정기선tramper**) : 운임 중의 하나로, 화물이 실제 적재량이 선적하기로 계약했던 화물량보다 미달할 경우 그 부족분에 대하여 용선인 또는 화주가 책임지고 지급하는 운임.

Debit Note(**차변표**) : 차변표란 수출과 관련된 유료·견품비 등 비정산대금이나 누락금액의 청구시에 이용되는 서식을 말한다. 이는 상대방에 대한 채권이 발생하였을 경우에, 이 전표를 이용하여 그 금액만큼 상대방의 차변계정에 기재한다 하여 차변표라 부른다.

Deferred Payment(**연지급** ; **후지급**) : 물품의 선적 또는 선적서류를 인도 후 일정기간이 경과한 다음에 대금의 지급이 이루어지는 신용판매방식을 말한다. 일반적으로 기한부신용장(usance L/C)이나 D/A거래가 대표적인 경우이며 1년 이상의 중장기 연지급 방식으로 이루어지기도 한다.

Deferred Payment Credit(**연지급신용장**) : 신용장조건과 일치한 서류를 신용장에서 지정한 연지급 확약은행에 제시하면 신용장의 규정에 따라 결정되는 만기일에 지급한다고 약정 된 신용장.

Del Credere Agent(Factor)(**대리인**) : factor란, 일반 대리인과는 달리 매도인의 물품판매를 위탁받아 판매알선과 더불어 매수인의 지급보증업무까지 수행하는 대리인.

D/O(Delivery Order ; **화물인도지시서**) : 선사가 수화인으로부터 선화증권(B/L)이나 수입화물선취보증장(L/G)을 받고 본선 또는 터미널(CY 또는 CFS)에 화물인도를 지시하는 서류.

D/D(Demand Draft ; **송금환**) : 외국환의 일종으로 송금수표에 의한 일람급 송금환을 말한다.

Demurrage(**체선료**) : 용선계약서상에 화주는 계약물품의 전량을 완전히 선적 또는 양륙하기 위하여 본선을 항구에 정박시킬 수 있는 정박기간을 정하고 있는데, 화주가 약정기일 내에 하역을 끝내지 못해 초과된 정박기간에 대하여

선주에게 지급하는 penalty.

Digital Signature(전자서명) : 전자서명은 문서나 메시지를 보낸 사람의 신원이 진짜임을 증명하기 위해 사용되는 서명으로, 전달된 메시지나 문서의 원래 내용이 변조되지 않았다는 것을 보증하기 위해 사용될 수 있다.

Dirty B/L(Foul B/L ; 고장부선화증권) : 선적 당시 화물의 포장상태나 수량 등에 어떤 결함이나 또는 이상이 있는 경우, 이러한 결함 내용이 본선수취증(mate's receipt)의 비고란에 기재되어 그 내용이 선화증권 여백의 비고(remarks)란에 그대로 기재되어 발행되는 선화증권.

Dispatch Money(조출료) : 용선계약서 상에 정해진 정박기간 이전에 화주가 하역을 종료시킬 경우에는 체선료(demurrage)와는 반대로 선주가 화주(용선인)에게 단축기간에 대해 지급하는 일종의 상여금을 말한다. 통상 조출료는 체선료의 1/2이다.

DNS(Domain Name System) : DNS는 인터넷 도메인 이름들의 위치를 알아내기 위한 IP주소로 바꾸어 주는 시스템.

Documentary Credit(화환신용장) : 신용장 발행은행이 수익자가 발행한 환어음(draft)에 신용장 조건과 일치하는 제반 운송서류 등을 첨부할 것을 조건으로 하여 지급·인수·매입할 것을 확약하는 신용장.

Domain : 일반적으로 도메인이라고 하면 통제구역이나 지식의 범위를 나타내는 용어이나, 인터넷상에서는 어떤 이름에 의해 인식되는 지식의 범위를 의미하는 네트워크 주소 집합체.

Down Payment(다운페이먼트) : 선박이나 플랜트 등의 거래인 경우 거래금액이 큼으로 지급이 분할로 이루어지는 일이 많다. 이 분할지급의 최초에 지급되는 금액.

D/P(Document against Payment ; 지급인도조건) : 수출상이 수입상과의 매매계약에 따라 물품을 선적하고 구비된 서류에 일람출급 환어음(sight draft)을 첨부하여 자기거래은행(추심의뢰은행 : remitting bank)을 통하여 수입상 거래은행인 수입국의 은행 앞으로 그 어음대금을 추심의뢰하면, 추심의뢰를 받은 수입국측 은행(추심은행 : collecting bank)은 수입상에게 어음을 제시하여 그 어음대금의 일람지급을 받고 서류를 인도하는 거래방식.

D/R(Dock Receipt ; 부두수취증) : Container Yard(CY)에 반입된 화물에 대해서 CY에 상주하는 선사직원 또는 위임받은 CY operator가 화물의 수령증으

로 발행하는 것을 말하며, 선사는 D/R을 근거로 선화증권을 발행하여 준다(Mate's Receipt ; M/R).

Draft(Bill of Exchange ; 환어음) : 어음발행인(drawer)이 지급인(drawee)인 제3자로 하여금 일정금액을 수취인(payee) 또는 그 지시인(orderer) 또는 소지인(bearer)에게 지급일에 일정한 장소에서 무조건 지급할 것을 위탁하는 요식 유가증권이자 유통증권(negotiable instrument).

DSS(Decision Support System ; 의사결정지원시스템) : DSS란 사용자들이 기업의 의사결정을 보다 쉽게 할 수 있도록 하기 위해 사업 자료를 분석해주는 컴퓨터 응용프로그램.

Dual Rate System(이중운임제) : 동맹선(Conference line)에만 선적하겠다는 협정을 당해 동맹선사와 체결한 화주에게는 비계약운임보다 저렴한 계약운임(contract rate)을 적용하여 화주를 구속하는 제도이다(Contract Rate System).

E

e-business(electronic business ; 전자상거래) : e-business는 인터넷 상에서 사업을 경영하는 것으로, 여기에는 구매와 판매뿐 아니라, 고객지원과 사업 파트너들과의 공동작업 까지를 포함하는 개념.

EDI(Electronic Data Interchange ; 전자문서교환방식) : 이는 기존의 상거래 문서를 없애는 대신 표준형식을 정하고 이를 이용하여 각 기업 간의 상거래를 컴퓨터 대 컴퓨터 방식으로 하는 제도.

e-mail(electronic mail ; 전자우편) : 통신에 의해 메시지를 주고받는 것.

Embargo(출항금지 또는 수출금지) : 상대국이 전쟁을 비롯한 국제질서를 문란하게 했다고 생각될 때 취하는 조치이다. 경제적인 봉쇄를 통해 상대국에 타격을 주어 쌍무적인 문제를 해결하자는 의도로서 자국 영토에 있는 항구로부터의 출항을 금지하는 정부의 명령.

Endorsement(배서) : 배서란 일반적으로 어음, 수표, 선화증권, 창고증권 등 지시증권에 있어서 증권상의 권리를 양도하는 것을 목적으로 행해지는 행위를 말하다. 보통 증권의 이면에 기재되므로 배서라 한다.

Escrow Credit(**기탁신용장**) : 수출과 수입을 균형 시키고자 하는 구상무역거래에 사용되는 신용장을 말한다. 수출국 A가 수입국 B에게 수출하였을 때 결제대금은 특정 은행에 기탁하였다가 대응수입 시 이 계정에서 대금결제를 하도록 한 특수조건이 명시된 신용장.

ETA(Estimated Time of Arrival ; **입항예정일, 도착예정일**) : 선박이 목적지에 도착하는 예정일.

ETD(Estimated Time of Departure ; **출항예정일**) : 선박이 목적지로 출항하는 예정일.

eUCP600 : 국제상업회의소 은행위원회가 2007년 7월 1일부터 적용하기로 한 전자적 제시를 위한 회환신용장 통일규칙 및 관례의 추록으로서 종이서류에 상응하는 서류를 전자적으로 제시하는 거래를 규율한다.

Euro-money(**유러머니**) : 각국 간의 금리차, 환율의 변동에 의한 환차익을 목적으로 유럽변동에 의한 환차이익을 목적으로 유럽의 금융시장을 중심으로 세계의 금융시장을 움직이는 단기자금.

Exchange Rate(**환율**) : 일국과 타국의 통화가치 비율, 즉 양국통화의 교환비율을 말하며, 일국통화의 대외가치를 나타낸다.

Exclusive Buying Agent(**독점매입대리점**) : 위탁매입이 계속적으로 이어질 때 일정의 지역 내에서는 수탁자인 당해 매입대리점 이외에는 매입대리점을 설치하지 않는다는 계약을 체결하고 계속적인 거래관계를 유지하게 되는데, 이와 같은 계약관계에 있는 매입대리점.

Excusive Contract(**독점계약**) : 수출상은 약정된 물품을 수입국의 특정 수입상 이외에는 판매하지 않으며, 수입상 역시 동일 물품을 수출국의 다른 상사들과는 거래하지 않겠다는 조건으로 이루어지는 계약.

Exclusive Distributor(**독점특약점**) : Exclusive Selling Agent(독점판매대리점)와 같이 일정지역 내의 판매에 대해서 독점권을 가지고 있을 뿐 아니라 외국의 수출상과는 본인 대 본인(principal to principal)의 거래로서 단순히 대리인(agent)관계가 아닌 수입하는 당해 상품에 대해 본인이 비용과 위험을 부담하게 된다.

Exclusive Selling Agent(**독점판매대리점**) : 외국판매대리점(foreign selling agent)을 통하여 수취하는 경우에 당해 상품에 대해 일정지역 내에서는 본인이 판매하지 않겠다는 계약관계에 있는 대리점.

Exclusive(Sole) Agency(**독점 대리권**) : 대리점의 영업활동을 적극적으로 하게 하

는 목적에서 대리점을 일정지역에 대해서 한 회사로 한정하고 그 회사로 하여금 해당 지역 내의 영업활동을 독점적으로 위임하는 경우, 그 독점적 대리권.

Ex-Dock(부두인도조건) : 「개정 미국무역정의」에 규정된 조건으로 Incoterms 2000의 DEQ와 동일하다.

Ex Godown(매도인창고인도) : 계약물품을 매도인의 창고에서 인도하는 현장인도가격(Ex Works)의 하나이다. 한편 매수인소재지의 창고인도조건일 경우에는 Free Warehouse 또는 Free Godown으로 표시.

Expected Profit(희망이익) : Anticipated Profit라고도 표시하며 이는 수입상이 상품을 수입하여 국내에서 판매함으로써 얻을 수 있는 이익을 말한다. 수입상이 상품을 수입시 송장금액만 보험에 부보하면 희망이익을 잃어버리므로 통상 송장금액의 10%를 희망이익으로 하여 보험에 부보.

Expiry Date(E/D ; 유효기일) : 신용장에는 선적일자(Shipping Date ; S/D) 및 유효기일이 명시되는데 유효기일이란 수출상이 명시된 날까지 수출지의 거래은행에 운송서류를 매입해야하는 일자로서 유효기일의 마지막 날이 공휴일일 경우 그 다음날까지 거래은행에 매입의뢰를 하면 된다.

Expiry Date of L/C(신용장의 유효기간) : 신용장 상의 확실한 보증을 기초로 수익자가 어음의 인수·지급·매입 등을 해야 하는 기한을 말한다. 수익자가 있는 국가에서 이 기간이 도래하는 곳(negotiation의 경우), 어음의 인수지(acceptance credit의 경우)에서 도래하는 경우도 있다.

Export Bounty(수출장려금) : 특정 상품을 수출할 때 국제시장에서 경쟁력을 확보하기 위해 정부나 단체가 교부하는 조성금.

Export by Licensing Arrangement(라이선싱수출) : 외국기업과의 기술제휴에 의하여 해외 현지에 있는 사업에 자사의 특허권, 상표, 노하우 등의 사용을 조건부로 허가해 주는 수출협정.

Export Clearance(수출통관) : 상품을 외국에 수출할 경우 정해진 절차에 따라 신고하고 선적확인을 얻을 때까지의 일련의 세관수속.

Export Duties(수출세) : 수출품에 대해 부과하는 관세이며 세계 대부분 국가들은 수출을 장려하는 관점에서 수출세를 부과하지 않고 반대로 수입세를 부과하고 있다. 수출세의 목적은 정부가 특정 상품의 수출을 억제하기 위해서 부과한다.

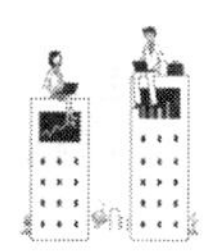

Export-Import Link System : (수출입 링크제) 수출입의 균형, 장려 또는 억제를 위하여 수출과 수입을 연결시켜 수출입을 허용하는 제도.

Export License(E/L ; 수출승인) : 수출을 효율적으로 관리하기 위하여 수출승인품목에 대해서는 해당승인기관을 통하여 수출에 따른 승인을 받도록 하고 있다. 수입시에도 수입승인품목에 대하여는 수입승인(Import License ; I/L)을 당해 승인기관에서 얻어야 한다.

Export Market Research(수출시장조사) : 상품수출을 하려면 먼저 목적하는 수출시장을 조사해야 한다. 조사내용으로는 수출시장의 수요동향, 기호, 경쟁업자, 가격수준, 이용하는 판매업자, 광고매개체 기타 다양하다.

Export Subsidv(수출보조금) : 수출상품의 가격 인하를 통하여 수출을 확대시키기 위한수출장려책의 대표적 수단으로 국가 또는 공공단체가 수출산업과 수출거래에 대한 금융적 지원.

Ex Store(매장인도) : 매도인이 자신의 매장에서 상품을 매수인에게 인도하는 현장인도가격(EX Works)의 하나이다.

Ex Warehouse(창고인도조건) : 매도인이 소유하는 자사 창고 또는 매도인이 지정하는 영업창고를 물품인도의 장소로 해서 그 창고의 물품장치장에서 또는 물품이 놓여진 상태에서 건네주는 현장인도거래조건.

Ex Works(공장인도조건) : 공장인도조건은 매도인의 국내(공장·창고 등)에서 계약물품을 인수 가능한 상태로 둘 때 매도인의 인도의무를 이행하는 것으로 간주하는 조건.

F

Factoring(팩토링) : 팩토링이란 수출상이 수입상에게 물품이나 서비스를 제공함에 따라 발생하는 외상매출금과 관련 팩토링회사(factor)가 수출상을 대신하여 수입상에 관한 신용조사, 신용위험의 인수, 금융의 제공, 대금의 회수 등의 업무를 대행하는 금융서비스.

FAQ{Fair Average Quality ; 평균중등품질조건) : 곡물이나 과실류 등 매매에 사용되는 품질조건으로, 인도물품의 품질이 당해 계절의 출하품의 평균중등품질

조건으로 하는 것을 의미(→ GMQ).

FIATA(Federation Internationaled Asso-ciations de Transitaires Assimiles ; **국제운송주선업자협회)** : 1926년 3월 31일 스위스 취리히에 설립된 세계 forwarder agent 연맹을 말하며, 우리나라도 1977년 9월에 가입했다. 정회원은 각국의 포워더 단체에 한하며 준회원은 개개의 운송주선업체, 통관사, 선사, 수송관계매체로 구성되어 있다.

FEU(forty footer equivalent unit) : 40피트 컨테이너(40 feet container)한 개를 말하며, 가장 많이 사용하고 있는 것 중의 하나이다. 40피트 컨테이너의 규격은 내부의 길이 × 폭× 높이가 각각 40'× 8' × 8' 또는 40' × 8' ×8' 6" 등이 일반적으로 사용된다. 보통 1 FEU 또는 40' × 1로 표시한다.

FIATA FBL(Int' l Federation of Freight Forwarders Association FBL ; **국제운송주선인협회연맹 발행 선화증권)** : 국제운송주선인협회에서 선화증권의 형식을 만들어 주선업자 명의로 선화증권을 발행하는 것으로 UCP 500에서는 수리를 거절하도록 되어 있다.

Fidelity Rebate System(**성실운임 환불제**) : 화주가 일정기간 동안 동맹선 이용을 하였을 경우, 그 기간 동안 화주로부터 받은 운임일부를 환불해 줌으로써 화주를 구속시키는 제도.

FIOST(Free In, Free Out, Trimmed) : 선내 하역비부담조건으로 선적·양륙, 본선 내의 적부·선창 내의 화물정리비까지 모두 화주가 부담하는 조건.

Firm Offer(**확정청약**) : 청약자가 승낙기간을 지정하고, 그 기간 내에 승낙, 회답할 것을 조건으로 하는 오퍼를 말한다. 피청약자가 기간 내에 청약자의 오퍼를 승낙하면 이를 이행해야 한다.

Fixture Note(**선복 확약서 또는 성약각서**) : 선박회사 제시한 선복신청서의 유효기간 내에 화주가 수락하면 용선계약이 성립 되는데 이때 증빙서류이다. 성약각서를 통해 용선계약서(charter party)가 작성된다.

FOB Vessel : 이는 매도인과 매수인에 대한 물품인도의비용과 위험의 분기점이 매수인이 지정한 본선의 현측난간을 통과한 때(such time as they have passed the ship's rail)에 매도인으로부터 매수인에게 이전 된다는Incoterms 2000의 FOB조건과 근본적으로 상충되는 「개정 미국무역정의」의 FOB조건 중 5번째에 규정되어 있는 조건.

Forwarder(**운송주선 업자**) : 운송의뢰자(화주)를 위하여 물품의 운송에 참여하여 화

물을 집화·분배하는 무선박복합운송인(Non-vessel carrier)을 말한다.

Forwarder's Certificate of Receipt(FCR, 운송 주선인 화물 수령증) : 해상화물주선업자가 발행하는 화물인수증으로서, 수출상과 수입상이 편의상 신용장상에 FCR을 인정할 때 양 당사자 사이에서만 유통 가능한 운송서류로서 그 효력이 발생된다.

Forwarding Agent(운송 대리인) : 화주나 선박회사 및 운송인을 대신하여 화물의 인수, 위탁업무를 대행하는 자를 말하며, 운송주선업자(forwarder)와 같은 개념.

Force Majeure(불가항력) : 매도인이나 매수인이 통제할 수 없는 천재지변이나 국가정책의 변화, 전쟁 등으로 인하여 계약내용을 이행하지 못하는 사항으로서 매도인은 매수인과 매매계약시 불가항력조항(force majeure clause)을 삽입해야한다.

Forward Exchange Contract(선물환 계약) : 외국환거래에 있어서 장래의 특정일에 또는 계약일 2, 3일 이후 일정기간 이내에 이행되는 외화표시 환거래에 적용되는 외환시세를 미리 약속하는 것.

Foul B/L(사고부 선화증권) : Dirty B/L이라고도 하며, 이는 선적시의 화물이 포장이나 수량 등 외관상 결함이 있을 경우 선화증권 비고란에 사고 문언표시가 기재되는데 이러한 선화증권을 말한다. 무사고선화증권(clean B/L)을 발급받고자 할 때에는 파손화물보상장(Letter of Indemnity : L/I)을 선사에 제시하면 된다.

Franchise(면책비율)

- 적화보험 부보 시 WA 3% 조건일 경우보험금액 3% 미만의 손해는 보험자가 면책된다. 이러한 비율을 면책비율이라 한다. 한편, 유럽거래선의 경우 독점권을 요구 시 프랜차이즈란 말을 쓰기도 한다.
- 운송도중 일정량의 화물감량에 대해 매도인의 책임이 면책된다는 조항이다.

FAS(Free Alongside Ship ; 선측 인도조건) : 선측인도조건은 물품을 해상운송 또는 내수로 운송에 의하여 운송할 경우에만 쓰이는 조건으로, 특히 원목이나 원면 등과 같이 운송비가 많이 드는 대량의 살화물 거래에 주로 이용된다.

FCA(Free Carrier ; 운송인 인도조건) : 매도인이 지정된 장소 또는 지점에서 매수인이 지정한 운송인의 책임 하에 수출통관된 물품을 인도했을 때 매도인의

의무가 이행되는 가격조건.

Free Delivered(Franco ; **반입 인도조건**) : 수출상은 약정된 상품을 수입상이 지정한 장소까지 모든 위험과 비용을 부담하고 공급해야 하는 가격조건이다. INCOTERMS 2000의 DDP조건과 유사하다.

FI(Free In ; **적화비 선주무책임조건**) : 해상운송계약에 있어서 선적시의 선내 하역임을 화주가 부담하고 양화시의 선내 하역임을 선주가 부담하는 조건을 말하며, 주로 재래선박을 이용하는 Bulk Cargo에 이용되는 조건.

FIO(Free In and Out ; **적·양화비용선주무책임조건**) : 화물의 본선 적재와 화물양륙 등의 비용은선주의 비용부담에서 제외되고 화주가 부담하는 조건.

FOB(Free on Board ; **본선인도조건**) : 무역조건의 하나로, 매도인은 선적항에서 물품이 본선의 현측 난간(Ship's rail)을 통과함으로써 매도인의 물품인도 의무가 완료.

FO(Free Out ; **적화비선주책임조건**) : 해상운송계약에 있어서 선적시의 선내 하역임을 선주가 부담하고 양화시의 선내 하역임을 화주가 부담하는 조건.

Freight(**운임**) : 운송서비스의 대가를 말한다. 따라서 운송서비스가 완료될 때에 운임을 지급하는 것이 원칙이다. 미국(육상 + 해상운임), 영국(해상 ; freight, 육상 ; carriage)

Freight Amount(**운임액**) : 운임은 운임률(freight rate)과 운임액(freight amount)으로 표시된다. 운임은 선불일 경우 선화증권 작성 당일의 환율로 환산되며, 후급일 경우 본선 입항일의 환율로 환산된다.

Freight Collect(**운임후불**) : FAS, FOB, FCR 등의 수출계약일 경우 수입상이 운임을 부담하므로 화물이 수입지에 도착한 후 수입상(수화인) 또는 그 대리인이 지급한다.

Freight Conference(**해운동맹**) : 정기선항로의 선박회사들이 일정한 항로에 있어서 운임 등 불필요한 경쟁을 방지하기 위해 결성하는 일종의 카르텔이다. 가장 기본적인 협정이 운임이므로 운임동맹이라고 부른다.
해운동맹은 그 가입이 자유로운 개방형동맹(open conference)과 폐쇄형동맹(closed conference)이 있다.

Freight Prepaid(**운임선불**) : CFR, CIF, CPT 그리고 CIP 등의 수출계약일 경우 수출상이 운임을 부담하므로 통상 운임을 선적지에서 선급된다.

Freight Rebate(운임감액) : 선사와 하주가 약정을 맺어 화주가 일정기간 동안 동맹선사에 선적을 할 경우, 그 기간이 지나면 운임의 일정률을 환불해 주는 제도.

FHEX(Fridays and Holidays Excepted ; 금요일과 공휴일은 정박기간에서 제외) : 용선계약 시 정박시간을 산출할 때 금요일과 공휴일은 계산에서 제외된다는 조건으로, 주로 중동 및 이슬람 국가들 중 금요일을 휴일로 정한 곳에서 적용되고 있다.

Frustration(후발적 이행불능) : 계약체결 후 후발적 원인으로 계약내용을 이행할 수 없는 사유로 계약이 좌절 또는 해지된 경우를 말한다.

FCL(Full Container Load ; 만적화물) : 한 개의 컨테이너에 만재될 수 있는 양의 화물을 말한다. 실무상 일본의 경우 LCL 화물도 FCL화물로 처리해 달라는 경우가 많다.

Full set(전통) : 선화증권은 주로 3통(original, duplicate, triplicate) 구성되며, 이 3장 모두가 원본으로 간주.

Future Market(선물시장) : 외국환시장에서 선물거래가 이루어지는 시장으로서 외화로 표시된 계약에 있어 환율의 변동(특히 환차손)을 회피하기 위해 선물환거래가 이루어진다.

G

G/C(Gantry Crane ; 겐트리 크레인) : 일반적으로 컨테이너 전용부두에 설치되어, 컨테이너 선박으로부터 컨테이너를 싣거나 내리는 작업을 하는 대형 크레인.

GA(General Average ; 공동해손) : 공동해손은 해상에서 선박이 조난당하였을 때에, 선장이 공동의 위험을 면하기 위하여 선박 또는 적화의 일부를 희생시킴으로써 생기는 손해 및 비용을 말한다. 그리고 손해와 비용은 이때에 구조를 입은 이해관계자, 즉 선주 및 화주와 공동해손 채권자가 공동으로 부담하게 된다.

General L/C or Open Credit(보통신용장) : 수출상이 발행한 환어음의 매입은행이 지정되어 있지 않은 신용장, 자유매입신용장(freely negotiable credit) 이

라고 한다.

Generalized System of Preferences C/O(GSP C/O) : 특혜관세 원산지증명서

GIS(geographical information ; **지리정보시스템**) : 컴퓨터에 지도를 입력하여 지도에 토지현황, 수자원, 시설물, 환경, 사회통제 등 국가가 소유한 모든 자원 및 공간정보를 체계적으로 입력시켜 시설물 관리와 국토개발계획 등에 효과적으로 사용하기 위하여 만들어진 시스템.

GMQ(Good Merchantable Quality ; **판매적격품질조건**) : 목재나 냉동어류 등과 같이 견품 이용이 곤란하고 그 내부의 품질을 외관상으로 알 수 없는 거래에 이용되는 품질조건으로, 매도인이 인도한 물품은 판매 적격성을 지닌 것임을 보증하는 조건(→FAQ).

Governing Law(**준거법**) : 무역계약체결시 그 계약의 성립과 이행 그리고 해석에 관하여 어느 나라 법을 적용할 것인가를 명시하게 되는데 이를 준거법이라 한다.

GPS(Global Positioning System ; **인공위성 위치추적시스템**) : GPS는 GPS위성을 이용해 지구상의 모든 이동체의 위치를 거리 및 거리변동 속도계산에 의해 측정하는 시스템.

Gross Weight(**총중량**) : 포장을 포함한 중량을 총중량이라 하며, 포장을 제외한 중량을 순중량(net weight).

H

HACCP : HACCP란 "위해요소 중점 관리기준(Hazard Analysis Critical Control Point)"의 약어로서 식품위생법의 정의에 따르자면 "식품의 원료, 제조, 가공 및 유통의 전과정에서 위해물질이 해당 식품에 혼합되거나 오염되는 것을 사전에 막기 위해 각 과정을 중점적으로 관리하는 기준"이다. HACCP는 HA와 CCP의 두 부분으로 나뉜다.

Hague Rules(**헤이그규칙**) : 1921년 Hague에서 전 해운국의 선주, 화주, 은행 및 보험회사 대표자가 참석한 회의에서 채택된 규칙을 말한다. 이 규칙을 기초로 1924년 8월 25일 Brussels에서 열린 제5차 해상법에 관한 국제 외교

회의에서 소위 선화증권에 관한 통일조약이 채택되어 오늘에 이르고 있다.
Hague Rules(1924) : 해상운송에 관한 통일 조약.

Hague – Visby Rules(1968) : 1968년 2월에 헤이그규칙의 개정내용이 Brussels에서 서명되어 Hague Rules의 개정의정서(Protocol to Amend International Convention for the Unification of Certain Rules of Law Relating to Bills of Lading)를 말한다.

Hamburg Rules(1978 ; 함부르크규칙) : 1924년에 제정된 선화증권에 관한 통일조약이 개도국측의 요구로 1978년 3월에 독일Hamburg에서 container 조항 등에 대한 대폭적인 개정이 이루어 졌는데 이것을 UN 해상운송법 또는 Hamburg Rules 이라한다.

HS(Harmonized Commodity Description and Coding System ; 신국제통일상품분류) : HS란 국가별·산업별로 통일된 상품분류체계를 사용하도록 관세협력이사회가 주관이 되어 제정한 것으로, 21 sections, 97chapters, 1,241 headings로 분류되어 무역통계의 수집·비교·분석과 국제간 자료 수집을 용이하게 하고 있다.

Hatch(창구) : 선박으로부터 선창으로 들어가는 출입구, 화물이 드나드는 장소.

Hold(선창) : 선박 내부에 화물을 넣어두는 장소.

Hold Cargo(선창내 적재화물) : 선창 내에 적재하는 일반 화물을 말하며, 이에 반해 갑판에 적재하는 화물은 갑판적재화물(deck cargo) 이라고 한다.

Honour(인수/지급) : 신용장에서 일람지급으로 이용이 가능한 경우 일람지급, 연지급 이용이 가능한 경우 연지급을 확약하거나 만기일에 지급, 인수가 가능한 경우 수익자가 발행한 환어음을 인수하고 만기일에 지급.

Hook & Hole(갈고리에 의한 손해) : 하역작업 중 갈고리를 사용함으로써 생기는 손해로서 주로 직물이나 잡화 등을 마대 등으로 포장한 경우에는 이러한 위험을 추가로 남보할 필요가 있다.

House Bill of Lading(House B/L) : 화물운송 주선업자가 실화주에게 발행하는 선화증권을 말한다(Master B/L).

I

IATA(International Air Transport Association ; 국제항공운송협회) : 항공운송의 제조건을 규정하고 그 통일을 도모하기 위해 1945년 4월 세계의 주요 항공사에 의해 설립된 순수 민간단체로 그 본부는 몬트리올에 두고 있다. 주요 업무는 항공권의 약관, 운임 협정, 기술분야의 협력, 통신 약호의통일, 수출입 절차의 간소화 및 대리점 자격의 인정 등을 행하고 있다.

ICD(Inland Container Depot ; 내륙 컨테이너 통관기지) : 항만이나 공항 아닌 내륙 시설로를 고정설비를 갖추고, 보내어진 컨테이너 화물을 일시적 저장과 취급, 공로운송 및 통관을 하기 위한 장소.

IMF(International Monetary Fund ; 국제통화기금) : 1944년 7월 미국 뉴햄프셔주 브레튼 우즈(Bretton woods) 회의에서 채택된 국제통화기금 설립 협정안에 의거 1945년 12월 27일 설립된 비정치적인 정부간 통화금융기구로서 설립 이후 현재까지 국제통화제도의 운영에 있어서 중추적인 역할을 담당하고 있는 국제기구.

Immediate shipment(즉시선적) : 빠른 선적을 요구시 Immediate Shipment 또는 Prompt Shipment 등의 용어를 사용하고 있는데, 개정된 제5차 신용장통일규칙에서는 이러한 용어를 사용치 말도록 권하고 있다.

Import Bill(수입어음) : 수출상은 상품을 선적한 다음 수출대금을 회수하기 위하여 신용장상에 명시된 지급은행 앞으로 어음을 발행하게 되는데, 이 어음을 수출상의 입장에서는 Export Bill이라 하고 수입상의 입장에서는 Import Bill이라 한다.

Import Clearance(수입통관) : 상품 수입시 세관에 수입신고를 하고 현품검사를 받은 다음 관세를 납부하면 수입신고필증을 받는다. 이러한 절차를 수입통관이라 한다.

Import Licence(I/L ; 수입승인) : 수입을 효율적으로 관리하기 위하여 수입승인품목에 대하여는 해당 수입승인기관을 통하여 수입에 따른 승인을 받도록 하고 있다. 승인대상물품은 수출입공고, 수출입별도공고상의 제한품목.

Import Usance(수입유잔스) : 수입금융의 한 방법으로서, 기한부어음인 경우 수입상은 거래은행으로부터 일정기간 지급유예금융을 받을 수 있도록 한 제도.

Incoterms(International Rules for the Interpretation of Trade Terms) 2010 : 무역

조건해석에 관한 국제규칙, 무역조건에 대한 매수인과 매도인의 의무(위험이전, 비용이전 등)를 규정한 국제규칙으로 현재는 2010년에 개정된 제7차 개정을 사용.

Indent(위탁매입) : 수입상이 직접 상품을 매입하지 않고 일정 한 수수료를 지급하고 외국에 있는 특정인에게 매입을 위탁하는 것.

Infringement Clause(권리침해조항) : 공업소유권 등에 관한 Infringement(권리침해)에 대해서는 면책문언을 넣어 둔다. 특히 미국이나 선진국 등에 수출할 경우 필히 계약서에 삽입해야 한다.

Inland Charge(내륙운송비) : FOB조건일 경우에는 선적항까지의 운송비용을 견적에 반드시 포함시켜야 하지만, 공장도 가격인 경우에는 상관없다.

Inland storage Extension(ISE ; 내륙장치 위험 담보조건) : 원목이나 석탄 등과 같은 상품에 대하여 보세지역에 장기간 보관시 화재 등의 위험을 방지하기 위해 담보하는 조건으로 30일, 60일 및 90일 등으로 기일에 따라 요율이 다르다.

Inland Transit Extension(ITE ; 내륙운송확장 담보조건) : 첨단기자재 등 내륙운송시 위험을 방지하기위해 담보되는 조건으로 우리나라의 경우 수입화물은 ITE 약관으로 부보하여도 수화인의소유가 아닌 보세창고나 보세장치장 입고 후 10일이 보험자 책임의 최고한도이다(10일 운송약관).

Inquiry(조회) : 상품매매에 관련된 제반 사항에 대하여 조회하는 서신이며, 대부분의 무역거래가 조회에서 시작된다.

I/C(Inspection Certificate ; 검사증명서) : 수출상품의 품질, 포장, 소재 등을 공인된 검정기관이나 수입상이 지정한 자를 통하여 발급토록 하는 증명서.

Instalment Payment(분할지급) : 상품대금을 일정 기간 동안 몇 번에 나누어지급하는 결제방법으로, 주로 선박 또는 플랜트 등과 같이 수입대금이 거액일 경우 수입상의 자금 경감을 위한 방편으로 이용 됨.

Instalment Shipment(할부선적) : 수출상이 정해진 할부선적 기간 내에 약정된 수량의 선적의무를 이행하지 못하면 수입상 및 발행은행이 당해 선적분을 포함하여 그이후분까지 모두 취소되는 선적조건을 말한다(Partial Shipment).

ICC(Institute Cargo Clause ; 협회적화물약관) : 런던보험업자협회에서 제정한 화물해상보험 특별약관으로서, 구약관에는 FPA, WA 및A/R이 있으며 신약관은 ICC(A), ICC(B) 및ICC(A) 등으로 구분되어 있음.

Insurable Interest(피보험이익) : 적화품이 해상위험에 기인하여 멸실되면 화주 또는 수화인은 그것에 기인한 손해를 입는데, 이들 특정인은 그 보험계약에 의거하여 보험자에 의해서 보호 받는 이익.

Insurable Value(보험가액) : 보험사고가 발생한 경우에 피보험이익의 평가액.

Insurance Policy(보험증권) : 보험계약의 성립과 그 내용을 증명하기 위하여 보험회사가 작성하여 기명날인 후 보험계약자에게 교부되는 서류.

Insurance Premium(보험료) : 보험계약자가 보험자에게 지급하는 일정한 금액.

Insurance Terms(보험조건) : 운송도중에 발생할지도 모르는 화물의 멸실, 손상 등에 대비하여 보험에 부보하도록 하는 조건으로서 통상 해상보험을 의미한다.

Insured(피보험자) : Assured라고도 하며 피보험 이익을 갖는다. 즉, 손해배상을 받을 권리가 있는 자.

Insurer(보험자) : Assurer 또는 Under Writer라고도 하며 이는 보험계약의 당사자로서 보험사고가 발생한 경우 보험금을 지급할 의무를 지는 자로, 보험계약을 인수하는 주체, 즉 보험 회사.

Intermediary Trade(중개무역) : 제3국의 무역업자가 거래의 주체가 되어, 물품을 외국에서 외국으로 이동하는 무역형태.

Intermediation(알선) : 무역거래에서 당사자간에 분쟁이 발생했을 때에는 화해하여 자주적으로 해결하는 일이 가장 이상적이다. 그러나 상호 화해가 이루어지지 않을 경우 제3자가 당사자 간에 개재하여 상호 화해하도록 노력하는데 우리나라의 경우 대한상사중재원에서 알선업무를 맡고 있다.

ICC(International Chamber of Commerce ; 국제상업회의소) : 세계의 경제인들에 의해서 결성된 국제기구로서, 각국 상공회의소의 연락·제휴·무역의 원활화 등을 목적으로 하고 있으며, 그 본부는 파리에 두고 있다. ICC가 행한 중요한 활동으로는 Incoterms 및 신용장통일규칙(UCP) 제정 등을 들 수 있다.

Irrevocable L/C(취소불능신용장), Revocable L/C(취소가능신용장) : 신용장이 발행되면 발행신청인, 발행은행, 수익자 모두의 동의 없이는 조건 변경이나 취소할 수 없는 신용장을 취소불능신용장이라 하며, 어느 당사자 일방이 임의적으로 신용장을 취소하거나 조건을 변경할 수 있는 신용장을 취소가능신용장이라 한다.

Invoice(송장) : 수출업자가 무역계약을 정당하게 이행할 것을 해외의 수입업자 앞

으로 증명하는 화물의 명세서를 말한다.

Invoice Amount(**송장금액**) : 송장에는 수출품의 명세·수량·단가·금액 등이 상세하게 기재되는데 송장상의 총액을 가리킨다. 이 총액이 매도인이 매수인에게 상품을 선적하고 청구하는 청구액이며 또한 화환어음의 금액·보험가액·관세액 등을 결정하는 기초가 된다.

ISBP(International Standard Banking Practice ; **국제은행표준관행**) : 국제상업회의소 은행위원회가 2002년 10월 30일 새로 제정한 신용장거래에서 서류를 작성하고 심사하는데 기준에 관한 규정.

ISO 14000 : ISO에서 제정된 기업의 환경경영체제에 관한 국제규격(ISO 14000)이 1996년 10월부터 발효됨에 따라 우리나라도 동년 12월부터 환경경영체제 인증제도가 시행되고 있으며, 인증기업의 확산을 통해 지구환경보호에 기여하고 선진국의 무역장벽에 대비하는 한편 산업계의 환경친화적 경영을 유도하기 위하여 제정되었다.

Issuing Bank(**발행은행**) : 발생신청인의 요청에 따라 또는 자기 자신을 대신하여 신용장을 발행하는 은행.

J

JIS(Japanese Industrial Standard ; **일본공업규격**) : JIS는 영국의 BSS 및 미국의 ASTM 규격과 같이 세계적으로 공인된 규격으로서, 일본공업용품의 규격, 광공업 제품의 종류, 형상, 재질, 생산방법 등에 일정한 표준을 주기위해 제정된 국가규격.

JWOB(Jettison and Washing Overboard ; **투하, 갑판유실위험담보조건**) : 갑판상에 적재된 화물의 투하 및 풍랑에 의한 화물의 유실위험에 대해 담보되는 조건.

Joint Venture(**합작투자**) : 외국기업과 자본이나 기술 등을 투자해서 회사를 설립하는 것.

Jurisdiction Clause(**재판관할조항**) : 무역계약체결시 분쟁해결장소를 어느 특정국가의 중재기관이나 관할 법원으로 정하고자할 때 삽입되는 조항.

K

Keep Sample(비치견품) : 무역거래 시 견품에 의해 품질을 결정할 경우, 매도인이 매수인에게 보내는 견품을 Sample(원견품)이라 하고 보관되는 견품을 Keep Sample 또는 Duplicate Sample이 라고 한다. 통상 비치 견품은 본사와 공장에 각각 보관하는 것이 바람직하다.

Kelly's Dictionary(켈리사 상공인명부) : 런던에 있는 켈리사가 편찬한 세계적 인 상공인 명록으로서, 각국의 주요상공인의 업태가 수록되어 있다. 새로운 거래선을 찾기 위해서는 이와 같은 상공인명부들을 활용하면 된다.

Knock Down Export(녹다운수출) : 조립능력이 있는 거래선에게 부품이나 반제품으로 수출하면, 수입지에서 수입상이 제품을 조립하여 완성시키는 방식.

Knot : 시간당1해리(1,852m)를 항해하는 속력단위.

Korean Foreign Exchange(KFX) : 정부가 보유하고 있는 외환.

L

Label(표찰) : 제품에 상품명, 상표, 제조원, 품질, 용도 등이 표시 된 것.

Landed Cargo(양륙화물) : 무역거래 시 선화증권에 명시된 양륙지에서 규정된 절차를 마친 후 양륙이 되는 화물.

Landed Quality Terms(양륙지품질조건) : 대부분의 선적 제품에 대한 품질조건은 선적지품질을 최종적으로 하나 석탄이나 곡물등과 같은 제품은 도착지에서 품질검사의 결과를 약정품질로 말한다.

Landed Weight(Quantity) Terms ; (양륙중량(수량)조건) : 화물을 양륙할 때의 중량을 대금 계산의 기준으로 하는 것을 말한다. 곡물류나 철광석과 같은 살화물의 경우 수송도중 감량, 누손이 발생하기 쉬운 상품은 이 조건이 적용된다.

Laydays(Laytimes ; 정박기간) : 선주와 화주 간 용선계약시 화물의 선적과 하역을 위하여 허용된 일수에 관한 용어를 말한다. 정박기간은 며칠 또는 몇 시간으로도 표시하기도하며, 또 하루 몇 톤이라고도 표시한다.

Laytime Saved : 조출료를 계산하는 방법으로 허용된 정박기간에서 사용한 정박기간을 공제하고 남은 시간이 있을 경우 용선자는 선주로부터 조출료를 받게 된다.

LCL(Less than Container Load) : 한 개의 컨테이너와 화차 내에 여러 회사의 화물이 혼재되는 것을 말한다.

Leakage(누손) : 해상 및 운송보험에서 면책으로 규정되어 있는 누출에 포함된 것으로서, 일반적으로 액체화물, 반액체화물이 용기에서 누출되어 있는 손해.

Lengthy Charge(장척물할증) : 정기선 운임에서 길이가 일정기준을 넘을 경우에 대해 할증하는 것으로서, 선사는 화물의 선적 및 양화시 발생되는 제반비용으로 할증료를 받는다.

LCL(Less than Container Load Cargo ; LCL Cargo) : 컨테이너 1개의 양에 부족한 소화물을 말하며, 이에 반대되는 화물을 FCL화물이라 한다.

L/C(Letter of Credit ; 신용장) : 수입상의 요청으로 수입상의 거래은행이 수출상에게 일정한 조건하에서 대금을 대신 지급하여 주겠다는 조건부지급확약서.

Letter of Instruction(어음매입지시서) : 수입지의 은행이 수출지에 있는 자기의 본지점 앞으로 수출상이 이러한 조건으로 이 금액 이내의 환어음을 발행하였을 경우 그 시점에서 그 환어음을 매입하여 주기 바란다고 지시하는 것으로 기능면에서 어음매입수권서와 같지만 동일은행의 본지점 간에만 사용되는 것에 차이가 있다.

L/G(Letter of Gurantee ; 수입화물선취보증장)

- 수입화물선취보증서 : 수입물품은 이미 도착하였으나 운송서류가 도착하지 않았을 경우 운송서류 내도 이전에 수입상과 발행은행이 연대 보증한 보증서를 선박회사에 선화증권의 원본 대신 제출하고 수입화물을 인도받는 보증서.
- 은행지급보증서 : 수입상이 대금결제를 하지 않았을 경우 은행이 대신 지급 하겠다 는 일종의 대금지급보증서로서 수출상은 수출채권확보를 위해, 수입상에게 대금의 일부 또는 전액에 대한 L/G를 발행하도록 한다.

L/I(Letter of Indemnity ; 파손화물보상장) : 고장부선화증권을 발급받은 수출상이 무고장선화증권을 발급받기 위하여 선박회사에 제출하는 책임각서.

Lien(유치권) : 해상운송의 경우 'Maritime Lien'이라고 하며 운송계약에 의해 화주가 운임 및 기타 부대비용을 지급하지 않을 경우 선주가 그 적재화물을

유치할 수 있는 권리를 가진다.

Lightening(Shifting with Lighters) : 수심이 얕아 본선의 화물을 적재한 대로 정박 장소에 도착할 수 없는 경우 화물의 일부를 부선에 옮겨 실어 선체를 가볍게 하는 것을 말한다. 용선계약 시에는 이러한 비용은 누가 부담하는가를 명시해야 한다.

Liner(정기선) : 개품운송의 화물을 정기적으로 취항시키는 운송 방식.

Liner Terms(정기선조건) : 이는 Berth Term이라며, 일단 화주가 선박회사에게 운임을 지급하면 선박회사가 적재화물을 목적지까지 해상운송을 하는 운임률의 한 조건.

Litigation(소송) : 당사자 간 무역분쟁이 발생할 경우 중재에 의해 해결한다는 약정이 없는 경우 국가공권력에 의존하는 방법인 소송에 의해 해결할 수밖에 없다.

Lloyd's Surveyor(로이즈감정인) : 런던의 로이즈협회 소속의 감정인. 주로 선박에 관련된 감정 업무를 하며, 경우에 따라서는 일반 상품거래에 대한 검사 및 감정을 하는 세계적으로 공인된 감정전문가이다.

Local L/C(내국신용장) : 신용장을 수취한 수출상이 완제품 구매나 해당제품 제조에 필요한 원·부자재 공급을 받기 위해 원신용장을 견질담보로 자기 거래은행을 발행은행으로 하여 국내의 제조업체를 수혜자로 발행하는 신용장.

Lost or Not Lost Clause(소급약관) : '멸실한 것과 멸실하지 않은 것에 불구하고'를 의미하는 용어로서 선화증권 약관으로서는 화물의 멸실 유무에 불구하고 이미 지급한 운임은 반환하지 않는다는 특약조항을 표시.

Lump-sum Charter(선복용선) : 한 선박의 선복(ship's space) 전부를 한번선적(one Ship ment)으로 간주하여 운임액을 정하는 용선계약을 말한다. 선·복용선계약에서는 운임을 적재 수량과 관계없이 한 항해당 운임총액 얼마라고 포괄적으로 약정.

M

Mail Credit(우편신용장) : 우편신용장은 발행은행이 자행의 신용장양식에 의거 직

접 발행한 신용장을 우편을 이용하여 통지은행을 통해 수출상(beneficiary)에게 전달하는 것.

M/T(Mail Transfer ; 우편환) : 송금을 할 때, 우편을 이용하는 지급지시서(payment order)를 말한다.

M/F(Manifest ; 적화목록) : 선적을 완료한 후 선화증권의 사본을 기초로 하여 선박회사 혹은 대리점이 작성하는 적화의 명세서이며, 하역 상 양륙지의 지점 또는 대리점에서 필요한 서류이다. 이 서류는 수입화물에 대하여 세관에 제출되어야한다.

Marine B/L(Ocean B/L ; 해양선화증권) : 부산에서 동경 또는 인천에서 뉴욕 등과 같이 외국의 해상운송에 대하여 발행하는 선화증권.

MIA(Marine Insurance Act, 1906 ; 영국 해상보험법) : 영국의 해상보험법은 오랫동안 판례법으로 되어 있던 것을 정리, 정정, 취사선택을 하여 체계화하여 1906년 법전화한 성문법을 말한다. 해상보험법의 원리원칙을 거의 망라하여 완성도가 높은 것으로 평가되고 있다.

Market Claim : 매수인에게 거의 손해를 입히지 않는 정도이거나 또는 그 손상이 경미하여 평소 같으면 클레임이 되지 않을 정도의 적은 과실을 감가의 구실로 하는 클레임을 말한다.

Marshalling Yard : Apron에서 이웃하여 막 하역했거나 곧 적재할 컨테이너를 정렬 및 보관하는 장소.

Master Air Waybill(항공사발행 화물운송장) : 여러 화주들로부터 포장의 화물을 기탁받은 혼재업자(consolidator)가 자신이 화주(shipper)가 되어 화물들을 운송규격 단위로 재포장하여, 항공회사와 운송약관에 따라 계약을 체결하고 항공회사로부터 운송증거서류로써 발급받는 것.

Master Credit(원신용장) : 내국신용장(Local L/C)의 발급근거가 되는 신용장을 말한다. 즉, 내국신용장의 발행을 위해 견질담보로 제공된 해외에서 수취한 수출신용장을 말하며, 「Original Credit」 또는 「Prime Credit」 등으로 불린다.

Mate's Receipt(M/R, 본선수령증) : 본선의 일등항해사가 재래선박에 적재된 화물과 선적지시서를 대조하여 화물 수령에 관한 증거로서 발급하는 서류. 본선수령증과 선화증권을 교부해준다.

Measurement Cargo(용적화물) : 선박회사가 운임계산의 기준을 설정할 때 적용시

키는 화물 중에서 용적을 기준으로 하는 화물을 말한다. 선사는 일반적으로 용적화물과 중량화물(weight cargo)로 나누어 자기네가 유리한 쪽으로 운임을 결정(Revenue Ton).

Memorandum of Agreement(Agreement on the General Terms and Conditions of Business ; **일반거래조건협정서**) : 무역거래는 국가 간에 이루어지기 때문에 서로 다른 상관행에 대한 분쟁을 예방하여야한다. 이를 위하여 세부계약에 앞서 양자간 무역거래의 일반적 기준이 될 제반조건을 협정하고 이를 문서화하는 것.

Merchanting Trade(**중개무역**) : 수출국(A)과 수입국(G)의 중간에서 제3국(C)의 상인이 개입하여 이루어지는 거래.

Minimum Freight(**최저운임**) : 정기선의 경우 1톤 미만의 화물에 대해서는 최저 1톤에 해당하는 운임을 부과.

M/V(Motor Vessel ; **기선**) : 바람에 의해 운항하는 범선이 아닌 기계장치로 운항하는 선박.

N

Negotiation(**매입**) : 지정은행이 수익자에게 대금을 미리 지급 또는 지급하기로(대가를 지급) 약정한 환어음 및 또는 서류를 구매(Purchase) 하는 것.

Negotiating Bank(**매입은행**) : 신용장의 조건과 일치하는 서류가 첨부된 환어음이 제시 될 때 환어음을 매입 해주는 은행.

Negative List System : 수출입 품목을 제한 내지 금지되는 품목만 나열하는 수출입공고에 의한 관리방식.

Net Weight(**순중량**) : 포장의 무게를 제외한 물품 자체의 무게만을 말한다.

Nominated Bank(**지정은행**) : 신용장에서 인수/지급 또는 매입이 수권된 은행 또는 자유매입산용장의 경우 모든 은행.

Non Tariff Barrier(NTB ; **비관세 장벽**) : 간접무역 규제인 관세 이외의 무역규제수단(수량제한, 외환관리 등).

Notify Party(착화통지처) : 선적화물이 수입지에 도착한 후 운송인이화물이 도착하였다고 통지를 하는 사람.

O

Ocean or Marine B/L(해양선화증권)과 Local B/L(국내선화증권) : 해양선화증권은 인천과 런던 또는 뉴욕과 같이 한 나라의 영해를 벗어나는 해외운송에 대하여 발행되는 선화증권을 말하며, 현재 우리나라의 무역거래에서 사용되는 선화증권은 거의가 모두 이 선화증권이며, 한편 내국 선화증권은 인천과 부산 또는 군산 사이와 같이 국내해상운송에서 발행되는 선화증권.

Off-dock CY(ODCY) : 컨테이너 전용 터미널과 떨어져 있는 사설CY, LCL화물인 경우 대부분 ODCY를 먼저 거친 다음 On-dock CY로 보내진다.

Offer Agent(갑류무역 대리업) : 외국의 수출업자를 대리하여 국내에서 물품매도확약서 발행을 업으로 하는 자.

Offer subject to Prior Sale(선착순 판매조건오퍼) : 이것은 주로 재고품판매오퍼 시 거래선들에게 오퍼를 발행하는 것으로, 해당물품이 판매되지 않고 재고가 있어야만 계약이 성립된다는 것을 조건으로 한다. 이는 Offer subject to being Unsold(재고잔류조건오퍼)로도 표시할 수 있다.

Official Invoice(공용송장)

- Custom Invoice(세관송장) : 수입지 세관이 수입화물에 대한 관세가격의 기준을 결정, 덤핑 유무의 확인, 쿼터관리, 수입통제의 목적으로 일부 국가에서 이를 요구한다.
- Consulor Invoice(영사송장) : 수입지의 국내 영사관에서 발급하는 것으로 수입시 외화도피(over value) 및 관세포탈(under Value)등을 방지하기 위해 요구한다.

On-dock CY : 부산항의 경우 컨테이너 전용 터미널인 5, 6부두의 BCTOC (Busan Container Operating Company)내에 있는 부두.

Open Account or Account Current or Running Account(장부결제, 상호계산, 청산계정) : 수출입 거래가 빈번한 경우 대금결제를 장부상 상쇄·정리한 다음

일정기간(6개월 또는 1년마다)말에 그 차액만을 청산하는 결제방법(대형 상사의 본·지사 사이에 거래).

P

P/A(Particular Average ; 단독해손) : 해상손해가 부분손해(Partial loss)로 발생했을 경우, 그 피보험이익(insurable interest)의 일부가 멸실 또는 손상된 손해 중에서 공동해손(general average)을 제외한 손해(general average).

Packing Credit(전대신용장) : 수출상이 수출을 이행하기 위해 계약물품의 생산·가공·집화·선적 등에 필요한 자금을 수입상(신용장 발행의뢰인)을 통해 미리 전대받는 신용장을 말한다. 이는 그러한 조건이 신용장 상에 적색으로 명기된다고 하여 「Red Clause credit」라고 하며, 자금을 선급 받는다하여 「Advance Payment credit」라고도 불린다.

Packing List(포장명세서) : 선적화물의 포장 및 포장단위별 명세와 단위별 순중량·총중량·용적·화인 및 포장의 일련번호 등을 기재한 상업송장의 보조서류.

Pallet(팔레트) : 화물을 일정 수량단위로 모아 하역·보관·수송하기 위해 사용되는 하역받침으로, fork lift를 이용하여 하역하기 때문에 받침에는 fork가 들어갈 수 있는 공간이 있다. pallet도 종류가 여러 가지인데, 평팔레트, box pallet 그리고 post pallet 등이 있다.

Panel Arbitrator(등록중재인) : 중재인 명부에 등록되어 있는 중재인.

Parcel Post Receipt(우편소포수령증) : 우편수령증(post receipt)이라고도 하며, 유상의 견품이나 소화물을 소포우편으로 외국에 발송하는 경우 우체국에서 발행하는 화물수령증.

Patent(특허권) : 새로운 공업적 가치의 발명을 해낸 사람이발명품이나 혹은 그 원리에 따라 생산한 물품을 법정기간 동안 독점하여 제작, 사용, 판매할 수 있는 권리.

Partial Loss(분손) : 전손(total loss)에 반대되는 용어로서, 보험에 부보된 선박 또는 화물 등의 일부가 멸실되거나 또는 이들의 전부 혹은 일부가 훼손되거나 또는 일부가 상실되어 발생하는 손해를 말한다. 여기에는 단독해손

(particular average)과 공동해손(general average)이 있다.

Partial Shipment(분할선적) : 수입상측의 요구에 의하여 계약물품을 몇 차례로 분할하여 선적하는 것. 신용장거래에서는 이에 대한 언급이 없을 경우 허용되는 것으로 간주한다(Instalment Shipment).

Partial Transfer(분할양도) : 원신용장(master L/C)의 최초의 수익자 first beneficiary가 받은 신용장 금액을 제2수익자(second beneficiary)인 여러 사람에게 분할로 양도하여 주는 것을 말한다.(Total Transfer)

Payee(수취인) : 환어음(draft) 금액을 지급받을 자로, 일반적으로 환어음을 매입(negotiation)한 은행이나 수출상을 지칭.

Paying Bank(지급은행) : 신용장에 의거 수익자가 발행한 환어음에 대해서 직접 대금을 지급하여 주는 은행으로서 그 어음금액을 지급하도록 권한을 받은 은행.

Payment in Advance(선지급) : 계약물품이 선적 또는 인도되기 전에 미리대금을 지급하는 조건으로, CWO, Packing Credit 및 주문과 함께 송금수표(demand draft)나 우편환(mail transfer) 또는 전신환(telegraphic transfer) 등에 의해 송금되는 사전송금방식(remittance basis) 등이 있다.

Performance Bond(계약이행보증) : 플랜트수출이나 해외건설공사에 수반하여 발행되는 본드로서 계약체결시 약정된 계약을 이행하지 않을 경우에 지급토록 되어 있는 은행이나 보험사가 발행한 보증서를 말한다. 일반적으로 본드금액은 계약금액의 10% 전후이다(Bid Bond).

Peril of the Seas(해상고유의 위험) : 구보험증권의 위험약관 중 가장 먼저 표시되는 위험이다. 풍파에 의한 파손, 난파, 침몰, 좌초, 충돌 등이 대표적인 해상고유의 위험들이다.

Personal Check(P/C ; 개인수표) : 무역대금결제를 송금수표(demand draft)로 할 경우에 그 발행인이 일반회사나 개인자격으로 발행한 수표.

Physical Distribution(Logistics ; 물적 유통) : 생산자로부터 소비자까지의 물건의 흐름을 가리킨다. 물적 유통은 수송 기초시설, 통신기초시설 등 국가 기간산업활동과 관련된 부분과 기업이 자체적으로 관리할 수 있는 수송·보관·하역·포장·유통가공·정보기능을 총체적으로 나타내는 말.

Physical Loss(물적 손해) : 해상보험 용어로서, 실체적 손해라고도 한다. 이는 보험의 목적물인 선박이나 화물에 위험이 작용하여 멸실 또는 손상이 발생한

손해. 전손(total loss), 분손(partial loss).

Pier to Pier : 컨테이너 선사에 의해 제공되는 서비스나 운임을 말하는 것으로, 수출국 항구 터미널에서 선사의 책임 하에 화물이 선적되거나 화물도착지의 터미널까지 화물이 배송되는 경우에 해당된다.

Piggy-back System : 컨테이너 운송방식을 말하는 용어. 컨테이너를 적재한 트레일러(trailer)를 철도 의무개화차에 실어 수송하는 방식. 이것은 일종의 TOFC(trailer on flat car)의 수송방식이며, 컨테이너를 배에 싣고 운송하면 「fish-back」, 항공기에 싣고 운송하면 「Birdy-back」.

Pilferage(발화) : 해상보험에서 사용되는 용어로서, 선적 또는 양륙과정에서 화물 전체가 아니고 그 내용물의 일부분을 빼내어 훔치는 등의 절도 행위(TPND).

Pilot(도선사) : 선박들의 입출항을 안내하기 위해 도선 구내에서 선박에 승선하여 수로를 인도하는 사람을 말하며, 여기 드는 비용을 도선료(Pilotage)라고 한다.

Pirates(해적) : 해상보험에서 해적의 뜻은 약탈차가 약탈·방화·파괴·폭행을 함으로써 초래시킨 손해를 말하며, 그러한 행위를 담보하는 보험약관을 해적행위약관(piracy clause)이라고 한다.

Plant Export(플랜트수출) : 플랜트를 구성하는 요소인 기계기구, 자재제작 및 판매와 병행하여 기술지식, 공업소유권, Know-how, 기술자용역을 포함하는 유형·무형의 물품수출이나 소요인원의 조달, 외국에서의 플랜트 공사의 도급업무 등을 포함하는 수출.

PL(Product Liability ; 제조물책임) : 제품의 품질이나 기능 및 효용에 관한 책임은 물론이고 당해 제품의 사용 중이나 사용 후의 환경에 미치는 영향에까지 책임을 지는 기업의 이념이나 자세.

PLI(Product Liability Insurance ; 제조물책임보험) : 제조된 물품의 하자로 인하여 그 물품의 사용자 또는 제3자가 인적 손상이나 재산 상의손해를 입은 경우 제조자가 부담하는 배상책임을 제조물책임(Product liability)이라고 하며, 이러한 위험이 있는 물품에 대하여 보험회사에 담보시키는 보험.

Point of Discharge(양륙지) : 화물의 양륙지를 지정하여 양륙되는 장소를 말한다. 해운화물의 경우 양륙항을 말하는데, 양륙지와 목적지(destination)가 동일지가 아닐 경우도 있다. 양륙지는 본선화물을 양륙할 항구이며 목적지는 화물의 최종 도착지.

Policy Holder(보험계약자) : 보험자와 보험계약을 체결하는 자를 말한다. 보험계약자는 보험자, 즉 보험회사와 보험계약을 체결하고 보험료를 납입하는 자로 보험자에 대하여 고지의무, 위험의 변경 증가의 통지의무를 지게 된다.

Port B/L(항만선화증권) : 수취선화증권(received B/L)의 일종으로, 화물이 운송인의 보관하에 있으며 또한 선화증권에 지정된 선박이 본선 상에 적재되어 있지 않을 때 발행되는 선화증권.

Port Dues ; Harbour Dues(항만사용료) : 항만을 사용한 대가로 항만당국이 선주나 선박운항업자에게 부과하는 요금.

Port Mark(포트마크) : 화물의 행선지를 포장에 표시하는 일종의화인(shipping marks)을 구성하는 내용 중 일부를 말한다. 통상 메인마크 바로 밑에 도착항 이름으로 표시.

Positive List System : 수출입공고에 수출 또는 수입이 허용되는 품목만을 표시하고 여기에 표시되지 않은 기타의 품목은 원칙적으로 수출/입이 제한 또는 금지되도록 하는 품목 표시방법(→Negative List system).

Preferential Tariff(특혜관세) : 특청 국가에 대해 특히 관세율을 낮추거나 관세 그 자체를 폐지해서 타국가보다도 교역상 유리한 대우를 부여하는 관세제도를 말한다. 이것은 가트(GATT)의 일반적 최혜국대우의 원칙에 어긋나지만 세계무역의 현실에 비춰 봐서 예외적으로 인정하고 있다.

PSI(Pre-shipment Inspection ; 선적전 검사) : Incoterms 2000에서 규정하고 있는 용어로서, 매수인 자신이 수출국 등에서 행한 검사나, 매수인의 요청에 의한 특정 기관이 미리 행한 검사를 말하며, 이러한 검사비용을 선적 전 검사비용(costs of Pre-shipment inspection) 이라 하여 매수인이 부담하는 것을 원칙으로 한다.

Presentation(제시) : 신용장 상의 서류를 인도하는 행위 또는 발행은행 또는 지정은행에게 인도된 서류를 인도하는 행위.

Presenter(제시자) : 제시를 행하는 수익자

Prima Facie(추정적 증거) : 특정 사실의 증명에 있어서 일단 충분하다라고 하는 증거이며 상대방의 반증에 의해 뒤집히지 않는 한 진실이라고 추정되는 증거.

Principal(본인) : 물품계약을 체결할 당시 매매당사자를 확정짓는 용어로 사용되는데, 당사자가 자기의 계정(account)과 위험(risk)을 갖고 거래하는 당사자를 지칭한다. 반대 용어는 대리인(agent).

Progressive Payment or Installment Payment(누진불 또는 분할지급) : 매수인이 주문과동시에 대금의 1/3, 선적이 끝난 후에 1/3, 잔액은 화물이 도착한 후에 지급하는 방식의 결제조건.

Protection & Indemnity Club(P&I Club ; 선주책임 상호보험조합) : 일반적인 선체보험으로 대비할 수 없는 손해나 배상문제에 대해 선박소유나 운항에 관련 제3자 배상책임을 나누어 맡는 선주 상호간의 보험, 즉 선박보험의 보완적 부속보험으로서 선주의 배상책임 일체를 담보하는 장치.

Protective Tariff(보호관세) : 국내 유치산업(infant industry)의 보호육성과 기존산업의 유지를 주목적으로 부과하는 관세.

Protest(거절증서 또는 해난증명)

- 추심결제방식에 의한 거래의 경우 어음의 발행인(drawer)이 발행한 어음에 대해 지급인이 인수를 거절하거나 지급을 거절할 경우 어음의 소구권 행사를 위하여 이러한 사실을 증명하는 공증인에 의하여 작성되어지는 공증증서를 말한다.
- 해난증명은 해상보험에서 사용되는 용어로, 조난선의 선장으로부터 조난 후 첫 입항지의 감독관청 앞으로 해난의 사정을 보고하는데, 통상 이러한 손해는 불가항력적이며 선장의 책임이 아니라는 것을 주장 또는 항의한다는 의미에서 Protest라 한다(Captain's Protest).

P/O(Purchase Order ; 매입서) : Order Sheet와 같은 뜻으로 사용되는 용어로서 일종의 개별계약서이다. 매매계약이 성립된 후에 계약내용을 확인하기 위하여 수입상이 작성하여 수출상에게 송부.

Q

Quality Certificate(품질증명서) : 수출상으로 하여금 약정된 품질의 제품을 선적하도록 하기 위해 수입상은 공인된 검정기관의 품질증명서를 요구하기도 하며, 경우에 따라서는 제조업체가 발행하는 품질증명서를 요구하기도 한다.

Quality Claim(품질클레임) : 약속된 제품의 품질불량, 품질상위, 파손 및 불완전포장 등으로 인해 발생되는 클레임.

Quality Terms(**품질조건**) : 품질조건에는 상품명, 규격, 색상, 모델 등이 포함되며 품질을 결정하는 방법으로는 견품매매, 상품매매, 설명매매, 표준품 매매 및 규격 매매 등으로 구분.

Quantity Discount(**수량할인**) : 일정량 이상 구입할 때 매도인이 매수인에게 주어지는 가격 인하.

Quantity Terms(**수량조건**) : 수량을 표시하는 조건은 제품에 따라 개수, 포장단위, 용적, 중량 및 길이 등으로 표시.

Quay(**부두**) : 선박이 화물이나 승객의 승선이나 하선을 적절히 하기 위해 옆으로 댈 수 있도록 육지와 평행하게 만들어진 평행담벽 형태의 부두.

Quota(**할당제**) : 수출입 되는 상품의 일정금액 또는 제한하는 제도를 말한다. 수출입을 제한하는데 이용되는 비관세장벽(NTB)제도 중에서 가장 효율적인 수단으로 이용(Voluntary Export Restraint).

Qurantine Certificate(**검역증명서**) : 위생증명서의 일종으로, 특히 식물이나 동물 또는 동물의 부산물 등을 수출하는 경우, 전염병 등 세균의 침입을 예방하기 위하여 수출국에서 소독 등 방역·검역을 실시하고 발급하여주는 서류.

R

Railway Consignment Note(**철도화물수탁서**) : 육상운송에 탁송한 화물의 청구권을 표시한 비유가증권.

Received B/L(**수취선화증권**) : 화물을 선적할 선박이 항내에 정박 중이거나 아직 입항되지는 아니하였으나, 선박이 지정된 경우에는 선박회사가 화물을 수령하고 선적 전에 발행하는 선화증권을 말한다. 여기에는 Port B/L(항만선화증권)인 지정된 선박은 입항되어 있으나, 화물이 선박에 적재되어있지 않은 경우와 Custody B/L(보관선화증권)이 있다.

Red B/L(**적색선화증권**) : 선화증권과 보험증권을 결합시킨 것으로 전체가 적색으로 인쇄된 증권이다. 이 증권에 기재된 화물이 운송 중 사고가 발생하면 당해화물에 대하여 선사가 보상해 주는 선화증권.

Red Clause L/C or Packing L/C(**전대신용장**) : 수출상이 물품을 선적하기 전에

상품을 제조하거나, 조달하는 데 필요한 자금을 은행이 미리 공여해주도록 하는 신용장.

Reefer Container(냉동컨테이너) : 냉동화물 및 과실 등 부패되기 쉬운 화물을 수용하기 위해 컨테이너 내에 방열장치 및 냉동기를 설치해 −28℃에서 +260℃까지의 온도를 임의로 조절할 수 있도록 고안된 컨테이너를 말한다.

Re-Export(재수출) : 자국에 수입된 화물을 재수출하는 것을 말한다. 가공된 화물 또는 수출입화물의 용기라든가, 수선된 화물에 있어 수입허가일로부터 일정 기간 이내에 수출되는 경우에는 관세가 감면된다.

Restricted Item(제한승인품목) : 수출입공고에 열거되어 있어 정부, 기관, 협회로부터 허가, 추천을 받아야만 수출입을 할 수 있는 품목.

Revenue Ton or Freight Ton(운임톤) : 정기선(liner)의 운임료(freight tariff)상의 운임률에는 용적톤(measurement ton)과 중량톤(weight ton)을 기준으로 운임을 징수하게 되는데 이중 정기선에서 유리한 더 높은 운임 에 해당되는 Ton을 말한다.

Reimbursing Bank(상환은행) : 결제은행(settling bank)이라고도 한다.(Settling Bank).

Reimbursement Credit(상환신용장) : 신용장거래에서 선적서류 매입은행이 발행은행의 무예치환 거래은행(non- depositary correspondent bank)인 경우에는 발행은행이 결제계정을 가지고 있는 예치환 거래은행 앞으로 대금상환을 청구하게 되는데, 이처럼 매입은행이 별도로 상환청구를 하는 신용장.

Re-Import(재수입) : 해외에 수출된 화물을 다시 자국에 수입하는 것이다. 재수입된 화물이 보세공장의 제품이고 그의 수입이 관세법에 정한 재수입면세의 요건에 해당할 때는 관세가 경감된다.

Reinsurance(재보험) : 보험자가 인수하는 보험계약 상의 책임을 일부 또는 전부 다른 보험자에 이전할 목적으로 체결하는 보험을 재보험 이라고 한다.

Remittance(송금환) : 외국환에 의한 결제방법 중의 하나로, 무역거래에서 이용되는 송금환방식은 물품 선적 전에 외화·수표 등 대외지급수단에 의하여 미리 대금을 영수하고 일정기일 내에 상응하는 물품을 선적하는 결제방식.

Remitting Bank(추심의뢰은행) : 추심어음거래(D/P, D/A)의 경우추심의뢰인, 즉, 수출상의 추심요구에 따라 금융서류(환어음)와 상업서류(운송서류)를 수입지의 은행으로 송부하여 추심을 의뢰하는 수출지의 수출상거래은행(일반적으로)

을 말한다(Collecting Bank).

Renegotiation(재매입) : 매입제한신용장을 수출신용장으로 받은 수출상은 일단은 매입은행의 선택권을 유보하기 때문에 1차적으로는 수출상의 거래은행에 1차 매입이 이루어지고 그 다음에 신용장에서 매입은행으로 지정된 은행에 재매입(renegotiation)을 하는 것.

Restricted Credit(매입제한신용장) : 신용장 발행은행이 당해 신용장을 근거로 발행되어지는 환어음의 매입을 특정은행으로 제한시키는 경우의 신용장을 말한다. 이를 특정신용장(special credit)이라고도 한다.

Retaliatory Tariff(보복관세) : 타국이 자국의 수출품에 대하여 또는 자국의 선박 또는 항공기에 대하여 불리한 대우를 하는 경우 그 차별이 관세에 의한 것이든, 다른 방법에 의한 것이든, 또는 직·간접이든 자국의 산업에 불이익의 영행을 미치는 경우에 그 불리한 대우를 관세의 부과로써 제거하기 위하여 부과되는 관세.

Revenue Tariff(재정관세) : 국가의 재정수입을 주목적으로 부과하는 관세를 말한다. 재정관세는 일반적으로 국내생산이 거의 불가능하여 수입에 의존할 수 밖에 없거나, 수입을 권장하거나 더 이상 보호할 가치가 없을 때 부과한다.

R/T(Revenue Ton : 운임톤) : 선박의 화물 적재능력은 중량과 용적의 양면에서 제한되므로 중량화물(weight cargo)은 중량기준으로 운임이 부과되고, 경량화물(light cargo)은 용적 기준으로 운임 이 부과된다. 이 경우운임 산정기준에서 중량화물과 용적화물의 구별이 모호하거나 경합될 때에 용적과 중량에서 계산된 운임 중 더 많은 쪽에서 선사가 부과하는 것. 「Freight Ton」.

Revised American Foreign Trade Definition, 1941 개정 미국무역정의 : 1919년 제정된 India House Rule을 1941년 개정하여 현행 미국무역정의로 채택하고, 이를 원산지인도조건(ex point of origin), 선측인도조건(FAS), FOB, C&F, CIF 그리고 부두인도조건(ex dock)등의 6종으로 구분하고 있다. 특히 FOB 조건은 미국적인 운송 특성으로 해석기준을 6가지로 세분하고 있다.

- FOB(named inland carrier at named point of departure)
  ⇒ 지정국 내 적출지에서 지정국내 운송인에의 인도.
- FOB(named inland Carrier at named point of departure)
  Freight Prepaid to(named point of exportation)
  ⇒ 지정국 내 적출지에서 지정국내 운송에의 인도 단, 지정수출지까지의 운임지급.

- FOB(named inland carrier at named point of departure) Freight Allowed to(named point)
  ⇒ 지정국 내 적출지에서 지정국내 운송인에의 인도. 단, 지정지점까지의 운임공제.
- FOB(named inland carrier at named of point of exportation)
  ⇒ 지정국 내 수출지에서 지정국 내 운송인에의 인도.
- FOB Vessel(named port of shipment)
  ⇒ 지정 선적항에서 본선적재인도.
- FOB(named inland point of in the country of importation)
  ⇒ 수입국 지정 내륙지점까지의 반입 인도.

Revocable Credit(취소가능신용장) : 신용장 발행은행이 신용장을 발행한 후 수익자에게 사전에 통고함이 없이 언제라도 그 조건을 변경하거나 취소할 수 있는 신용장으로서 신용장 문면상에 '취소가능"(revocable)이란 표시가 있는 신용장.

Revolving Credit(회전신용장) : 동일한 거래처와 동종의 물품을 장기간에 거쳐 거래할 경우 매 건별로 신용장을 발행하는 번거로움을 피하기 위해 처음 1회 신용장을 발행한 후 일정기간이 지나면 동일한 내용의 효력으로 신용장금액이 자동적으로 갱신될 수 있도록 발행되는 신용장.

RFWD(Rain and/or Fresh Water Damage ; 우수 및 담수에 의한 손해) : 바닷물 이외의 민물에 젖어 발생한 손해로서, 해상보험의 부가조건을 말한다. 하역작업 중 비나 눈이 와서 젖거나 선박 내에서 음료수가 선창에 침투하여 화물에 손해가 발생하는 경우를 의미한다.

Right of Subrogation(대위권) : 추정전손이 발생한 경우 보험자가 피보험자에게 보험금을 지급하면서 보험목적물에 대한일체의 모든 권한을 양도받는 행위.

RT(Rye Term) : RT란 원래 Rye(호밀)거래에 사용되었다고 해서 RT조건이라 하는데, 곡물류거래에 있어서 물품이 도착시 손상되어 있는 경우에 그 손해에 대해 매도인이 책임지게 되는 양륙품질조건(landed quality term).(TQ, SD Term).

Running Laydays(연속정박 24시간) : 용선계약(charter party)시 정박기간을 산정할 때 정박이 하역기간의 개시로부터 하역이 끝날 때까지 소요된 모든 경과일수를 휴일이나 기후, 불가항력 등에 관계없이 정박기간(laydays/ laytimes)으로 산입하는 방법.

Sailing Schedule ; Shipping Schedule(배선 예정표) : 정기선 운항선사가 선박의 현재 및 미래 운항계획을 공표한 것으로 여기에는 선박의 이름과 각 기항 항구에서의 화물선적일, 입항일, 출항일 등이 기록되어 있다.

Safe Berth(안전정박지) : 항구 내에서 안전하게 선적하고 하역작업을 할 수 있는 장소.

SGA(Sale of Goods Act ; 영국물품매매법) : 무역관습의 대표적인 성문법을 말한다. 이는 1893년에 제정된 동산매매 및 그에 부수되는 사항에 관한 성문법인데 계약법의 일부분을 규정하는 것이므로 불완전한 내용에 관하여는 계약에 관한 관습법과 판례에 의해 보충되고 있다.

Sales by Sample or Pattern(견품매매) : 실제 매매될 상품의 품질(quality)을 매매당사자가 제시한 견품에 의하여 인도할 것을 약정하는 품질결정방법을 말한다. 무역계약 체결 시에 일반적인 개품들은 대부분이 견품에 의해서 품질을 결정.

Sales by Specification or Description(규격 또는 설명매매) : 품질을 결정하는 방법 중의 하나로 거래대상물품의 소재·구조·성능 등에 대하여 상세한 설명서(Specifications)나 설계도면(drawing /plan)등을 근거로 품질을 결정하는 방식.

Sales by Standard(표준품매매) : 주로 1차산품처럼 획일적으로 품질을 정할 수 없는 경우에 이용되는 방식이다. 예로서 농수산물과 같이 당해 연도 수확이 예상되는 물품과 목재 등과 같이 정확한 견품의 제공이 곤란한 물품에 이용된다.(FAQ, GMQ, USQ).

Sales by Trade Mark or Brand(상표 또는 품명에 의한 매매) : 상표에 의해 품질을 결정하는 매매로서 국제적으로 인정된 물품에 대해서는 품질을 그 회사의 상표나 품명(brand) 에 의하는 거래에 이용.

Sales by Type or Grade(규격매매) : 품질결정시 물품의 규격이 국제적으로 통일되어 있거나 수출국의 공적인 규격으로 특정되어 있는 경우에 이용되는 매매방식이다. 예를 들면, 국제표준화기구의 ISO, 영국의 BSS, 일본의 JIS, 그리고 미국의 ASTM 등과 같은 규격.

Sales of Future Goods(선물매매) : 장래의 일정기일에 약정품의 품질, 수량, 가격

의 현품인도를 약속하는 기한부매매.

Salvage Charge(**구조비**) : 해상보험의 비용손해로서 제3자가 해상에서 해난구조계약을 체결함이 없이 선박이나 화물을 해상위험에서 임의로 구출해 주는 행위 또는 서비스에 대한 해상법(maritime law)상의 보수.

Sanitary Certificate(**위생증명서**) : 식료품, 약품, 동물의 가축류(도살한상태의육류) 등을 수출하는 경우에 수입국 보건기준에 합치된 것을 수입할 수 있도록 관리하기 위하여 수입상의 요구에 의해 수출국에서 위생검사 당국이 발행하여 제공하는 서류를 말한다. 특히 식품류 등을 미국으로 수출하는 경우에는 FDA(Food and Drug Administration)의 기준에 합치되는 보건·안전기준에 관한서류를 제공하여야 수출이 가능하다. 「Health Certificate 또는 Veterinary certificate」.

Sea Damaged Terms(SD Terms) : 곡물류의 품질결정시기를 정하는 방법으로 기본적으로는 선적조건에 따르되, 해상운송 중에 발생한 바닷물과의 접촉 또는 응고(condensation)등에 기인하는 품질손해에 대하여 매도인이 추가로 부담하는 조건(TQ or RT Terms).

SWB(Sea Way bill ; **해상화물운송장**) : 해상운송 수단의 발달로 운송기간이 단축됨에 따라 발행과 제도가 번거로운 해상선화증권 대신에 이용되는 비유통성 화물운송장.

Second Beneficiary(**신용장양수인**) : 양도가능신용장(transferable credit)이 발행된 경우, 원수익자(original beneficiary) 로부터 원신용장(master credit)을 양도받은 양수인.

Seller's Market(**판매자 시장**) : 판매자 위주의 시장, 즉 판매자 의사에 의해 지배되는 시장.

Seller's Usance : 기한부신용장(usance credit)에서 수입상에 대하여 일정기간의 여신(환어음상의 결제 유예기간)을 수출상(seller)이 허용하게 되면 이것을 「Seller's Usance」 또는 「Shipper's Usance」라고 한다(Banker's Usance).

Selling Offer(**판매오퍼**) : 무역거래에서 매도인이 매수인에게 가격, 수량, 결제 등의 거래조건을 제시하여 계약을 체결하려고 하는 의사표시를 말한다. 국제무역거래에서 오퍼라고 하면 대부분이 이 판매오퍼를 지칭하는 것.

Service Trade(**서비스무역**) : 상품무역에 대한 용어로, 서비스의 국제거래시, 광의로는 무형무역을 가리키나 통상 협의로 사용된대 구체적으로 해상운임, 해

상보험료, 여행경비, 대리점수수료, consultant, 의료, 회계처리 등의 수취 및 지급은 여기에 속한다.

Settling Bank(상환은행 또는 결제은행) : 신용장 상의 통화가 수출국이나 수입국의 통화가 아닌 제3국의 통화일 경우나 또는 발행은행과 예치환거래계약(depositary correspond arrangement)이 체결되지 않았을 경우에는 제3국에 있는 발행은행의 예치환거래은행이 그 신용장의 결제은행이 되는 경우가 있다. 이럴 때에는 서류를 매입한 매입은행은 운송서류를 발행은행으로 송부하고 환어음은 상환은행(결제은행)으로 송부하여 대금결제를 받게 된다(Reimbursement Bank).

SGS(Societe Generale De Surveillance) : 수입상이 수출상의 부정을 방지할 목적으로 또는 제품단가를 줄이거나 높여서 관세를 포탈하거나 외화도피를 방지하기 위해 선적 전에 물품을 검사한 후 선적하도록 요구하는 세계적으로 공인된 검사증명서 발급기관.

SHEX(Sunday and Holidays Excepted) : 하역이 가능한 좋은 일기 상태의 날일 경우에만 정박기간(Laydays)에 산입하는 약정방법(WWD)에서 일요일과 공휴일의 작업은 정박기간에서 제외하는 방법.

Shipment(선적) : 신용장통일규칙에 의하면, 선적이란 의미는 「본선적재(loading on board)」, 「발송(dispatch)」, 「운송을 위한 인수(accepted for carriage)」, 「우편수령일(date of post receipt)」, 「접수일(date of pick-up)」, 그리고 복합운송의 경우에는 「수탁(taking in charge)」의 의미를 포함.

Shipped B/L(선적선화증권) : 운송화물을 본선에 적재한 후에 발행한 선화증권으로서 그 증권 전면에 약관상에shipped in apparent good order and condition …"이라는 문언이 명기되어 있다.

Shipping Invoice(선적송장) : 선적송장이란, 실제로 선적된 화물의 내용과 가격을 명시한 송장을 말한다. 위탁계약이 성립되어 그 약정품을 발송할 때 작성되는 선적품 선적시의 명세서이므로 선적송장이라 불린다.

Shipping Marks ; Cargo Marks(화인) : 화인이란, 선적화물 각각의 포장물 외장에 특정의 기호, 문자, 포장번호, 목적항, 원산지 등의 표시를 함으로써 상호간에 화물에 대한 식별을 용이하게 하는 것을 말한다.

S/O(Shipping order ; 선적지시서) : 화주의 선적신청에 따라서 선사가 현품을 확인한 다음 본선의 선장 앞으로 기재된 화물을 선적하도록 지시한 문서.

S/R(Shipping Request ; 선복요청서) : 화주가 선사에 제출하는 물품 운송신청서로서 이를 근거로 선화증권과 적화목록(manifest) 등이 작성되며, 2통 이상을 작성하여 한 통은 선사의 확인서명을 받아 선복요청의 증거서류로 보관하게 된다.

Short Form B/L(약식선화증권) : 선화증권(long form B/L) 앞면에 법적 기재사항만을 기재하여 놓고 이면 약관은 생략한 채 발행한 선화증권.

Sight Credit(일람출급신용장) : 신용장에서 수익자가 일람출급환어음(sight draft)을 발행하거나 선적서류를 직접 발행은행, 확인은행 또는 지정은행(매입은행)에 제시하면 이를 일람(at sight)한 즉시 지급한다고 약정 된 신용장.

Simple Credit(단순신용장) : 지급신용장처럼 지급/인수 또는 매입은행에게 발행은행의 환예금계정(depositary account)이 발행되어 있어 서류매입시 그 환계정에서 직접 인출하여 수익자에게 지급할 수 있도록 약정된 신용장을 말한다.(Straight L/C).

Special Credit(특정신용장) : 특정신용장은 매입제한신용장이라고도 한다(Restricted Credit).

Specific Duties(종량세) : 물품의 수량, 즉 개수·용적·중량·길이 등을 과세표준으로 하는 조세를 말한다. 우리나라에서는 대부분이 종가세(advalorem duties)를 적용하고 있으며, 영화필름과 주정 등 일부 품목만이 종량세를 적용하고 있다.

Spot Exchange Rate(현물환율) : 현물환거래(매매계약시 부터 그 영업일 이내)에 적용되는 환율을 말한다. 현물환거래(spot exchange transaction) 란 환의 결제일자(spot value date)를 매매계약 후 외국환은행의 그 영업일로 정하는 외환거래.

Stale B/L(기간경과선화증권) : 신용장상에 서류제시기간이 정해져 있는 경우에는 그 기간 내에, 제시기한이 없는 경우에는 운송일자 후 21일 이내에 서류가 제시되어야 하는데 이들 기간이 지나 운송서류와 금융서류가 지정된 은행이나 매입은행에 제시된 선화증권.

Stand-by Credit(보증신용장) : 국제보증업무 등에 사용되는 신용장. 보증신용장은 고객이 현지은행으로부터 금융서비스를 받거나 화환신용장을 발행받고자 할 때, 자신이 거래은행에 요청하여 그 거래은행이 현지은행(수익자) 앞으로 고객의 채무보증을 확약한다는 뜻으로 발행하는 신용장.

Statement of General Average(공동해손 정산서) : 공동해손(general average)의 정산이 끝났을 때 작성·제출되는 계산보고서를 말한다. 이의 작성에는 일반적으로 전문적인 지식이 필요하므로 선주의 위촉을 받은 해손정산인이 작성하는 것이 보통이다(YAR : York- Rules).

Stevedorage(선내작업비) : 화물을 적재하는 데 발생하는 제반비용으로 선주의 입장에서 선내 작업비용.

Stock Sale(재고매매) : 재고품을 매매의 대상으로 하여 자기 창고 또는 영업창고 내에 보관, 재고로 되어 있는 상태로 인도되고 일정한 가격이 설정되는 매매.

Straight B/L(기명식선화증권) : 선화증권 수화인(consignee)란에 화물의수취인, 즉 수입상의 주소와 상호가 기재된 것을 말한다(Order B/L).

Straight Credit(지급신용장) : 신용장약정문면에 환어음의 배서인(nego bank)이나 선의의 소지인(reimbursing bank)에 대한 지급약정이 없고, 단지 수익자(drawer)가 발행은행이나 그 지정은행에 직접 환어음을 제시하면 지급하겠다는 약정만 있는 신용장.

Super301 Article(슈퍼301조) : 미국의 1988년 포괄 통상법으로 무역자유화 우선순위(trade liberalization priority)를 지정하는 것을 골자로 하는 법안으로 매년 미국무역대표부(USTR) 로 하여금 각국의 무역관행을 의무적으로 검토하게 하고 그 결과에 따라 무역 보복을 하게 하였는데 이를 슈퍼 301조라 한다.

Surcharge Additional Freight(할증운임, 추가요금 또는 할증료) : 해운동맹의 어떤 항로에서는 기본운임을 개정하기 위해 일정의 예고기간을 설정하지 않으면 안 되는데, 운임인상에 시급을 요하는 사태가 발생할 때, 응급조치로 송화인에게 부과하는 할증료.

Surrender B/L : 물품이 B/L보다 먼저 도착한 경우, 바이어 요청으로 수출상이 선박회사에 의뢰하여 B/L사본에 'surrender'라는 도장을 찍어 팩스 등으로 바이어에게 송부해주는 선화증권.
이 surrender B/L을 제시하면 B/L원본 없이도 물건을 찾을 수 있다.

Swap Transaction(스왑거래) : 환위험을 방지하고 환 position을 조정하기위하여 서로 반대되는 현물환(spot exchange)과 선물환(forward exchange)이 동시에 매매되거나, 선물환 매도와 선물환 매입이 동시에 일어나는 외화거래.

Sweat Damage(가습손) : 선창내와 선박의 외부와의 기온 차이로 천장 및 내벽에

응결하는 수분에 의해서 화물이 젖거나 화물자체의 표면에 땀처럼 수분이 배어 생기는 손해.

SWIFT(Society for 「Worldwide Interbank Financial Telecommunications ; **국제은행간 금융정보전송연합)** : 국제은행간 서류의 교환절차 및 교환양식의 비표준화로 야기되는 문제점을 제거하기위하여 1973년 벨기에 법에 의해 설립된 은행간 비 영리조합으로 국제은행 업무의 자동화, 계정조회의 용이화, 통신의 효율화, 표준메시지 개발 등의 업무를 수행하고 있으며, 세계대부분의 은행이 가입하고 있다. 우리나라도 1992년 3월부터 SWIFT system을 설치 운영하고 있으며 SWIFT에 의한 신용장 발행도 이루어지고 있다.

T

Tale Quale(TQ) : 「Such as it is」 또는 「Just as they come」의 뜻으로 곡물류 거래에 있어서 선적품질조건을 말한다. 선적 시 양호한 상태로 선적되었을 경우에는 그 이후의 선적품에 대한 모든 책임은 매수인이 부담한다.(RT·SD)

Tally Sheet(**검수표**) : 화물을 선적하거나 양륙할 때 화물의 수량 및 화물의 외형상의 사고 유무를 검사하는 것을 Tally라고 하며 검사인을 Tally Man, 검사결과의 기록을Tally sheet라 한다.

Tariff Barriers(**관세장벽**) : 국내 산업을 보호하기 위해 관세 조작에 의해 타국상품의 유입을 제한하는 것.

Tariffs(**관세율, 운임표**)

- 관세영역을 출입하는 물품에 대하여 법률이나 조역에 의거하여 부과되는 조세.
- 정기선이나 동맹선에서 사용되는 화물의임요율을 표로 작성한 것.

Tariff Quota(**관세할당제**) : 정부가 지정한 특정 제품의 수입에 대하여일정한 할당 수량까지는 무관세 또는 저율의 관세를 부과하나 이를 초과 시에는 고율의 관세를 적용하는 이중세율제도.

T/T(Telegraphic Transfer : **전신환송금**) : 외국환은행이 고객의 의뢰에 따라 해외

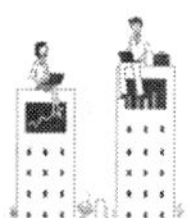

의 본·지점 또는 거래선 은행으로 하여금 일정금액을 특정 수취인에게 지급하도록 전신으로 지시 하는 송금방식.

T/T Buying Rate(Telegraphic Buying Rate ; **전신환매입률**) : 전신을 이용하여 내도된 전신환을 은행이 매입할 때 적용되는 환율을 의미한다.

T/T Selling Rate(Telegraphic Selling Rate ; **전신환매도율**) : 전신을 이용하여 송금하는 경우에 적용되는 환율. 전신환 경우에는 수취인이 대금을 수취하는데, 1일 정도 기간이 필요하므로 이자문제가 개재하지 않는 순수한 의미의 환율.

Tender(**국제입찰**) : 영국이나 영연방국들이 국제입찰을 실시할 때 International Bidding 대신에 Tender란 말을 쓰고 있다. 또한 해운 용어로는 비중이 높은 화물의 과적으로 선박의 무게중심이 높아져서 복원력이 떨어진 상태의 선박을 말한다.

TEU(twenty footer equivalent unit) : 20 피트 컨테이너(2O feet container) 한 개를 말하며, 가장 많이 사용하고 있는 것 중의 하나이다. 보통 1 TEU 또는 20'×1로 표시한다.

TPND(Theft, Pilferage and Non delivery ; **도난, 발화, 불착손위험담보조건**) : 도난은 물건이 포장채로 없어지는 것이고, 발화는 포장된 내용물의 일부를 빼내는 것을 말한다. 불착손은 포장단위의 화물이 전부 목적지에 도착하지 않는 경우를 말한다. 한편, ICC(A)나 All Risks하에서는 이러한 위험은 담보된다.

Through B/L(**통선화증권**) : 최초의 운송인이 전구간을 책임지고 발행하는 것을 통선화증권이라고 한다.

Time Charter(**정기용선**) : 선박의 전부 또는 일부를 일정기간 동안 용선하는 것.

Tomas Credit(**토마스신용장**) : 수익자가 발행신청인 등 상대방을 수익자로 하는 수입신용장의 개설을 약속하는 보증서 또는 보증신용장을 발행하는 것을 조건으로 하는 신용장으로 구상무역에 이용된다.

Total Loss(**전손**) : 해상보험에 부보된 화물이 위험에 의해서전부가 멸실되어 그 시장가격을 상실한 경우.

Trade Terms(**무역조건**) : 정형화된 물품매매 거래조건은 무역 당사자간 책임관계를 규정한 것으로 현재 Incoterms 2000으로 전면 개정되어 13가지 용어로 무역조건을 정의하고 있다.

Tramper(부정기선) : 화물을 따라 수시로 항로를 변경하면서 운항되는 선박을 말한다. 부정기선은 정기선과는 달리 특정 화주의 화물만을 수송.

Transferable L/C(양도가능신용장) : 신용장을 수취한 수익자가 자신의 권리 중 일부 또는 전부를 제3자에게 양도할 수 있도록 허용된 신용장을 말한다. 이는 원신용장 상에 「Transferable」이란 문구가 있어야 하며 양도는 1회에 한하나 분할선적이 허용되어 있으면 몇 사람에게 양도가 가능.

TSR(Transportation Siberian Railroad ; 시베리아 횡단철도운송) : 극동에서 유럽·중동행 화물을 집화하여 일본을 거치거나 Eurasia Trans 사와 한국, 일본, 유럽의 NVOCC(Non-Vessel Operating Common Carrier) 들과 제휴하여 철도로 시베리아를 횡단, 중동근접지역이나 동구제국의 국경 지역까지 수송하는 국제복합수송.

Transit Trade(통과무역) : 수출국 화물이 수입국으로 직송되지 않고 제3국을 경유해서 수송될 때 제3국의 입장에서 이것을 통과무역 이라 한다.

Transhipment(환적) : 일단 선적된 화물이 다른 선박 또는 다른 운송수단에 적재될 때를 말한다.

Transport Document(운송서류) : 수출상이 수입상에게 보낼 물품을 운송인에게 인도하고 받는 서류. UCP 600에서는 운송서류 개념을 물품의 선적, 발송, 인수를 명시하는 인도 증거서류로서 포괄적으로 부르고 있다.

Trip Charter(항해용선) : 일정한 항로에 한하여 계약하는 용선계약으로서, 원칙적으로 1회의 항해를 단위로 한다. 「Voyage charter」라고도 한다.

Trimming(트리밍) : 곡물이나 석탄 등 살화물을 선적할 경우 선창의 각 칸마다 고루 실을 수 있도록 일정한 방법으로 고루는 것.

TRS(trunked radio system ; 주파수 공용통신) : 중계국에서 할당된 여러 개의 채널을 공동으로 사용하는 무전기시스템으로서 이동차량이나 선박 등 운송수단에 탑재하여 이동 간에 정보를 리얼타임으로 송수신할 수 있는 시스템.

T/R(Trust Receipt ; 대도) : 일람불 신용장조건이나 D/P조건으로 수입시, 결제자금이 없을 경우 수입상은 수입화물을 일정한 신탁적 목적에 한해 처분할 것을 명기한 수입담보물보관증을 수입대금 결제은행에 차입하고, 선적서류를 교부받아 화물을 통관 후 판매하여 어음대전을 결제하게 되는 것을 대도라 한다.

T/T(Telegraphic Transfer ; 전신환) : 수출대금 전액을 외화로 수취하는 결제방식

으로 고객의 의뢰에 의해 외국환은행이 해외의 본·지점 또는 거래은행으로 하여금 일정한 금액을 특정 수취인에게 지급하도록 전신으로 지시하는 송금 방식.

U

UCC(Uniform Commercial Code ; 미국통일상법전) : 1952년 미국에서 제정한 성문법. 무역관습 및 조건 등에 관한매매규정. 이는 영국의 물품매매법(SGA) 및 미국 통일매매법(USA)과 함께 오늘날의 무역관습에 대표적인 상관습법들이다.

UCP(화환신용장통일규칙 및 관행) : Uniform Customs and Practice for Documentary credit의 약어로, 화환신용장통일규칙이라고 한다. UCP는 인코텀즈(INCOTERMS 2000)와 같이 임의규정이므로, 개개의 신용장거래에 적용시키기 위해서는 통일규칙에 준거하는 취지의 문언을 당해신용장에 명시하여야 한다.

UNCITRAL(United Nations Commission International Trade ; 유엔국제무역법위원회) : 1966년 제21차 유엔총회에서 국제무역법의점진적인 조화와 통일을 추진하기 위하여 이 위원회의 설립이 결의되었다. 유엔 국제무역법위원회에서는 국제물품매매에 관한 통일법의 제정을 우선과제로 선정하고 국제결제 및 국제상사중재에 관한 통일법을 검토하는 일이 본 위원회의 과제였다.

Unconfirmed Credit(미확인신용장) : 확인은행의 확인이 필요 없는 일반적인 신용장(Confirmed Credit).

URC(Uniform Rules for the Collection ; 추심에 관한통일규칙) : 국제상업회의소(ICC)가 1955년 제정, 1957, 1978년에 개정을 거쳐 1995년 세계 각국에서 시행토록 한 추심에 관한 통일규칙은 신용장 거래시 준거규칙에서 삼고 있는 신용장 통일규칙(UCP)과 같이 추심어음결제거래(D/P, D/A)에서 어음이나 서류의 추심사무를 통일화시킴으로써 무역대금결제를 원활히 하고자 마련한 국제규칙.

Unitary Packing(단일포장) : Carton 이나 Wooden Case 등 한 개의 포장 용기 속에 들어갈 각각의 물품을 보호하기 위하여, 여기에 적절한 용도로 용기

또는 재료를 이용하여 포장하는 개개포장.

United Nations Convention on the Carriage of Goods by Sea(1978) : 국제해상물품운송에 관한 통일 조약으로서 현재 발효하고 있는 것은 1924년 헤이그 규칙과 1965년의 헤이그 비스비규칙이 있으며 이외에도 개발도상국들의 주도 아래 국제연합에서 작성되고 채택된 것이 '1978년 해상물품운송에 관한 국제연합' 이다. 이는 1975년 함부르크규칙 또는 헤이그규칙이라고도 한다.

Unknown B/L(부지약관선화증권) : 선화증권상의 Remark 란에 "Shipper's Load and Count"라고 부지약관(Unknown clause)을 표시하게 되는데 이러한 선화증권도 은행이 수리한다.

Usance Credit(기한부신용장) : 신용장에서 수익자가 선적서류와 함께 기한부환어음(usance bill)을 지급인에게 제시하면, 이 환어음을 인수(accept)하고 일정기간이 경과한 후(만기일 : at maturity)에 지급한다고 약정 된 신용장. 기한부신용장에서는 어음의 지급기일에 따라

- 일람 후 정기출급환어음(at 60days after sight)
- 일부 후 정기출급(at 60days after date of draft)
- 확정일 후 정기출급(at 60days after date of B/L)

등으로 환어음을 발행할 수 있도록 하고 있다.

V

Vanning ; Stuffing : 화물을 컨테이너 안에 적입하는 것을 말하며 packing이라고도 한다. 이와 반대로 컨테이너로부터 화물을 꺼내는 것을 devanning, un-packing, unstuffing 등으로 부른다.

VAT(Value Added Tax ; 부가가치세) : 재화 또는 용역의 생산 및 유통의 각 단계에서 부가된 가치를 과제대상으로 하여 부과하는 조세이며 최종 소비자가 부담하는 간접세이기 때문에 특별한 경우를 제외하고는 사업자는 부담하지 않는다.

VER(Voluntary Export Restrict ; 수출자율규제) : VER이란 수출 Quota의 일종으로, 상대국으로부터 미리 예상되는 수입할당 적용을 피하기 위하여 수출국과 수입국업계의 자율규제를 통해서 수출량을 제한하는 제도.

Voyage Charter(**항해용선계약**) : Trip Charter라고도 한다.(Lump-sum Charter, Dally Charter)

W

WA(With Average ; **단독해손 또는 분손담보조건**) : ICC(institute cargo clause : 협회적화약관)의 구약관 중 기본약관의 하나로 신약관인ICC(B)에 해당된다. 이는 특정 해난 이외의 해난에 기인하는 손해 및 비용(전손, 단독해손, 공동해손, 구조비등의 해난)에서 발생하는 일체의 손해를 보험자가 전보하는 조건.

WAIOP(With Average Irrespective of Percentage ; **면책률 비적용조건**) : 해상보험조건이 WA 3%라고 보험자가 담보하였을 경우에는 만약 손해가 5%라면 3%를 공제하는 것이 아니라, 5% 전액을 보상하게 된다. 그러나 WAIOP조건으로 부보할 경우에는 보험자의 면책비율이 전혀 적용되지 아니하고 적은 분손이라도 보험자가 보상해야 하는 조건.

W/S RCC(War/Strike, Riots and Commotions : 협회전쟁 및 협회 동맹파업·소요·폭동·담보조건)이 조건은 특약으로 A/R이나 ICC (A)에 있어서도 담보되지 않으므로 특약조건을 부가적으로 부보하여야 한다.

Warranty(**담보/보증**) : 피보험자가 지켜야 할 약속으로서 피보험자가 담보를 위반할 때에는 보험계약을 무효화할 권리를 보험자가 갖는다. 매매용어로는 하자보증을 말한다. 즉, 매도인이 매도한 상품의 품질, 특성, 성능 등에 대한 보증 책임을 의미한다.

Weather Working Days(WWD)(**청천하역일**) : 용선의 하역에 쓰이는 용어인데 정박기간의조건 중 가장 널리 사용되는 것으로 WWD는 일기가 좋은(good weather) 하역기능의 작업일(working days)을 의미한다.

Wharf(**부두**) : 선박이 안전하게 계류하여 화물 하역이 충분히 이루어질 수 있도록 해항에 만들어진 계선 안벽을 의미한다.

With Recourse Credit(**상환청구가능신용장**) : 신용장에 의거하여 발행된 신용장이 부도(unpaid)났을 경우, 자신에게 어음을 양도한 사람에게 어음대금상환을 청구할 수 있는 신용장이다. 환어음 발행인이 상환의무를 부담하지 않는 신

용장을 상환청구불능신용장이라고 한다. 우리나라의 경우에는 상환청구 가능 또는 불능에 관계없이 상환청구권을 인정하고 있다.

WTO(World Trade Organization ; **세계무역기구)** : 세계무역기구는 1986년 9월부터 1994년 4월까지 진행된 우루과이 라운드(Uruguay Round)에서 신설하기로 합의하여 1995년 1월부터 정식 출범한 국제무역기구이다. 세계무역기구는 그동안 국제무역환경을 개선하고 무역자유화를 추진해오던 GATT체제의 한계를 극복하고 보다 효율적으로 국제무역문제에 대처하기 위하여 설립되었다.

Y

YAR(York-Antwerp Rules of General Average ; **요크 앤트워프 공동해손규칙)** : 공동해손 및 배상금에 대한 이자, 입체비용에 대한 수수료, 공탁금의 취급방법 등에 관한 각국 간의 법률상 상이에 기인된 분쟁을 방지하기 위하여 1864년 각국 관계자가 네덜란드의 York와 Antwerp의 양쪽 시에서 회합을 열어 제정한 규칙.

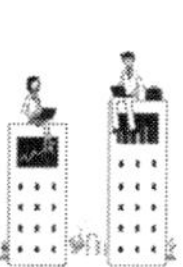

✤ 저자약력 ✤

▍정 분 도

- 경영학박사(무역상무 전공)
- 現) 조선대학교 무역학과 교수
- 現) (사)한국FTA협회 자문위원
- 現) 국가지역혁신인력양성사업 현장실태조사 평가위원
- 現) 한국연구재단 등재학술지 평가위원
- 現) 광주광역시 사회적기업 육성위원회 위원
- 現) 광주광역시 그린액션 특수시책 평가위원
- 現) 광주광역시 SSM 인허가 평가위원
- 現) 한국생산성학회 이사
- 現) 국제지역학회 이사
- 現) 국제e-비즈니스학회 이사
- 現) 한국무역학회 평생회원
- 現) 한국정보통신학회 정회원
- 現) 한국상품학회 정회원
- 現) 한국물류학회 정회원
- 現) 한국동북아학회 정회원
- 現) 한국수출보험학회 정회원
- 現) 한국SCM학회 정회원
- 現) 한국항만경제학회 정회원
- 現) 아시아·유럽미래학회 정회원
- 現) 한국무역연구원 정회원
- 前) 한국통상정보학회 부회장
- 前) 한국산업경제학회 부회장
- 前) 한국국제상학회 사무국장
- 前) 지역사회발전연구원 전임연구원
- 前) 경영경제연구소 전임연구원

● 인터넷마케팅론

초 판 1쇄 발행 —— 2015년 3월 6일
초 판 2쇄 발행 —— 2016년 2월 10일
지은이 —— 정 분 도
펴낸이 —— 전 두 표
펴낸곳 —— 도서출판 두남
서울시 강동구 성내로6길 34-16 두남빌딩
신 고 : 제25100-1988-9호
TEL : 02) 478-2065, 2066, 2067, 2311
FAX : 02) 478-2068
E-mail : dunam1@unitel.co.kr
http://www.dunam.co.kr

● 정가 21,000원

ISBN 978-89-6414-591-3 93320